YELLOW BOOK

权威·前沿·原创

全球政治与安全报告（2010）

ANNUAL REPORT
ON INTERNATIONAL POLITICS AND SECURITY
(2010)

中国社会科学院世界经济与政治研究所集体编写
主　编／李慎明　王逸舟
副主编／李少军
统稿小组／王逸舟　李少军　王　新　郗艳菊

社会科学文献出版社
SOCIAL SCIENCES ACADEMIC PRESS (CHINA)

主要编撰者简介

李慎明 男，汉族，1949年10月出生，河南温县人。中国社会科学院副院长，院党组副书记。主要从事民主政治、国际战略研究。主要著作有：《战争、和平与社会主义》、《中国和平发展与国际战略》、《李慎明自选集》、《纵马湘赣》、《王震传》（合著，上、下册），主编《世界社会主义跟踪研究报告——且听低谷新潮声》（系列）、《全球政治与安全报告》（系列）、《邓小平理论研究前沿报告》、《历史的风》等数十部。先后在中央重要报刊发表文章100多篇。

王逸舟 男，汉族，1957年生于武汉市。1977年底考入湖北大学（原武汉师范学院）。1982~1988年就学于中国社会科学院研究生院，先后获法学硕士、博士学位。北京大学国际关系学院教授，曾任中国社会科学院世界经济与政治研究所副所长、研究员，《世界经济与政治》杂志主编，中国社会科学院研究生院世界经济与政治系主任、博士生导师。目前主要研究兴趣在国际关系理论、全球政治趋势和中国外交转型等方面。著有《匈牙利道路》、《当代国际政治析论》和《西方国际政治学：历史与理论》等，翻译作品包括《政治与市场：世界的政治、经济制度》、《政治学概论》、《经济体制：资源是如何分配的》和《权力精英》。

李少军 男，汉族，1950年出生，1982年毕业于河北大学。现任中国社会科学院世界经济与政治研究所研究员、国际政治室主任、所学术委员会副主任、博士生导师。专业方向是国际政治学，研究领域包括国际关系理论、国际战略与安全研究以及当代全球问题，主要成果有《国际政治学概论》、《国际战略报告》和《当代全球问题》等。

中文摘要

与市面上出版的一般形势报告不同，由中国社会科学院世界经济与政治研究所推出的年度形势报告，更加看重时下动向里隐藏的中长期趋势，着眼国际关系的全局，揭示世界总的趋势，同时突出反映了国际政治与安全格局下面的一些最新动向，从中国权威研究部门的独特视角观察国际形势，向社会公众和政府部门解说受到广泛关注的热点问题。本年度的报告专门探讨了美国次贷危机引发的全球经济危机的国际政治影响。

作为中国学者的形势分析报告，这本书对于中国在全球政治中日益增长的影响和作用有独特的关怀与解说，在各个章节里或直接或间接地探讨了中国在全球变局中的利害关系与应对策略。此外，这部主要由中国社会科学院学者撰写的权威报告，有着广阔的观察角度和强烈的人文关怀色彩，形成了独树一帜的风格与取向。这本有关全球形势的年度报告已经是连续第十年发布，构成社会科学文献出版社富有特色的皮书系列的有机组成部分，也受到广大读者和决策部门的好评。

Abstract

Different from the common reports on current international situation, the annual report of the Institute of World Economy and Politics (IWEP) of Chinese Academy of Social Sciences (CASS) puts more emphasis on the long term tendency that hides under the surface of current events and targets on the whole picture of international relations. Meanwhile, it also points out the new directions in the systems of international politics and security. The report views the international situations from a professional perspective and thoroughly explains hot spot issues on international stage to the government departments and public. *Annual Report on International Politics and Security (2010)* explores political influence of the global economic crisis triggered by the subprime lending crisis of the U. S.

Written by Chinese professional scholars, this book puts a special concern on China's role in international politics which is implied by the discussions on China's interests in global reformation and corresponding strategies in every chapter. The book written by CASS researchers has showed a global-wide interest and stronger humanist concerns, expressing a sense of responsibility to the international community. As a response to the good feedbacks from readers and government departments, this is the tenth year for IWEP to release annual report as a volume of the series annual reports of Social Science Academic Press (China).

目　录

【总论】

2009年的“危”与“机” ……………………………………… 王逸舟 / 001

【全球冲突追踪】

全球重大武装冲突概览：2008～2009年 …………………… 徐　进 / 019

【全球危机后果评估之一】

金融危机背景下的全球骚乱与抗议 ………………………… 李东燕 / 043

【全球危机后果评估之二】

就业危机与国际关系 ………………………………………… 郎　平 / 064

【全球危机后果评估之三】

金融危机背景下的全球军费开支 …………………………… 高　华 / 085

【恐怖主义问题研究】

全球恐怖主义的现状与发展态势 …………………………… 邵　峰 / 116

【危机与管理】

全球突发灾害与管理 ………………………………………… 王鸣鸣 / 143

【政党政治】

全球经济危机背景下的世界政党政治新动向 ……………… 金　鑫 / 170

【难民问题】

全球难民状态评估 …………………………………………… 李小丽 / 192

【能源政治】

油价巨幅波动与国家间关系变化 …………………………………… 薛　力 / 214

【国际关系理论】

金融危机下的国际组织：回应与变革 ……………………………… 袁正清 / 239

【综合国力比较】

综合国力评估（2009 年） …………………………………………… 李少军 / 257

CONTENTS

【Introduction】

The Challenges and Opportunities in 2009 *Wang Yizhou* / 001

【Survey of Global Armed Conflicts】

The World's Major Armed Conflicts: 2008-2009 *Xu Jin* / 019

【Report on Global Crisis Ⅰ】

Riots and Protests against Global Financial Crisis *Li Dongyan* / 043

【Report on Global Crisis Ⅱ】

Employment Crisis and International Relations *Lang Ping* / 064

【Report on Global Crisis Ⅲ】

Global Military Expenditure in the Context of Financial Crisis *Gao Hua* / 085

【Terrorism】

Global Terrorism: Current Status and Development Trends *Shao Feng* / 116

【Crisis and Management】

World Disasters and Emergency Management *Wang Mingming* / 143

【Party Politics】

New Trends in World Party Politics in the Context of Global Economic Crisis *Jin Xin* / 170

【Refugee Issues】

Review of Refugee Situations around the World *Li Xiaoli* / 192

【Energy Politics】

The Wildly Fluctuating Oil Prices and Changes in the Inter-state Relations *Xue Li* / 214

【IR Theories】

International Institutions in the Financial Crisis: Response and Transformation *Yuan Zhengqing* / 239

【Report on Comprehensive National Power】

Report on the Comprehensive National Power Assessment (2009) *Li Shaojun* / 257

【总论】
2009年的“危”与“机”

王逸舟*

摘　要：本文从六个方面概括了2009年全球政治与安全的主要事态与趋势。它们是：①全球经济危机的影响；②奥巴马新政的内涵；③国际金融与气候制度的重建；④新兴大国的走势；⑤全球安全的新动向；⑥中国外交和国际形象的新成就。在所有这些事态与进程里，都包含着危机和挑战的一面，同时蕴含机遇与发展的一面；具体的危机是持续朝着恶化方向演变，还是转化为危中之机，取决于各国的政策取舍及国际环境之多种因素的互动。本文特别对成立六十周年之际中华人民共和国取得的外交成就给予了高度评价，也指出了这一年中国在国际关系方面遭遇的复杂问题。

关键词：经济危机　奥巴马新政　新兴大国　全球安全　中国外交

对于全球政治和安全领域的研究者来说，2009年是十分有趣和值得分析的一年。这一年已经发生和正在发生的许多大事，有的暴露出国际关系里深层次的结构性难题，有的显现出真正的“危”中之“机”，有的则揭示出未来发展的某些不确定因素。以下对这些大事及其趋势略加梳理和分析，看看它们的表征及含义。

一　全球经济危机

始于美国次贷危机的全球金融和经济危机，如果从2007年夏天的爆发算起，

* 王逸舟，北京大学国际关系学院教授，曾任中国社会科学院世界经济与政治研究所副所长，研究员，主要研究领域是国际关系理论、中国外交和国际战略。

到现在已延续了两年多。假使以2008年9月雷曼兄弟公司的倒闭为最严重的时刻，这场大危机导致的美国及西方主要经济体的经济衰退也超过了一年。不用说，它对于世界各国经济金融和其他领域都有巨大的冲击，人们目前甚至还没有可能充分估计具体的损失和影响。不论从时间长度计算，还是从严重程度、危害范围考量，它都超过了第二次世界大战结束以来的任何一次经济危机。

就笔者的观察，在2009年10月初，虽然大体可以说这场危机的最糟糕时段已经过去，未来一段时间不再会有大规模的银行和金融机构破产清算倒闭，但充其量世界经济现在也仅处在缓慢回升的爬坡状态，离完全复苏至少还需要一到两年时间。站在国际政治和安全的角度看，这段时间也是全球危机的另一特殊阶段。在这一阶段，经济危机在政治社会和心理方面的冲击影响可能扩大和持续发酵，带来各种消极后果，此起彼伏的裁员、示威和冲突超过往年。在政治方面，由于公众的不满，近期有不少国家发生了政权更迭，比较有影响的如美国奥巴马对布什的胜利，日本民主党对长期执政的自由民主党的替代，以及希腊在野党泛希腊社会主义运动对执政的新民主党的选举胜利；公众用选票表达了对危机深化的担忧、对现政府的不满和改弦易辙的愿望。社会方面的后果，在发达国家突出表现在全球范围的失业人数增长和相应的社会后果上；在一些贫困的发展中国家，更多地体现在饥饿人口的增加。2009年全球贫困人口可能达到史无前例的10亿人之众，为和平年代的世界增加了更大的冲突压力。心理方面的冲击，主要体现为许多国家对于传统发展模式的破灭感，对美国作为全球唯一超级大国和全球发展主要引导力量的失望，以及对于持续不见底的危机进程的担忧。

危机也是对分析者的重要考试。失业人数的增长和就业问题的严峻化，是经济危机的结构性后果之一，在全球各地都有反映。比较各国政府处理这一问题的应对方案及其成效，就是理论性和现实性兼具的课题之一。社会政治的动荡在近期的加剧，同样是世界范围的现象，是对各国执政党和领导人的稳定中求发展方略的最大挑战之一；2009年也是应验这方面的思考与政策建议的合适时段。贫困化引发的热点冲突，或者在美国自顾不暇的时刻它的敌手和潜在挑战者制造的新的安全麻烦（如核扩散趋势和恐怖主义活动），以及传统地区热点的拉锯战，在经济困难年代都可能有不同于常规条件下的表现。研究这些问题不是易事，但却是不能回避的研究任务。

国际社会正处在艰难复苏的阶段，似乎现在就来谈论危机的教训略早了些，但人们至少可以说，这场大危机深刻揭示了美国主导的国际金融体系和整个经济制度的重大缺陷。比如说，它告诉我们，指望华尔街的巨头们的自我克制是靠不住的，必须加强金融监管并提高其透明度，让那些获取高额利润的公司和主管承担失败的风险责任；它还教育世界，超级大国美国的政府可能因为监管不力和政策设计失当，而给其他国家及人民造成可怕的损失，虽然直至今日人们尚未找到防范和预警美国政府失灵的有效办法；它同时说明了一个道理，并非只有亚洲、非洲或拉美国家或转型国家会出现金融危机，比起非西方世界的经济震荡，西方三大经济体同时发作的经济危机更加严重和深远——记得十多年前，西方主流经济学界曾经指手画脚式地热衷探讨为什么拉美国家会发生持续的经济动荡（有些美国媒体称拉美军人寡头治理方式难辞其咎），为什么亚洲一些国家会形成区域性的金融风暴（有些西方学者认为这是“裙带资本主义”的必然后果），现在是现代资本主义的当家人及其辩护士检讨自身和其他地区的国家总结教训、破除迷信的时候了。

假使这次危机多少能够改变（或影响）华尔街的赚钱方式，假使它多少能够转变（或扩大）经济发展的“华盛顿共识”的单一路径，假使它多少能够改革（或加强）国际范围尤其是新兴大国对于老牌资本主义强国融资过程和金融衍生工具的监督，世界还不算枉然经历了一次经济海啸。这算是吃一堑长一智，是比较理想的结局。当然，相反的局面同样有可能：西方的金融寡头们经历了短时间的冷遇之后，重新拿到不受约束、没有道理的丰厚薪酬，美国式资本主义在全球范围内继续压倒其他选择而没有任何像样的触动，国际金融领域的改革“雷声大、雨点小”，“只闻楼梯响，不见人下来”。假使真的如此，人们也不必过于失望，它证明现在还没有到真正变革的时候，或者用老话说“革命条件尚不成熟”，当代资本主义还有新一轮的生命周期。

二　“奥巴马新政”

分析至此，人们很自然地联想到“奥巴马新政”——美国历史上第一位非白人裔总统上台之后实施的大规模救市和改革计划。例如，在他的努力下，美国国会通过了近 8000 亿美元的“复兴和再投资法案”，白宫制定了对于企业和公司高管的“限薪令”，同时着手用各种办法清除金融机构的“有毒资产”，加强对金融领域的监管和指导。看上去，奥巴马对华尔街的博弈收到初步成效，也获得了美国多数公众、盟国及国际社会的某种认可和支持。从外交和国际政治角度观察，奥巴马新政同样展示了与其前任大相径庭的雄心与方向：在国际范围，美国新总统倡导各国政府特别是央行和财政部门联手行动，恢复市场信心。他以“没有一个国家能够单独应对这场危机”为口号，以联合国和二十国峰会为主要平台，展开了一系列协调救市行动，如促成各国通过经济刺激方案，为国际货币基金组织增资扩容以增强其全球主要危机拯救者的作用。他同时彻底改变布什政府在气候环境领域的保守与顽固立场，牵头召开主要国家及联合国的气候峰会，呼吁传统新兴大国与传统大国共同努力，推动哥本哈根气候谈判的进程。在外交上，奥巴马奉行所谓“巧实力”外交，主动改善了与俄罗斯的关系，放弃在波兰和捷克的反导计划，承诺大规模减少战略核武器储备以及倡议无核世界设想。他主动向伊斯兰世界伸出橄榄枝，呼吁建立对话与伙伴式的关系。他还向传统的挑战者和“麻烦制造者”作出和解姿态，对伊朗、委内瑞拉、古巴等国提出改善双边关系的建议和举措。美国开始在伊拉克撤军问题上迈出实质性步伐，同时要求北约盟国在阿富汗问题上承担更多的共同责任。总之，奥巴马新政是一种为超级大国“减负”的大政治，是一种战术上适度收缩与外交上对话和解并用的态势，是一种强调对话、理解与合作而非单边主义、强硬打压和武力优先的总体战略。这一新政留给国际社会的印象，是它努力抢占国际关系的道义制高点，处处下先手棋、打组合拳，而非简单地示弱或退让或只顾及自身的救市。虽然奥巴马新政的最终成败尚无定数，至少从它的方向判断，白宫新总统获得2009年诺贝尔和平奖是有道理的。

用“奥巴马新政”的说法，容易让人联想起第二次世界大战前后的美国总统罗斯福推行的著名“新政”。在笔者看来，这种类比确实有一定的道理。众所周知，20世纪三四十年代的“罗斯福新政”主要包含了三个“R”的内容：救济（Relief）、复兴（Recovery）和改革（Reform），既是对银行业的审核、监督和改造，也是对工业农业的整顿与提升，又是通过扩大政府投资对失业和贫困人群的救助。罗斯福新政不是一时的权宜之计，而是对老式资本主义的伤筋动骨的改造，是适应第二次世界大战危机和西方资本主义大萧条等危机形势而作出的大改革。在美国国内，它成功摆脱了30年代的经济萧条，增强了美国的综合国力。在外交和国际战略方面，罗斯福向深受纳粹德国之害的欧洲盟友伸出援手，与英国等开辟第二战场，与苏联红军一道战胜了法西斯势力。在亚洲，美国亦向日本宣战并最终迫使后者投降，为这一地区包括中国抗日战争在内的反法西斯战争的全面胜利作出了重要贡献。第二次世界大战结束后，美国倡导建立了联合国和其他一些重要国际组织，发展出以美国为主导的、以西方资本主义发达国家为中心的国际秩序。历史证明，正是罗斯福新政的这些内容，使得一度岌岌可危的世界资本主义体系柳暗花明，进入了新的发展时期。

然而，我们必须同时看到奥巴马新政面对的艰巨挑战和遭遇失败的各种可能。早在2008年11月奥巴马正式上任之前，笔者就曾撰文指出，除开使美国摆脱金融危机的严重影响这一首要任务外，他在国际上还面临诸多难题与挑战。这些难题与挑战包括：①挣脱伊拉克和阿富汗两大战争的泥潭，同时避免美军匆忙撤出导致伊斯兰极端势力的复辟。②在保持北约向心力及扩大趋势的同时，谨慎修复与俄罗斯的复杂战略关系。③以确保以色列的安全为中心，改善与巴勒斯坦及阿拉伯世界的关系，进而推动中东和平进程。④在欧盟三巨头（英法德）、俄罗斯及中国的配合协作下，全力阻止伊朗核计划的实现。⑤改变布什主义在全球气候变化和环境问题上的僵硬立场，并适当加大所谓公平贸易和人权外交的分量，以民主党人习惯的方式增进美国经济利益和提升软实力。⑥减少单边主义强硬色彩，适当增加与联合国等多边机制的协调，从而改善美国过去一段时间的恶劣国际形象。⑦继续防范和打击国际恐怖主义对美国及其全球利益的袭击，尽管这一目标不再像布什政府那样占据美国外交和战略的重心。⑧处理好“中国快速崛起”这一“全球性挑战”，强化对美国对各新兴大国的导向与规制。⑨围绕朝鲜核问题的解决，在东北亚地区巩固以美国为主导的、以美日同盟为基石的安全架构。⑩在全球范围和核心事务上，恢复世人对美国作为一个“强盛、有力的领导者”的信心，保证其超级大国地位不受任何挑战者的颠覆。笔者指出：这十个方面当然不是美国新总统外交议事日程的全部难题与挑战，它们仅仅代表着比较优先和重大的领域及问题。所有这些难题与挑战的处理，都带有相当的不确定性，奥巴马的胜算与失利均有可能。原因很简单，它们的最终结局不仅取决于美国领导人的战略和美国的实力，还在很大程度上决定于国际因素的此消彼长和复杂互动①。根据目前的情况综合判断，这里再补充一点结论性意见：奥巴马

① 王逸舟：《奥巴马要面对十个方面的国际难题》，2008年11月7日《广州日报》。

新政迄今为止干得不坏，算是困难状态下所能尽到的最大努力，总的方向是正确的，初步成效也是公认的，但是越往后它越有可能遭遇更加严峻的压力与困难，越有可能面临挫折与失败。最有可能导致这一新政夭折的是两大难题：一是美国国内的医疗体系改革，二是阿富汗局势的稳定与美国的“撤身”。前者曾经是克林顿政府的最大“滑铁卢”之一，而后者则要面对不断坐大的阿富汗反政府的塔利班势力。

三　重要国际制度*

上面的讨论提到奥巴马新政的内容，其中国际金融领域的改革和国际气候制度进程的推进，不仅是美国新总统引人注目的倡议和举措，它们同时确实是2009年国际关系里“牵一发动全身”的重大事态。

国际金融领域的改革当然不只是“头痛医头、脚疼治脚”的应对，比如各国协调推出的经济刺激方案、保证流动性、处置不良资产、加强金融业的监管、对银行企业高管层的限薪措施以及建立有效的危机防范和干预机制等，它更是目标长远、影响深刻的改造过程，是一个反映多数国家的利益和要求的“大手术”。例如，减少各国尤其是新兴国家对美元的过度依赖，从而改变传统上以美元为主导的国际货币金融体系里权利、收益与责任、负担极不对称的局面，相应加强各国本币的作用和相互间的协调互助；在国际制度的变革方面，国际货币基金组织（IMF）、世界银行和金融稳定委员会的作用得到提升，发展中国家特别是新兴大国的发言权和决策力相应提高，同时用比较合乎现实状况的、有新旧主要大国参加的二十国峰会，逐步取代西方七国集团在世界经济和金融中的主宰地位；新建立的国际储备货币系统，应当保证供给方面的稳定和调控能力的灵活，防止个别国家的不负责任的国内政策危害他国的资产价值和国际范围的金融安全，建立稳定的、可预期的基准与发行规则；它还涉及全球范围对不同经济体的

* 传统的国际制度理论有十分精深系统的论述，而且近年来在遵约方式、加入成本、脱离过程等方面又有新的进展，值得中国学者认真学习借鉴。但是，西方国际制度理论的一个重大缺陷是，它们是在非西方大国处于不发展的状态下形成的，对于新世纪以来的新格局却很少预见和讨论。这也许是中国学者可以深入追踪的一个方向。有关传统的国际制度理论，可参见基欧汉《霸权之后：世界政治经济中的合作与纷争》，苏长和等译，上海人民出版社，2001。

衡量与协调问题，比如经济规模和开放程度、通货膨胀水平、劳动力市场状况、国内金融市场的健全程度、决策者的信誉和资本流动性等，在各种固定汇率、浮动汇率和管理浮动汇率之间加以选择等一系列问题。

从国际关系和外交方面观察，国际金融和经济秩序的上述改变，实质上是长期、复杂、系列的国际政治博弈，是新旧力量发展不平衡过程的某种折射。它肯定是一个艰难的讨价还价进程，其间包含许多的进两步退一步甚至进一步退两步的曲折阶段。2009年最引人注目的变动，当属在美国匹兹堡召开的第三次二十国金融峰会有关用G20取代G8作为国际经济和金融领域的主要协调平台的重大决定，以及在这一过程中对新兴大国决策权的某些提高；它们也显现了美国为首、中国次之的关键角色。依笔者判断，这一改变说明了两个问题：一是以中国为代表的新兴大国取得了长足进展，向着取得更大话语权的方向迈开了坚实的一步；二是美国依然强大，奥巴马新政可能让这个超级大国恢复活力与领导地位。两者相抵后的判断告诉我们，“金砖四国”这样的国家真正想占据国际秩序的中心位置并非易事，它不完全取决于这些新兴大国自身的愿望与国际博弈结果，还与各国内部的稳定、发展和改革事业息息相关，与美国及西方主要国家新一轮的发展息息相关。

必须承认，自奥巴马上台之后，旨在用《哥本哈根协议》替代即将过时的《京都议定书》的全球新一轮气候制度谈判，获得了新的巨大推动力，这种推动力主要来自超级大国美国一改往日的消极和拖延形象，转而采取积极的进取姿态①。据笔者判断，在奥巴马新政的各项重大举措里，这方面的转变可谓最显著也最有影响的一项。正是由于美国的倡议和组织，才有了2009年9月间在华盛顿特区召开的全球主要大国的气候峰会；部分也由于美国的政策急转弯，包括中国在内的一些新兴大国才感受到全球气候政治前所未有的压力；同样由于美国的激进立场和策划组织，将于2009年底在丹麦首都召开的联合国气候公约谈判大会，可能取得比以往国际社会的相对悲观预期更大的成果。撇开美国新政府与布

---

① 奥巴马新政确实有不同于布什主义的理论基础。就像布什主义的思想源泉来自新保守主义一样，近几年在美国思想界和学术界（以及部分政界人士中），涌动着对布什主义和新保守主义思潮的批判潮流，只是到了奥巴马上台，这种潮流才汇集成为一种强劲的洪流。参见布鲁斯·琼斯、卡洛斯·帕斯夸尔、斯蒂芬·斯特德曼《权力与责任》，秦亚青等译，世界知识出版社，2009。

什政府的巨大差异不论，也不管具体的争论、进程和时间表如何，我们的读者可能会问：为什么全球气候问题越来越像是当今国际政治和外交的一个焦点？为什么老牌西方大国和各个新兴强国以及国际组织和那么多的中小国家，不约而同地比过去更加看重这个议题？这里面的内在原因何在？中国在这方面如何着眼于长远的应对？这里，利用有限的篇幅，笔者有如下扼要的解释：第一，越来越严重的温室气体效应，可能给国际社会特别是主要大国带来严峻的安全难题，如救济数量庞大的气候难民、准备实施必要的军事介入，它们是典型的全球性非传统安全重大挑战之一。第二，面对全球气候变暖而变得更加脆弱的许多中小国家，尤其像马尔代夫、孟加拉国、荷兰等直接受到海平面升高威胁的国家，要求实行更加严格而系统的排放标准和危机管理。第三，科学技术的发展，使得大国冲突战场的维度向着各种“高边疆”不断拓展，各类潜在的气候武器的研制和防范，也列入了五角大楼和一些军事大国的新议程。第四，对于形形色色的大公司和涉足环境领域的企业而言，全球气候问题的升温同时带来了潜力巨大的商机，比如开拓发展各类低碳产业、低碳产品和绿色生活方式，有可能给开拓者带来不可限量的商业回报，这些公司和企业的市场运作炒热了国际范围的气候话题。第五，不可忽略的是，以联合国为中心的国际组织，包括不少未来学家和社会学者在内的国际知识界传播界，也把气候议题看作建构新时期的全球伦理、全球规范和全球社会的有效路径之一。综合上述因素以及在此未述及的其他因素，笔者有把握说，未来的国际关系和外交斗争，在不排除传统“高政治”命题（围绕领土边界展开的冲突及战争与和平问题）的同时，会更多地关注和角逐类似于气候政治这类“低政治”命题。

中国不应被排除在这场新的全球角逐之外或仅仅满足于充当边缘角色；相反，各种理由都要求我们站在新的制高点，用新的眼光审视它的走势，用新的战略应对它带来的挑战。2009 年的各种国际气候谈判和博弈都告诉我们，以美国为首的西方发达国家和诸多的发展中大国，都把目光投向中国的气候策略和方向。例如，美国加入减排温室气体的国家行列的主要前提之一，是要求把中国和印度等新兴大国“连带”、“打包”进新的协定中；而很多来自发展中世界的新兴国家和转型经济体，则视中国和印度的应对谋略或减排承诺为它们下一步行动的主要参照系之一。“高处不胜寒”，“树未大先招风”——比起国际贸易谈判或国际能源角逐或联合国安理会改革，国际气候政治让我们对此感受更加深切。中国应当坚持“共同但有区分的责任”的原则，努力建立权利与义务的平衡、自主排放和有效减排之间的平衡、负责任形象与国内需求之间的平衡。毫无疑问，气候政治对于我们既是挑战也是机遇，应对得当则赢得挑战，反之则失去机遇。崛起的中国理应握好这柄寒光逼人的“双刃剑”。

四 新兴国家走势

2009年国际政治的一个热门话题，是来自发展中世界和转型地区的新兴国家到底有多重要，如何才有可能冲击甚至取代欧美日主导的旧的世界力量格局，以及这些新兴大国是否同样受到全球经济危机的打击、它们之间的矛盾和内部问题有多严重。这里讲的“新兴国家”，不仅包括“金砖四国”（中国、俄罗斯、印度、巴西）这类一流非西方大国，还指那些规模略小，但仍在各自所在地区有一定影响的中等强国，典型的是所谓的“展望五国”（越南、印尼、南非、土耳其、阿根廷，它们各自国家英文名称的首字母构成单词——VISTA——“展望”）。再延伸一点，像埃及这样的中东强国，沙特这样的阿拉伯石油大国，墨西哥这样的中美洲大国，伊朗这样的反美强硬国家，均可列入广义的非西方新兴大国或新兴中等强国范畴。单从“金砖四国”组合的积极意义上，就可以见到世人重视的原因。这四个国家占有全球人口的四成，GDP的近15%，贸易额的13%。进入新世纪以来，这四个国家作为一个集团，总体的增长率远远高出其他经济集团，尤其对世界经济新增长部分的贡献率巨大（占四至五成），在全球外汇储备中同样占有巨大份额（45%左右）。它们均为核国家（俄罗斯和中国）或准核国家（印度拥有和平与军事核能力，而巴西已建立南美第一个浓缩铀提炼中心），联合国的重要成员（俄罗斯和中国是安理会常任理事国，印度和巴西是常任理事国的强有力竞争者）。如果加上“展望五国”和上面提到的其他一些中等强国，非西方的新兴国家的阵容看上去确实蔚为壮观①。

然而，现实地讲，各种力量从不同利害关系出发对新兴大国的评价是不一样

① 让我们学术界有些难堪的是，虽然客观形势如此迫切和重要，但关于非西方的新兴大国的像样学术作品却少之又少，个别已经面世的此类题材的作品不仅缺乏深度，而且对实际情况掌握得非常不够。笔者这里不想指责任何个人或出版者，它算是一种泛指性的批评，实质上也是对自己的一种检讨与反思。

的。在笔者看来，观点的差异其实是真实世界的写照。在这一年，有关新兴大国，人们确实看到了相互矛盾的现象与进程：既有新兴国家崛起、壮大的信息，也不乏这些后发国家半道受挫甚至倒运的趋势。它们是复杂多变的国际形势的一种折射。

我们来看近期一些典型的事态，它们提示了新兴大国的崛起及其积极意义：

• 2009 年 6 月 16 日，中国、巴西、印度和俄罗斯在俄罗斯叶卡捷琳堡举行会晤。这也是“金砖四国”领导人的首次会晤，很可能标志着一个新的国际战略平台的形成。

• 2009 年，有关金融和经济问题的二十国峰会决定，用这个新的包含新兴大国和传统发达国家代表者在内的平台，逐步取代西方七国（八国）集团的位置，作为全球经济协调的主要代表。它象征着“青出于蓝，更胜于蓝”的国际制度调整和全球力量转换过程，哪怕是一个长期艰巨的过程。

• 巴西城市里约热内卢成功申办 2016 年夏季奥运会，使这个国家成为南美洲第一个举办类似盛会的国家。借用古巴革命领袖卡斯特罗的评价，这也是南方世界的胜利，是第三世界崛起的一种象征，它得到发展中国家的衷心赞同与拥护。

• 中国 2009 年经济复苏进程处于全球领先位置，以可能超过 8% 的经济增长率，为世界经济回到常轨作出了重要贡献。与此同时，这一年中国领导人发出了强力的呼吁，要求建立更加公正合理的国际金融和经济秩序，要求改变单一的美元主宰国际货币体系的局面，要求增大发展中国家特别是新兴大国的代表权和投票权，从而事实上为推动新世纪国际格局的进步作出了有成效的努力。

上述信号释放的信息显而易见，在全球发展的轨道上，来自非西方的新兴大国和中等强国保持了更高的增速和有力的势头。无怪乎有越来越多的预测认为，以“金砖四国”牵头的新兴国家正在改变几百年间欧美主导的国际格局，世界政治逐步朝着真正代表世界多数国家和人民的政治方向转变。

然而，人们同样可以见到若干消极的动向，例如：

• 相当一部分新兴国家，实际上在发展模式上步西方国家后尘，在外交和国际关系中唯美国和欧盟主要大国马首是瞻。这方面的典型，可以列举中东欧和独联体一部分转型国家的政策取向，如波兰在反导问题上的态度、乌克兰与俄罗斯的摩擦。它不过反映出一个事实：很多新兴国家并没有形成真正超越西方传统模式及势力范围的独立发展形态。

• 主要新兴大国之间经常存在这样那样的分歧甚至对立，有时严重影响了双边关系和新兴国家的整体合力。例如，在 2009 年中国新疆爆发 7 · 5 事件后，土耳其政府总理埃尔多安对中国政府的平息事态举措发表了强烈的抗议和指责言论，引起两国关系的短时期紧张。类似的情况还可以列举不少。它们证明：非西方的许多新兴大国和中等强国之间的共同点或许少于它们之间的分歧。

• 印度与中国这两个主要的“金砖国家”之间，2009 年在领土边界问题上小有摩擦和争吵，虽然没有掀起大浪，却委实给新兴国家的前景增添了一丝阴影。类似的分歧亦发生在中国与东南亚一些国家围绕南中国海某些海域和岛屿的归属引发的新一轮争议，尤其在 2009 年上半年联合国海洋法公约相关委员会审议各国核定申报的海洋基线之时。这些现象给人们一个启示：新兴大国之间在某些问题上具有共同利益与要求（如中国和印度在新一轮世界贸易谈判和气候制度谈判问题上的立场），而在另外一些问题上则有着难以调和的分歧（同样以中印为例，两国在地区安全与核问题上的分歧，可能大于其各自与西方强国在这些问题上的差异）。

• 尽管宣称成功建立了第二座提炼浓缩铀的中心，发射了中远程导弹，但伊朗在 2009 年并不是真的稳定和如意。比如 6 月中旬举行的总统选举，就引发了持续数月之久的社会骚乱和政局动荡。虽然最终选举委员会宣告内贾德成功连任，但反对党领导人穆萨维对选举不公的指责以及其支持者的游行抗议，构成了近几十年来这个国家罕见的动乱事态。

• 与西方集团内部存在各种紧密联系的协调方式不同，发展中世界、转型地区的新兴大国和中等强国缺乏彼此沟通协作的有效机制。提到西方“集团”，我们立即能够联想到控制核材料的“伦敦核俱乐部”、控制敏感物品出口的“巴黎统筹委员会”、起风向标作用的“七国集团”。但当我们讨论新兴国家的时候，往往概念变得模糊，缺少具体的平台与标志，更谈不上有力而紧密的协作机制。

• 在新兴大国和中等强国自身，存在着许多隐患和问题，它们可能改变目前的积极轨迹，造成迟滞和逆向的局面。例如，在金融危机的条件下，俄罗斯的石油收入锐减，增长率急剧下降（2009 年跌幅可能超过 10%），单纯依赖能源和军工出口而缺乏技术含量的经济模式出现严重问题。

之所以列举这么多的事实与动向，笔者只是想提醒读者，要努力避免对新兴国家作出简单化、单一向度的是非价值判断。我们作为中国人当然乐见新兴大国取代传统西方国家引导世界的前景，但要想清楚：第一，传统强国仍然有很强的生命力与战略控制力，它们不会轻易让出支配地位；第二，新兴大国仍然有很多的内部问题与缺陷，它们同样不可能轻而易举地占据全球发展的上风位置。两种力量不仅相互较量，而且自己都在变革与创新，努力立于不败之地。此消彼长是复杂的、长期的，即将过去的2009年不过对此给出了最新的验证。

五 全球安全动向

2009年全球安全动向扑朔迷离，各种重大事件或过程之间尽管存在着这样那样的联系，我们却难以发现单一的焦点或驾驭全局的事态。虽然全球金融和经济危机具有广泛而深刻的影响，就国际安全和战略领域而言，经济麻烦带来的冲击波多半是间接的和多维度的。像多数年份一样，这一年很难找出类似苏联解体或9·11事件那样直接改变安全议程和左右战略目标的历史性事件，世人所见到的是多种力量多个方向的较量或冲撞，是多个线索的延伸及多种不确定性的深化①。

这里仅仅梳理其中一些主要的“点”与“面”。

（1）美国短时期的战略收缩。经济危机以及持续而严重的衰退，以及奥巴马新政的优先次序，首先决定了美国不得不实行短时期的战略收缩。比如，以往那种动辄为海外军事行动追加几百亿美元军费开支的情形明显减少，五角大楼也不得不削减军事采购清单上的某些项目，美国在加速推进撤出伊拉克的进程的同时，也想方设法从另一个麻烦之地阿富汗撤身（哪怕暂时还不得不增加一定的兵力）。其次它增强了美国国内的某种情绪，即要求奥巴马把工作的重点首先放在国内经济和社会问题上。现实告诉人们，奥巴马确实在推动这种转变，他把拯救经济和推动医改放到了优先地位。美国外交上的所谓新姿态（“巧实力”的重视），在中东对以色列内塔尼亚胡强硬政府的施压，在伊朗核问题上的对话态

① 笔者个人认为，对于不确定性的研究，包括它的基本理论和应用范围及案例研究，是中国国际关系学界过去非常缺乏的一个领域，但它未来价值非常巨大，值得我们加大对这方面的投入（包括理论研讨和课题设置）。

度，以及对俄罗斯、中南美洲地区一些“左派”政权的和解姿态，都是这种战略收缩的一部分。这彻底改变了布什主义的重军事轻外交以及单边主义的强硬形象。超级大国美国的这种战略收缩，哪怕是暂时的和表面的，仍然会带来难以预料的后果。

（2）安全领域的积极意义。奥巴马政府提出的“无核世界倡议”，令美国的盟友和对手同样吃惊。它在强化对伊朗、朝鲜等国的心理约束的同时，也推动了主要大国的核裁军过程（至少给各个核大国施加了核裁军的新压力）。美国撤销在波兰和捷克设置反导基地和雷达监听站的举措，不仅让中东欧地区主张对俄强硬的势力十分失望，也使得北约的多数盟国松了一口气；它也让国际安全领域的主要军事大国对峙对抗的危险有所缓解。与2008年相比，在这一年，欧洲尤其是中东欧被重新点燃的那根导火索，至少是被暂时掐灭了。从全球政治形势判断，也由于奥巴马外交上的调解姿态与合作倾向，联合国及其他主要国际机制获得了新的前进动力，安理会作为维持国际和平与安全的主要平台和合法性的作用得到进一步强调，原先美国作为唯一超级大国四处出击所带来的麻烦与招人讨厌的地方相对减少，大国间协调特别是新旧大国之间的协调创造过程有所增强，表现在诸如国际反恐、防止核扩散、消除地区热点以及帮助非洲最不发达国家等问题上，主要大国之间有了更多的一致呼吁和努力。

（3）反西方势力的活跃。然而，就像一个硬币具有两面一样，美国在外交和战略上的剧烈收缩，可能与它的过度出击一样后果难料，会造成某些新的问题。譬如，它可能带来国际安全领域的真空、势力重组以及地区大国的博弈加剧。这同时是美国的对手和敌人兴奋异常、容易出手的时刻。伊朗核计划的加速、中东地区反美武装更加频繁的出击、阿富汗塔利班势力的迅速复苏，都可算是这方面的后果。塔利班武装的重新崛起和日益扩张，是其中最令人焦虑的一个问题。从2009年的形势看，阿富汗卡尔扎伊政府实际控制范围越来越小，而美国及北约盟友不得不考虑与塔利班派别对话的可能性。阿富汗的局势似乎到了失控的边缘。发生在巴基斯坦和阿富汗各主要城市、造成大量人员死伤的多起自杀性袭击事件和定时炸弹爆炸事件，都证明了这一危险的势头。在巴基斯坦，塔利班武装势力甚至敢在陆军总部制造袭击和绑架人质，可见这种激进势力是多么猖獗。值得指出的是，近一年来，国际恐怖主义活动的高危地带有东移趋势，即从原先的中东、西亚恐怖活动集中地带，包括伊拉克周边地区，逐渐朝着以巴基斯

坦和阿富汗为中心、延伸至南亚的印度和与阿富汗相邻的中亚区域。

（4）伊斯兰地区的不稳定。同样，如何处置“伊斯兰弧带”，近年来一直是美国及整个西方世界最头痛却又束手无策的难题。处于严重经济衰退阴影下的美欧发达国家，在自身麻烦重重的情况下，可能面临其对手和潜在敌人的更多挑战。例如，由欧盟“三巨头”（英法德）和美国主导的阻止伊朗拥有核武器的努力，在2009年遭遇了多次失败与挑战。给人的印象是：伊朗似乎是咄咄逼人的一方，而阻击者反而显得十分被动。在差不多同样的原因的影响下，哈马斯等巴勒斯坦强硬派别和以色列周边的“反以阵线”（如黎巴嫩真主党和背后的叙利亚）更加活跃，美国及其北约盟友在巴格达及不少伊斯兰国家的军事存在也十分不稳固。总之，这令西方国家长期主宰这一区域政治发展和安全格局的基本结构面临被颠覆的危险。具有讽刺意味的是，2009年是有核国家唱响高调、面临核裁军压力的一年，也是图谋核扩散的那些国家“埋头苦干、不断进步”的一年。

（5）俄罗斯的矛盾方位与应对。俄罗斯人对于全球经济危机的深化及美国人的相对战略收缩，有着矛盾的心态。一方面，在经历了冷战结束以来长时间的战略挤压之后，尤其是2008年夏的格俄战争之后，作为一个正在快速复苏的传统非西方政治军事大国，俄罗斯有理由庆幸美国霸权的削弱。另一方面，在眼下这场全球金融和经济危机中并没有完全的幸免者；面对加速蔓延的祸水，俄罗斯亦受到严重波及。人们已见到莫斯科股市在外部因素影响带动下的数番暴跌，见证了国际石油和原材料价格大幅下降给这个能源超级大国带来的严重损失，看到了俄罗斯现有经济体制及复苏进程的脆弱一面。在各种因素的作用下，近一时期美俄两国关系有所缓解，在防止核扩散和核裁军方面还联手提出一些倡议。以俄罗斯与美国为首的西方国家的“明斗”转为“暗战”，例如在北极方向的争夺，在中南美洲的角力，在战略武器和反导基地及外空争夺战等问题上，均有此种特点。如果说2008年美俄关系以“斗争”为主的话，2009年似乎“和谈”的一面更多，只不过前一段属于“斗而不破”，近一段像是“太极较劲”。

总而言之，2009年国际安全领域呈现复杂和矛盾的景象，可以用三句话概括：大国战略对话与协调机制有所增强，但原有问题没有得到根本解决；局部冲突和传统热点继续存在，有些甚至加大了危险程度；全球经济危机渗透到国际安全领域，加强了后者原有的不稳定和不确定。

六　中国外交与国际形象

2009年对于中国而言是个不平凡的年份。六十年前，毛泽东在天安门城楼上向世界宣告了中华人民共和国的诞生。一个甲子的时光，见证了这个国家艰苦卓绝的历程。她的前身是一个被人看不起的、乱如散沙的、积贫积弱的“东亚病夫”；她的前半程（1949～1979年）奠定了一个政治上独立自主、敢于抵御任何强权的东方大国形象，但头三十年的中国经济乏善可陈，处于全球经济相对边缘的位置；她的后半程（1979～2009年）创造了世界经济史的奇迹，连续三十年如此巨大的经济体保持了年均近10%的增长速度，成为位居全球前三甲的经济大国、最大也最有冲劲的新兴国家。如果说毛泽东是中国人独立自主和敢于革命的代表，那么邓小平则是新时代中国改革开放的旗手和新航程的舵手，两位伟人为当代中国作出了最大的贡献，让世界重新牢记和尊敬这个曾经辉煌又再度伟大的国家。2009年国庆节的阅兵式在提升中华民族自豪感的同时，也向国际社会展示了一个日益进取和强大，同时愿意与外部合作的大国姿态。

纵观2009年中国外交的主题，最重要的主题之一当然是六十年经验的回顾与总结。在各种文献和活动里，最有分量和意义的当属胡锦涛在7月召开的驻外使节会议上的重要讲话。其主要精神，是强调在新时期中国外交要贯彻落实科学发展观，高举和平、发展、合作旗帜，坚持统筹国内国际两个大局，不断提高外交工作能力和水平，努力使中国在政治上更有影响力、经济上更有竞争力、形象上更有亲和力、道义上更有感召力，为全面建设小康社会、加快推进社会主义现代化营造良好国际环境和外部条件。笔者认为，这也是对改革开放以来基本路线和各项方针政策的坚持与发展，是六十周年建国大庆前夕对中国外交下一步使命的大体定位。这在很大程度上延续了邓小平路线，打消了外部世界关于中国崛起后激进民族主义膨胀、实行扩张性战略和对抗态势外交的某些担忧（及曲解和误判）。

除了建国大庆并确定新航向的主题外，2009年的中国外交还有如下值得提示的重要线索：其一是在全球经济危机的特殊背景下，全力为中国国内经济的平稳较快发展提供保障。这方面，中国外交部门配合政治领导和国务活动，与央

行、财政部、发改委等部门一道，在大国双边外交、国际金融峰会、多边商务谈判等重大外事中，为确立中国立场和维护发展利益做了大量富有成效的工作。其二是适应中国综合国力壮大和国内公众需求的新形势，在国际制度的改革与重建以及各种国际多边场合，努力争取更大的话语权和影响力。典型事例，是中国主要领导人在2009年秋天参加在美国召开的四次峰会（联大峰会、气候峰会、金融峰会和反恐峰会）并主动提出各种倡议，这表现出中国在国际上更加积极有为的方针（笔者个人特别欣赏胡锦涛在气候峰会上的发言，这份发言既有新意、有承诺，提升了中国在全球气候变暖问题上的形象，又有原则、有底线，保持了“共同但有区分的责任”的定位）①。其三是妥善处理涉及中国的各种国际难题，防止这些难题范围扩大或者恶果增加。上半年最突出的事例是应对纷繁复杂的南海纠纷，下半年的典型事例之一是使近乎脱轨的朝核问题回到常轨。2009年头几个月，由于联合国海洋法公约相关机构要求各国把自己的海洋基线及各种权益核定后申报，引起国际范围新一轮“海洋圈地”浪潮和争夺。在南中国海一带，菲律宾、越南、马来西亚等国针对中国在这一区域的主权要求，单独或联手开展了强化各自海洋诉求的一系列行动。这些侵蚀中国海洋权益或破坏各国默契与现状的行为，引起了中国媒体和网民的反对，也给中国外交部门和军方造成压力。对此，中国通过有理有礼有节的方式给予回击，既保持了基本权益，也维护了地区和平。朝核问题的处理，亦是中国外交的一张大牌。里面的故事这里就不展开叙说。笔者想指出的是，正是在中国领导人和外交家的大力斡旋下，朝鲜终于同意回到谈判桌上，从而使半岛的无核化进程得以继续；不论这一进程还有多少曲折，中国人的耐心与智慧是它维系的最重要动力之一。

不能否认，这一年中国外交也面临突如其来的困难与挑战。最突出的是新疆7·5事件带来的负面影响。与2008年的3·14事件类似，发生在新疆首府乌鲁木齐的这场骚乱出乎绝大多数人的意料。它有内部的原因，更有外部的背景，事

① 坦率地说，国内对于中国是否应当加入全球温室气体减排行列，尤其是作出硬性承诺的问题，确实存在大量的分歧。据笔者观察，直到胡锦涛主席在气候峰会发表重要讲话之前，很少有人料到中国领导人会在世界面前承诺到2020年之前中国的温室气体排放将大大低于2005年的水平（强度）。这是一个大胆的承诺，不光是对国际社会承担的重要义务，也是加速国内环境保护进程的巨大推动力。当然，实现这一目标将是非常艰巨的一场挑战。国内与这方面有关的争论，可参见杨洁勉主编《世界气候外交和中国的应对》，时事出版社，2009。

件本身给这一地区的民族团结、经济发展和边疆安定带来了极大的损害。同3·14事件带来的中国与西方国家的某种紧张局势不同的是，7·5 事件一度给中国与某些伊斯兰国家的关系造成麻烦（土耳其总理埃尔多安对中国的强烈指责显示出这一事态的存在）。从更广阔的视野观察，如何防止伊斯兰世界的某些极端势力及思潮朝着中国方向扩散（它在9·11 事件以来的这段时间已经给美国和西方国家造成巨大而可怕的麻烦），绝不只是中国国内民众和政府部门的事情，同样涉及中国的外交和国际战略的调整应对。到目前为止，这场危机已基本结束，但还存在一定的后遗症，未来肯定还会对中国外交工作和国际形象带来负面冲击。其中的经验教训，值得我们认真思考和汲取。笔者近期的一个基本判断是，在内外各方面因素的共同作用下，当下和未来一段时期，中国周边面对的挑战有一种“按下葫芦起了瓢”的势头，即：随着“台独”势力的式微，中国东部沿海地区面临的安全压力和外交麻烦将相对缓解，但中国西部和西南方向面对的“疆独”、“藏独”等势力和它们的外部支持力量却在逐渐上升。对此，我们应有充分的思想准备。

从总体上判断，2009 年是国际关系的新情况、新问题、新趋势层出不穷的一年，也是中国声音和中国力量稳定提升的一年，是中国在地区和全球事务中参与程度不断深化的一年，是中国乘甲子大庆的东风、继续承担负责任大国的义务、继续起到建设性作用、得到国内外更多积极评价的一年。

危机的性质和后果不是固定不变的，取决于各国的应对和国际环境的各种因素。再过一段时间我们就会知道，眼下讨论的各种危机，究竟是会朝着恶化的方向演变，还是会转化为新的机遇。2009 年给世界提供了验证的新窗口。

The Challenges and Opportunities in 2009

Wang Yizhou

Abstract: This paper outlines major global political and security development and trend in 2009: 1) impacts of global economic crisis; 2) implications of Obama's "New Deal"; 3) reconstruction of international financial and climate regimes; 4) trend of emerging powers; 5) tendencies of global security; and 6) new achievements of China's diplomacy and in its international image. All these processes include both challenges and crises on the one hand and opportunities and development on the other hand. Whether the crises continue to deteriorate or be improved depends on the national policies and the multi-factor interaction in the international environment. The author finally highly praised China's achievements in diplomacy at the sixtieth anniversary of China's founding; nevertheless, he also points out the complex situation of international relations China experienced in 2009.

Key Words: Economic Crisis; Obama's New Deal; Emerging Power; Global Security; China's Diplomacy

【全球冲突追踪】

全球重大武装冲突概览：2008～2009年

徐　进*

摘　要： 2008～2009年度，全球重大武装冲突的数量略有上升，其中跨国冲突数量极少，国内冲突成为主流。冲突仍然集中在中东、南亚和非洲东北部地区。引人注目的战争和武装冲突包括以巴冲突、伊拉克战争、阿富汗战争以及斯里兰卡、印度、巴基斯坦、苏丹、索马里等国的国内冲突。以联合国为代表的国际社会对防范和消弭全球重大武装冲突进行着不懈的努力，而保护平民，特别是妇女和儿童免遭战争和武装冲突的伤害是其中心任务之一。

关键词： 武装冲突　国际冲突　国内冲突

2008～2009年度，全球重大武装冲突的数量略有上升，但国际安全形势并未因此而有显著变化。在中东，以巴冲突年初再度升级，以军攻入加沙，旨在沉重打击哈马斯武装。伊拉克战争持续降温，而阿富汗的安全形势继续有所恶化，为此，美国政府已经将反恐重心调整至阿富汗。在南亚，孟买恐怖袭击案迫使印度重新思考和调整自己的反恐战略，而巴基斯坦则努力清剿斯瓦特河谷等地的塔利班武装。斯里兰卡政府军终于彻底击败猛虎组织，收复了整个贾夫纳半岛。在非洲，苏丹政府军与反政府武装冲突不断，索马里过渡政府则在反政府武装的进攻面前岌岌可危。

---

* 徐进，中国社会科学院世界经济与政治研究所助理研究员，主要研究领域是国际关系理论和国际战略问题。

一　冲突的总体形势

斯德哥尔摩国际和平研究所（SIPRI）2009 年度的报告认为，2008 年，全球 15 个地点发生了 16 场重大武装冲突，在数量上比 2006 年多出两场[①]。如表 1 所示，2008 年有 3 场冲突在 2007 年是不活跃的（指尚未开始或战场死亡人数少于 25 人），因而未列在当年的年度报告当中，它们分别是发生在巴基斯坦、布隆迪和苏丹的冲突。格俄战争在 2008 年 8 月之后平息，因而未列入 2009 年度的报告。有 7 场冲突的强度比上年有所上升，而有 6 场冲突的强度比上年有所下降。

表 1　斯德哥尔摩国际和平研究所列出的 2008 年 16 场重大武装冲突

地　区	亚　洲	中　东	美　洲	非　洲
发生地	阿富汗↓ 印度(克什米尔)↓ 巴基斯坦‡ 缅甸(克伦邦)↓ 菲律宾↑ 菲律宾(棉兰老岛)↑ 斯里兰卡↑	伊拉克↓ 以色列－巴勒斯坦↑ 土耳其(库尔德工人党)↑	哥伦比亚↓ 秘鲁↑ 美国↑	布隆迪‡ 索马里↓ 苏丹‡

说明：↑表示自 2007 年起战场死亡人数增加；↓表示自 2007 年起战场死亡人数减少；‡表示 2007 年不活跃，因而未被定义为重大武装冲突。

资料来源：*SIPRI Yearbook 2009*。

德国海德堡国际冲突研究所（HIIK）的年度报告认为，2008 年，全球性的严重危机和战争共计 40 场，其中严重危机为 31 场，战争为 9 场（见表 2）[②]。与 2007 年相比，严重危机与战争的总量增加了 10 场，其中战争增加了 3 场，严重危机增加了 7 场。苏丹、索马里、斯里兰卡和阿富汗等地的 4 场战争的强度与 2007 年持平，乍得、伊拉克（萨德尔派）、巴基斯坦（伊斯兰极端主义者）和土耳其（库尔德工人党）等地的 4 场战争是由上一年的严重危机升级而来的，格

① Stockholm International Peace Research Institute, *SIPRI Yearbook 2009*, http: //www. sipri. org.

② Heidelberg Institute for International Conflict Research at the Department of Political Science, University of Heidelberg, *Conflict Barometer 2008*, http: //www. hiik. de/konfliktbarometer/pdf/ConflictBarometer_ 2008. pdf.

俄战争是两国由非冲突状态直接升级为战争状态。2007 年的两场战争——发生在伊拉克（叛乱分子）和巴基斯坦（北、南瓦济里斯坦）的战争——降格为严重危机。

表 2　海德堡国际冲突研究所列出的 2008 年 40 场严重危机和战争

地　区	类　　别	发 生 地
非　洲	严重危机	布隆迪、刚果（金）（刚果王国运动）、刚果（金）（保卫人民国民大会）、肯尼亚（反对派）、肯尼亚（萨博特地区防御力量）、马里、尼日利亚（基督徒－穆斯林）、尼日利亚（尼日尔三角洲）、苏丹（苏丹人民解放军）
	战　　争	乍得、索马里、苏丹（达尔富尔）
美　洲	严重危机	哥伦比亚（哥伦比亚革命武装力量）、墨西哥（毒品卡特尔）
亚　洲	严重危机	印度（克什米尔）、印度（伊斯兰极端分子）、印度（曼尼普尔区）、印度（纳萨尔派）、巴基斯坦（北、南瓦济里斯坦）、巴基斯坦（什叶派和逊尼派）、巴基斯坦（俾路支省）、菲律宾（民族解放军）、菲律宾（菲共武装）、泰国（穆斯林分离主义者）
	战　　争	巴基斯坦（伊斯兰极端分子）、斯里兰卡
中　东	严重危机	伊朗（库尔德人）、伊拉克（扎卡维组织）、伊拉克（叛乱分子）、巴勒斯坦（法塔赫－哈马斯）、以巴冲突、黎巴嫩、也门
	战　　争	阿富汗、伊拉克（萨德尔派）、土耳其（库尔德工人党）
欧　洲	严重危机	格鲁吉亚（阿布哈兹）、格鲁吉亚（南奥塞梯）、俄罗斯（印古什）
	战　　争	格俄战争

系统和平中心（Center for Systemic Peace）主任马歇尔（Monty G. Marshall）汇编的冲突报告（*Major Episodes of Political Violence 1946～2008*）认为，到 2008 年底仍在延续的冲突有 20 场，在 2008 年下半年程度大大减弱甚至停止的冲突有 7 场，另有 13 场冲突有死灰复燃的危险。在这些冲突中，能算作战争的有 6 场，涉及的国家有缅甸、印度、斯里兰卡、以色列、巴勒斯坦、索马里、民主刚果①。

加拿大犁铧项目（Project Ploughshares）2008 年度的报告认为，2008 年全球 24 个国家存在 28 场重大冲突，与 2007 年相比减少了 2 场。该组织列出的冲突国家和地区包括亚洲的伊拉克、也门、巴勒斯坦、土耳其、阿富汗、巴基斯坦、印度、斯里兰卡、尼泊尔、缅甸、泰国、菲律宾，非洲的阿尔及利亚、乍得、苏丹、索马里、布隆迪、肯尼亚、乌干达、埃塞俄比亚、尼日利亚、民主刚果，南

① http：//www. systemicpeace. org/warlist. htm.

美的哥伦比亚，欧洲的俄罗斯①。

由于以上几个研究机构对于重大武装冲突（战争）的认定、分类和时间选择标准不同，因此它们所统计的冲突（战争）数量或多或少有些差别。不过总的来说，上述几个机构对重点地区的重点冲突的认定还是一致的。综合考虑以上几个研究机构的成果，我们认为，2008～2009年的全球重大武装冲突发生在如下国家或地区：亚洲的阿富汗、印度、巴基斯坦、缅甸、菲律宾、斯里兰卡，中东的伊拉克、以色列、巴勒斯坦、土耳其，非洲的索马里、布隆迪、苏丹，拉美的哥伦比亚和秘鲁。具体情况如表3所示。

表3　2008～2009年度全球重大武装冲突

地　区	亚　洲	中　东	非　洲	拉　美
发生地	阿富汗 印度(各恐怖组织) 巴基斯坦(塔利班) 缅甸(克伦邦) 菲律宾(阿布扎耶夫) 斯里兰卡	伊拉克 以色列－巴勒斯坦 土耳其(库尔德工人党)	哥伦比亚 秘鲁	布隆迪 索马里 苏丹

二　跨国武装冲突

严格地说，本年度不存在发生在两国政府之间的重大武装冲突，但存在有多个国家参与的跨越国家边界的战争。本节所列的以巴冲突、伊拉克战争和阿富汗战争都属于这类冲突。以巴冲突主要是指以色列攻打巴勒斯坦的哈马斯组织，伊拉克战争和阿富汗战争则是以美国为首的联军部队支持伊拉克和阿富汗政府打击反政府武装和恐怖分子。这些武装冲突不同于一般的国内冲突，也不同于正式的国际战争。

（一）以巴冲突

在过去的一年里，以色列向巴勒斯坦的哈马斯组织发动了猛烈攻击，但并未

① http：//www. ploughshares. ca/libraries/monitor/monj09h. pdf.

达到彻底清除该组织的目的。而利库德集团的再次上台使以巴和平进程再次蒙上一层阴影。

2008 年 6 月 19 日，以色列曾与包括哈马斯在内的巴勒斯坦各武装派别达成一项为期 6 个月的停火协议。但是，这一协议像此前的许多协议一样无法坚持到底。11 月，加沙地带再起冲突，至少 15 名巴勒斯坦人（大多数是哈马斯分子）被以军打死，而哈马斯也加紧向以境内发射火箭弹，造成至少 6 名以军士兵受伤①。

12 月 27 日，以军向加沙地带的哈马斯武装发动了代号为“铸铅行动”的大规模军事行动。

此次行动共分为三个阶段：首先是为期一周的空袭。第一天的空袭（据称这是 20 年来最猛烈的空袭）就至少导致 155 人被炸死，200 人被炸伤。死者中包括哈马斯警察司令和安全部队司令、加沙中部地区行政负责人。以军此次空袭的重点目标是哈马斯的警察机构，因此在空袭中有大批哈马斯警察丧生，其在加沙的指挥系统完全瘫痪。据加沙急救部门透露，为期一周的空袭造成了 460 多人死亡，2300 多人受伤②。

第二阶段是初期地面行动。2009 年 1 月 3 日，以色列陆军开进加沙，海军封锁了加沙海域，以防止哈马斯武装人员通过海岸线得到援助。以军发言人说，地面行动的目的是摧毁哈马斯的基础设施并“控制”其用来向以色列发射火箭弹的地区。据悉，哈马斯已经具备射程在 40 公里内的火箭弹，这意味着可以向以色列 10% ~15% 的平民发动袭击。而且，哈马斯还将部分武器藏匿在平民区和部分清真寺以躲避以军的打击③。

第三阶段是纵深打击行动。2009 年 1 月 11 日，以军宣称开始将预备役士兵派往加沙地带，这意味着军事行动规模的扩大。以军还在加沙地带空降传单和电话留言，警告民众不要接近哈马斯组织使用的楼房和据点④。到 1 月 13 日，以军攻入加沙人口最集中的地区，并巩固了对加沙外围的控制。以色列总理奥尔默特

① Heidelberg Institute for International Conflict Research, *Conflict Barometer 2008*, p. 77.

② 《以军大规模空袭加沙地带已致 155 人死亡》，http：//news. sina. com. cn/w/2008 - 12 - 27/210816933024. shtml。

③ 《以军开始对加沙发动地面进攻 加沙冲突升级》，http：//news. sina. com. cn/w/2009 - 01 - 04/073614977339s. shtml。

④ 《以军将预备役士兵派往加沙 欲发动第三阶段攻势》，http：//news. sina. com. cn/w/2009 - 01 - 12/033015016870s. shtml。

表示，只要哈马斯不停止对以色列的炮弹袭击，巴勒斯坦激进分子就会继续感受到以色列的“铁拳”。1 月 18 日，以色列宣布单方面停火，21 日以军撤出加沙地带，“铸铅行动”结束。

据悉，以军在“铸铅行动”中摧毁了情报机关列出的几乎所有目标，切断了伸进以色列南部领土的全部地道，击溃了哈马斯在加沙地带的 6 个战斗旅，毙、俘多数哈马斯指挥官。以军情报官员表示，哈马斯的实力至少下降了 60%[①]。据统计，这次军事行动共造成巴勒斯坦 1205 人丧生，5300 多人受伤，经济损失近 4.76 亿美元。联合国驻加沙机构也损失惨重，有 4 所联合国学校、1 座避难所、2 家医院、16 家医疗中心和 16 辆救护车被毁。以方则有 13 人死亡（10 名军人和 3 名平民），数十人受伤[②]。此次行动还造成极为严重的人道主义危机，有 150 万人生活得不到保障，至少 80 万人缺水[③]。

不过，以色列仅凭为期不到 1 个月的军事行动就想彻底清除哈马斯势力是不可能的。以方也明白这一点，所以还是希望通过外交手段来巩固军事成果。以色列总理奥尔默特就表示，加沙重建应由联合国和其他国际组织牵头协调，在巴勒斯坦民族权力机构、埃及及其他“务实”国家的积极参与下开展。哈马斯不应在重建过程中获得任何合法性地位。以色列一直愿意以《阿拉伯和平倡议》为框架，继续与巴勒斯坦民族权力机构和其他阿拉伯国家进行和谈[④]。不过，如何“清除”哈马斯在加沙的政治势力，让巴勒斯坦民族权力机构重返加沙，还是一个未知数。

2009 年 3 月 31 日，由利库德集团主席内塔尼亚胡领衔的以色列新一届政府宣誓就职。内塔尼亚胡是一位“鹰派色彩”浓厚的政治人物，他的上台使人们对巴以和平的前景心怀忧虑。由于内塔尼亚胡政府是一个脆弱联合政府，除利库德集团外，还包括其他四个党派——工党、“以色列是我们的家园”、沙斯党和“犹太人家园”。因为只在 120 席的议会中占 69 席的微弱多数，所以内塔尼亚胡

---

① 《以军发动“铸铅行动”赢得一时，难赢一世》，http：//news. xinhuanet. com/mil/2009 - 01/28/content_ 10728326. htm。

② 《数字解读“铸铅行动”》，http：//news. xinhuanet. com/world/2009 - 01/18/content _ 10677336. htm。

③ 《联合国官员称 150 万加沙居民处境极为危急》，http：//news. sina. com. cn/w/2009 - 01 - 09/053117008014. shtml。

④ 《以总理呼吁不让哈马斯控制加沙重建》，http：//news. sina. com. cn/w/2009 - 01 - 21/033917085575. shtml。

的中东政策有可能摇摆不定，并向国际社会发出不清晰的信号。

奥巴马政府呼吁巴以双方尽快接受“两国方案”。作为对美国的回应，内塔尼亚胡于2009年6月14日首次表态认可这一原则，但附加了苛刻的前提条件，即巴勒斯坦承诺不设置军队，采取必要措施来确保以色列的安全，承认以色列是犹太民族的国家。他还坚决反对冻结西岸定居点的数量，主张允许定居点“自然增长”。特拉维夫大学国家安全学院公布的最新民调结果显示，53%的以色列人支持巴勒斯坦在1967年被占领土上建国，57%的以色列人同意拆除非法定居点。所以说，内塔尼亚胡的上述表态确有民间基础，但这已经冒犯了利库德集团和执政联盟内的右翼阵营。事实上，为了在美国和他的右翼政坛盟友之间寻求平衡，内塔尼亚胡的表态“进步”有限，与美国政府的设想其实差距不小①。

（二）伊拉克战争

自2008年夏以来，伊拉克的总体安全形势，特别是巴格达地区的安全形势继续好转，但严重暴力事件仍时有发生。这体现在以下几个方面。

第一，安全形势缓慢改善，但并不稳定。据统计，美军和伊拉克安全部队在2008年打死了约2600名非法武装分子。在美国的大力扶植下，伊拉克政府的管理能力有所提高，伊拉克军队已经部署至全国主要城市和地区②。不过，恶性恐怖暴力事件仍时有发生，特别是在重大事件（比如2009年1月的地方选举和6月30日美军撤出城市和城镇）发生前后，恐怖暴力事件有上升趋势，这反映出伊拉克国内各派政治势力错综复杂的争斗。

第二，教派冲突继续缓和。2008年8月28日，什叶派领袖萨德尔继续呼吁其下属的“迈赫迪军”无限期停火。2009年5月1日，萨德尔突然现身土耳其，与土耳其总理埃尔多安就“伊拉克安全以及促进（土耳其和伊拉克）双方联系”举行会谈。萨德尔再次现身可能旨在谋求更多的政治资本，但“迈赫迪军”是否会在美军撤出后与伊拉克安全部队再次交火仍不得而知③。

---

① 杨立群：《内塔尼亚胡有限的妥协》，http：//news. xinhuanet. com/world/2009－06/16/content_11548334. htm。

② 据伦敦国际战略研究所统计，2008年有约2600名非法武装分子被打死。

③ 《沉寂近两年突然又现身 萨德尔谋求政治新资本》，http：//finance. ifeng. com/roll/20090503/611951. shtml。

第三，驻伊联军的伤亡量显著下降。如表4所示，2009年以来，驻伊联军的死亡量仍在延续2008年的下降势头。2009年前9个月的死亡人数总计为127人，只相当于2008年同期水平（275人）的46%；2009年前9个月的单月最高死亡量为25人，只及2008年单月最高数字（52人）的48%。

表4　驻伊联军死亡人数

单位：人

时　间	美　国	英　国	其　他	总　计
2008年1月	40	0	0	40
2008年2月	29	1	0	30
2008年3月	39	1	0	40
2008年4月	52	0	0	52
2008年5月	19	0	2	21
2008年6月	29	0	2	31
2008年7月	13	0	0	13
2008年8月	23	0	0	23
2008年9月	25	0	0	25
2008年10月	14	0	0	14
2008年11月	17	0	0	17
2008年12月	14	2	0	16
2008年合计	314	4	4	322
2009年1月	16	0	0	16
2009年2月	17	1	0	18
2009年3月	9	0	0	9
2009年4月	19	0	0	19
2009年5月	25	0	0	25
2009年6月	15	0	0	15
2009年7月	8	0	0	8
2009年8月	7	0	0	7
2009年9月	10	0	0	10
2009年1~9月合计	126	1	0	127

资料来源：http：//www. icasualties. org/Iraq/index. aspx。

第四，伊拉克安全部队的能力有待证明。根据美伊签署的《驻伊美军地位协议》，美军在2009年6月30日前全部撤出伊拉克城镇，并将城镇的防务权移交给伊安全部队，但伊军的装备和训练水平以及兵员素质遭到普遍质疑。目前，伊安全部队面临三大困难。首先是武器装备陈旧落后。伊军配备的多是萨达姆时期的老式武器，很多军警连防弹背心都没有，只有部分精锐部队使用了美军淘汰的装备。伊拉克政府2009年拟向美国订购的50亿美元军火（主战坦克、侦察直升机、运输机和大口径火炮等）迄今尚未交货。国际金融危机和油价下跌使伊拉克政府财政收入下降，军费开支受到影响，不利于伊拉克安全部队提高战斗力。其次是独立作战能力不强。美国国防部的一份报告指出，伊拉克的军队和警察总兵力虽有60多万人，但175个营中只有17个可以在无美军支援的情况下独立作战，34个警察营中只有2个能独立作战。伊军在空中火力支援、通信、情报、侦察和后勤等方面仍严重依赖美军。第三，伊军中频发的贪污腐败事件严重损害了民众的信任感。据悉，2008年伊内政部发生了736起腐败案件，包括倒卖武器弹药和车辆等①。

第五，政治重建进程有所进展，但困难很大。2009年是伊拉克向“伊人治伊”迈进的关键一年，年初举行了省级议会选举，年底还将举行全国大选。在省级议会选举中，共有1.4万名候选人参选440个席位，当选的议员中有110名女性。大约有51%的选民参加投票，特别是上次大规模抵制2005年1月省级选举的逊尼派选民也踊跃参加投票。联合国秘书长伊拉克事务特别代表德米斯图拉对本次选举的结果表示基本满意，称它是又一令人鼓舞的成就②。不过，由于政治权力分配中的一些矛盾并没有得到根本解决，伊拉克的政治重建进程面临很多困难，相对稳定的政治局势仍十分脆弱。省级议会选举之后，暴力事件又出现回潮，巴格达、济加尔以及摩苏尔等地发生多起重大爆炸袭击事件。2009年6月20日，伊拉克北部石油重镇基尔库克发生一起汽车炸弹爆炸事件，至少造成70人死亡，180人受伤。8月19日，巴格达发生两起分别针对伊财政部和外交部大楼的卡车炸弹袭击，共造成约87人死亡，近1300人受伤。

自2008年初起，美国政府开始为与伊拉克政府签署《驻伊美军地位协议》而奔忙。据说为推动谈判的进展，美国政府还作出了不小的让步。布什政府之所以如此积极，主要原因在于布什希望在2009年1月离任前对伊拉克问题做好政

---

① 《美战斗部队撤出城镇后伊军能否独担重任?》，http：//news. xinhuanet. com/world/2009－06/25/content_ 11602356. htm。

② 《伊拉克省级议会选举获胜者需进行建设性的政治对话》，http：//huwu. org/chinese/News/fullstorynews. asp？newsID＝11255。

治安排，而避免奥巴马上台后全盘推翻自己的政策。另外，由于联合国对美军的授权到2008年底结束，而美国预计联合国很难再行授权，因而急于与伊拉克政府直接谈判驻军地位问题。不过，与伊拉克签订协议难度很大。伊拉克议会各党派的表态不一：库尔德派赞成驻军协议，什叶派执政联盟的态度有所保留，萨德尔派则是强烈反对。

从表面看，美伊的分歧在于美军豁免权的内容、军事行动的范围以及撤军时间等非实质性问题，但实质问题是布什政府虽然同意在2011年底前撤军，却又提出备注条款，可能是美军可以应伊拉克政府的请求而留下。恰是此类保留和特权条款成为阻碍协议签订的拦路石。媒体称，布什政府“欲走还留”的心态使之希望采取等等看的策略，尽力保存战争的成果。但一份爽快的撤军协议，等于是自己否定自己的政策，这也不是布什政府想要的。陷于这种困境，时间又不等人，难怪布什的焦急之情显露无遗了①。经过多方磋商与妥协，2008年10月28日，伊拉克政府最终通过了《驻伊美军地位协议》的修改方案。对于外界关注的驻伊美军的治外法权问题，双方商定，伊拉克司法部门可以有限度地起诉在非执勤时间和美军基地外违法的驻伊美国军人，并与五角大楼磋商②。

美国新任总统奥巴马上台后，立即着手全面审查伊拉克政策，重点就是撤军问题。2009年2月27日，奥巴马总统宣布了一项新的对伊政策，包括撤军、重建和外交等三部分。在撤军部分，美国将在未来18个月内分两步撤出大部分军队，结束作战任务，将维持安全的责任完全移交给伊拉克人。第一步是在2010年8月31日前，撤出大部分军队，留下3.5万~5万兵力，负责支持伊军的行动。第二步是在2011年底前撤回剩余的部队。在重建部分，美国将继续通过外交、政治和发展手段，帮助伊拉克实现“和平”与“富强”。在外交部分，美国将与包括伊朗和叙利亚在内的中东地区国家展开全面接触，为改善伊拉克和中东地区的安全形势而建立一个新框架。奥巴马还表示，从长远来看，要解决伊拉克问题要凭借政治手段，而非军事手段。而且，美国无法继续负担伊拉克战

---

① 冯彦强：《布什政府为何急于签订伊拉克驻军协议》，http://news.xinhuanet.com/world/2008-11/14/content_10358923.htm。

② 杨晴川：《美国防部长称驻军地位协议将保护驻伊美军》，http://news.xinhuanet.com/newscenter/2008-10/18/content_10212726.htm。

争的高昂成本①。

目前，美军已经全部撤出伊拉克城镇，只留有“少量美国军事顾问和训练人员”为伊军提供支持。而且，驻伊美军司令奥迪尔诺表示，今后美军所有的战斗行动都需得到伊拉克政府的批准②。不过，美军撤出后，伊拉克政府将面临维护国内安全的考验。伊拉克总理马利基在2009年6月多次警告，一些武装势力正准备在美军撤出城镇后大搞暴力袭击活动。到2010年1月伊拉克议会选举前，这些活动都有增多之势。当地分析人士也认为，反美武装和一些极端势力虽然近年来战斗力减弱，但仍可能在关键时刻强势反扑，其目的一方面在于显示其存在，另一方面则在于证明美国的“失败”和伊拉克政府的“无能”③。

（三）阿富汗战争

2008年，阿富汗的安全形势不容乐观，塔利班的反击势头非常强劲，而且富有组织性和协调性。连美国国防部也被迫在2008年6月承认，塔利班处于“强力反弹式的叛乱”状态当中④。如表5所示，2008年联军阵亡人数为294人，比2007年增加近27%。据统计，2008年，塔利班袭击造成6000多人死亡，其中包括2000多名平民。2009年前9个月，联军阵亡人数已达379人，大大超过2008年全年的阵亡量。塔利班在阿富汗的控制和影响面积已由2007年的54%上升到2008年的72%，而且已经成为阿富汗南部城镇和村庄的实际统治者。在通往喀布尔的4条大道中，有3条在塔利班的影响和打击范围之内。2009年初，塔利班逼近位于喀布尔以南约50公里的沃达克省。塔利班武装公开在当地乡村公路上设卡、组建宗教法庭，甚至收“特别税”当军饷。另外，塔利班控制区的鸦片产量占据了全世界总量的90%左右，通过毒品贸易可以为武装分子换回大量金钱和武器，成为支撑塔利班武装的财政基础。

---

① 王薇、杨晴川：《奥巴马宣布18个月从伊拉克撤军计划》，http：//news. xinhuanet. com/world/2009－02/28/content_ 10914846. htm。

② 高山：《驻伊美军表示将按时从伊拉克城镇撤退》，http：//news. xinhuanet. com/world/2009－06/16/content_ 11547865. htm。

③ 高山：《伊政府面临美军撤退考验》，http：//news. xinhuanet. com/world/2009－06/22/content_11581076. htm。

④ Kenneth Katzman，*Afghanistan：Post-war Governance，Security and U. S. Policy*，http：//www. fas. org/sgp/crs/row/RL30588. pdf，pp. 22－23.

表 5　2001～2009 年阿富汗战争中联军阵亡人数

单位：人

年份	1 月	2 月	3 月	4 月	5 月	6 月	7 月	8 月	9 月	10 月	11 月	12 月	总计
2001	0	0	0	0	0	0	0	0	0	3	5	5	13
2002	10	12	14	10	1	3	0	3	1	6	1	8	69
2003	4	7	12	2	2	7	2	4	2	6	8	1	57
2004	11	2	3	3	9	5	2	3	4	8	7	1	58
2005	2	2	6	19	4	29	2	33	12	10	7	4	130
2006	1	17	13	5	17	22	19	29	38	17	9	4	191
2007	2	18	10	20	25	24	29	34	24	15	22	9	232
2008	14	7	19	14	23	46	30	46	37	19	12	27	294
2009	25	24	28	14	27	38	76	77	70	—	—	—	379

资料来源：http：//icasualties. org/oef/。

由于驻阿联军和阿富汗政府军无力在各地区长期驻留，致使部分地区的“塔利班化”趋势越来越严重。虽然驻阿联军在 2008 年下半年继续加大打击力度，而且奥巴马总统指示美军增兵 2.1 万人，但整个安全形势迄今仍未回到 2007 年之前的状态。

美国总统奥巴马在竞选时就主张将美国的反恐重心从伊拉克转移至阿富汗。目前，他正在实践自己的诺言。奥巴马的阿富汗战略具有软硬兼施的特点，在一定程度上改变了小布什政府一味强硬的政策主张。就硬的一手而言，美国于 2009 年 2 月 17 日宣布增兵 1.7 万人，在 3 月再次宣布增兵 4000 人，使 2009 年的增兵量达到 2.1 万人①。9 月 2 日，国防部部长盖茨宣布将增派 1.4 万人的作战部队，同时撤出部分后勤人员，使美军总兵力保持不变②。奥巴马在总统声明中表示，增兵是“稳定阿富汗日益恶化局势所必需”，而且阿富汗没有得到“其所急需的战略重视、指导以及资源”。美国还认为，巴基斯坦军队在巴阿边境的军事行动不力，未能遏制塔利班的活动，因此出动无人驾驶飞机对可疑目标持续发动导弹袭击，在巴基斯坦境内打死了数百名武装分子，包括一些重要头目③。

① 驻阿美军司令部要求增兵 3 万人，但在 2009 年 8 月 31 号美军和北约驻阿富汗最高指挥官麦克里斯特尔递交的《60 日评估报告》中没有直接提出增兵的要求。

② 《美军计划增派驻阿作战部队 1.4 万人》，http：//www. chinadaily. com. cn/hqgj/2009 - 09/02/content_ 8647440. htm。

③ 《阿富汗塔利班炸毁大桥切断驻阿美军补给线》，http：//www. china. com. cn/military/txt/2009 - 02/04/content_ 17219242. htm。

就软的一手而言，2009年3月8日，奥巴马在接受《纽约时报》采访时直截了当地承认，美军未在阿富汗取胜。阿富汗新战略将以和解为重要内容，因此可以考虑与塔利班的温和派以及部落长老接触与合作。在美国支持下，阿富汗政府已与塔利班进行了至少三轮的接触和谈判。美国还承诺“弃暗投明”的塔利班关键人物可在政府中任职，并特赦投诚的塔利班分子，给予其公民地位。奥巴马解释称，美国在伊拉克取得成功的部分原因是，美军愿意与一些伊斯兰教激进分子展开合作。不过，奥巴马承认，阿富汗的政治格局比伊拉克复杂得多。各部落结构复杂、高度自治，因此“要想把它们一一琢磨透是很大的挑战”。阿富汗总统卡尔扎伊对奥巴马“放软身段”的讲话表示欢迎，因为他一贯主张与塔利班中的温和派进行和解[①]。另外，奥巴马还强调与阿富汗周边国家（巴基斯坦、伊朗、俄罗斯、中国）合作，比如邀请伊朗参加在海牙举行的“阿富汗问题国际会议”。美国还将继续推动国际社会为阿富汗重建筹款，实施鸦片种植替代方案，扶植阿富汗经济发展，解决其重建资金不足问题。

奥巴马的阿富汗“新政”刚刚展开，其最终效果如何尚不得而知。依据分析，这一政策面临如下三方面困难。首先，美国国内对于软硬两手孰轻孰重、何者为先还缺乏共识。奥巴马刚一放话愿意与塔利班温和派进行合作，国内马上出现反对声音。新美国基金会的彼得·伯根就撰文列举九大理由说明在当前形势下与塔利班交易会使阿富汗的情况更糟糕。其次，实现国际合作的前景不明朗。阿富汗周边各国与美国并不是一条心，合作起来相当困难[②]。再次，盟国难施援手。美国一直希望北约欧洲盟国能够增兵，并在危险地区参加军事行动，但布什政府的游说工作没有成功。在国际金融危机的大背景下，奥巴马政府想要说服盟国“加人加钱”希望更加渺茫。

塔利班势力的复兴也彰显了阿富汗重建的失效。七年来，美国一直主导着阿富汗的重建进程，国际社会也投入了不少人力和物力，但阿富汗仍然是一个政治不稳、经济畸形的非正常国家。阿富汗重建工作的效果很不明显，在经济和社会

① 《奥巴马缘何对阿富汗采用软硬两手政策》，http：//world. people. com. cn/GB/14549/8936954. html。

② 南之默：《阿富汗新战略为奥巴马增色有限》，http：//guancha. gmw. cn/content/2009－03/30/content_ 903492. htm；邵育群：《奥巴马政府阿富汗政策的四大挑战》，http：//news. xinhuanet. com/world/2009－03/12/content_ 10994946. htm。

方面可以说是失败的。重建失效→政府失去民心→民众倒向塔利班，这条因果链表明，重建工作的重要性绝不亚于军事打击的重要性。导致重建工作失效的原因很多也很复杂，但就美国及其北约盟国而言，政策失当、失调和不配套是主要原因。几年来，美军的狂轰滥炸经常误伤平民，导致民众反美情绪急剧上升；联军和阿富汗政府铲除罂粟，但却没有给老百姓其他谋生之道；西方援助和经济重建并没有带给阿富汗充分的就业和发展。塔利班正是充分利用了各种因素，逐渐争取到民众的同情和支持。可以说，目前塔利班在阿富汗得到的支持，已经超越传统的部族支持基础，一定程度上在部分阿富汗人中间取得了政治合法性①。

而且，美欧的阿富汗重建政策也不匹配。美国对由英、德等国负责的反毒品和警察培训项目颇有微词。美国不同意英国提出的反毒品政策，认为德国培训阿富汗警察的速度太慢，无法满足安全形势的需要。德国人则把美国的做法称作“疯狂英语学习班”，认为美国的做法不可能培训出称职的警察。已有欧洲学者表示，奥巴马政府的阿富汗政策很可能是“面带微笑的单边主义”，显示了对美国行事作风的怀疑。

最后，奥巴马政府归罪于卡尔扎伊简直是在找替罪羊。几年来，卡尔扎伊一直对美国亦步亦趋，无一丝越雷池之举，再怪罪于他就是“欲加之罪，何患无辞”了。且不说是否有替代卡尔扎伊的合适人选，即使有的话，仅凭换人就能解决阿富汗国内错综复杂的政治问题吗?②

三　世界各地区的重大国内武装冲突

南亚、东南亚和非洲是国内武装冲突或内战的高发地。导致冲突发生和持续的原因很复杂，包括分离主义、意识形态斗争、宗教和民族矛盾、权力斗争、资源争夺和政府无能。这些冲突大多十分“顽固”，有的已经持续数十年，很难找到有效的解决办法。当然，在极个别的情况下，政府军也可以十分“幸运”地彻底剿灭对手。

---

① 傅小强：《美国不能再坐视塔利班中兴》，《世界知识》2009 年第 2 期，第 49 页。

② 邵育群：《奥巴马政府阿富汗政策的四大挑战》，http：//news. xinhuanet. com/world/2009 – 03/12/content_ 10994946. htm。

（一）南亚地区的重大国内冲突

在南亚地区，有三场国内冲突值得关注：斯里兰卡政府与泰米尔猛虎组织之间的冲突、印度政府与恐怖分子之间的冲突、巴基斯坦政府与伊斯兰极端势力之间的冲突。

2009 年初，斯里兰卡政府军在与泰米尔猛虎组织的长期较量中取得了最终胜利。1 月 2 日，斯里兰卡政府军攻占了猛虎组织的“首都”基利诺奇镇。1 月 25 日，猛虎组织的最后一个军事重镇穆莱蒂武被攻破。斯里兰卡政府军胜利在望。5 月 16 日，斯里兰卡军方宣布，政府军已成功收复猛虎解放组织控制的最后一段海岸线。次日，猛虎组织国际关系头目帕特马纳坦在网站上声明失败，并宣布投降。5 月 19 日，斯里兰卡军方公布了猛虎组织最高领导人普拉巴卡兰的尸体照片。当天，斯里兰卡总统拉贾帕克萨在议会宣布政府军取得最后胜利。不过，这场冲突使双方和平民伤亡惨重。据印度冲突管理研究所统计，自 2008 年初斯里兰卡政府军加强攻势以来，政府军方面阵亡共计 2629 人，猛虎组织方面死亡 12565 人，而平民死亡高达 11515 人（见表 6）。

表 6　印度冲突管理研究所统计的斯里兰卡冲突死亡人数（2005～2009 年）

单位：人

年份	平民	政府军	猛虎组织	总计
2005	153	90	87	330
2006	981	826	2319	4126
2007	525	500	3352	4377
2008	404	1314	9426	11144
2009	11111	1315	3139	15565

说明：2009 年数据截至 10 月 5 日。

资料来源：http：//www. satp. org/satporgtp/countries/shrilanka/database/annual_ casualties. htm。

斯里兰卡政府军此次彻底击败猛虎组织得益于以下几个原因：首先是在装备上压倒对手。近年来，斯里兰卡政府军注重提高部队的机械化水平，装备了大量坦克和火炮，并利用无人机来提高侦察水平，实时掌握猛虎组织部队的动向。其次是有效的海上封锁。近年来，斯里兰卡海军每年都要击沉十几艘猛虎组织的运输船，并有效地封锁海岸，使猛虎组织失去了海外武器来源，导致其战斗力锐减。在2009年的最后攻势中，斯里兰卡海军又彻底切断了猛虎组织的海上退路，致使猛虎组织成员无路可逃。再次，战略位置极端不利。猛虎组织的控制区正面狭窄、背靠大海，是用兵的险地，要跳出政府军的包围圈非常困难。

虽然斯里兰卡政府军最终取胜，但该国的民族和解和战后重建工作十分艰巨和繁重。2009年5月19日，拉贾帕克萨总统在议会演讲时表示："僧伽罗人和泰米尔人将在这个自由国家里平等相处……我们一定能够找到各方接受的矛盾解决方案……斯里兰卡不存在所谓少数族裔。这里只有一种区分，即你是不是爱国者。"今后，斯里兰卡政府必须解决好三个问题。首先，给予泰米尔人足够的自治权。尽管猛虎组织已被歼灭，但泰米尔人并不会放弃对政治权利和平等的合理诉求。因此，如何通过改革来实现政治权利平等，将考验拉贾帕克萨政府。其次，做好战争的善后工作。斯里兰卡政府必须尽快解决目前20多万难民、伤残人员以及猛虎组织残余人员的安置和处理问题，加快经济发展步伐。再次，鼓励民族和解。斯里兰卡政府需要尽快在泰米尔地区解除军事封锁，重建社会秩序，消除战争创伤，鼓励他们融合到国家建设和多民族社会环境中①。

由于错综复杂的民族、宗教和国际矛盾，印度一直是恐怖组织和反政府武装十分活跃的国家。如表7所示，2008年，印度军警共打死恐怖分子1220人，政府军亦有372人阵亡，冲突共造成1019名平民死亡。2009年前9个月，政府军打死恐怖分子854人，而自身阵亡350人，估计2009年的上述两项统计数字将与2008年大致持平。2008年最震惊一时的恐怖事件是11月26～29日发生的孟买恐怖袭击案。当时有10名恐怖分子闯入孟买的泰姬玛哈酒店等地，向无辜平民以及西方游客开枪射击，至少造成195人死亡，300余人受伤。恐怖分子除一人被捕外，其余9人均被打死，警方也有20余人阵亡。印方在调查后认为，这次袭击是巴基斯坦境内一个叫"虔诚军"的极端组织所为。该组织已于2002年被巴方取缔，随后又改称"达瓦慈善会"继续活动。巴方则否认上述说法。巴基斯坦内政部称这次事件是策划者在某欧洲国家通过互联网进行联络的。巴方将对5名巴基斯坦人提出起诉②。2009年6月23日，孟买一个特别法庭下令逮捕

① 《斯里兰卡：战后和解重建任重而道远》，http://news.xinhuanet.com/world/2009－05/20/content_11406753.htm。

② 《巴基斯坦今天提交孟买恐怖袭击事件的调查报告》，http://www.china.com.cn/news/txt/2009－02/09/content_17248424.htm。

22 名涉嫌参与此案的犯罪嫌疑人。鉴于这些人均不在印度，特别法庭要求政府通过国际刑警组织实施抓捕①。

表 7　2005～2009 年印度国内冲突死亡人数

单位：人

年　份	平　民	政府军	恐怖分子	总　计
2005	913	287	1319	2519
2006	1104	388	1273	2765
2007	1009	404	1185	2598
2008	1019	372	1220	2611
2009	539	350	854	1743

说明：2009 年数据截至 10 月 5 日。

资料来源：http：//www. satp. org/satporgtp/countries/india/database/indiafatalities. htm。

孟买恐怖袭击案凸显印度反恐措施的滞后。一是反恐法律缺位。印度在 2002 年制定了《恐怖主义预防法》，但因政治斗争于 2004 年废除。二是党派斗争以及中央和地方政权纷争，严重限制了反恐效率。各党派对反恐认识不一，各地方政府由不同政党掌权，影响了全国反恐行动。三是反应速度太慢。孟买袭击案发生 10 小时后，印度特警部队才到达现场，遭到了民众的强烈指责②。不过，印度政府已经意识到这一点，多次宣称要强化反恐机构的建设。2009 年 6 月 30 日，印度有 4 个地区反恐中心投入使用，分别位于孟买、金奈、加尔各答和海德拉巴。不过，这项计划也遭到一些专家质疑。印度冲突管理研究所执行主任阿贾伊·萨尼就指出，这只是“象征性”的回应，加强警察训练、提升装备水平才是更加可行的措施③。

自 2008 年至今，巴基斯坦的安全形势持续恶化，恐怖暴力事件造成大量人员伤亡。从表 8 可以看出，2008 年死于恐怖暴力事件的人数是 2007 年的 1. 87 倍，其中被打死的恐怖分子数量比 2007 年增加了 164%。2009 年前 9 个月被击

① 《印度下令逮捕 22 名孟买恐怖袭击案疑犯》，http：//news. xinhuanet. com/world/2009 – 06/23/content_ 11589741. htm。

② 《孟买恐怖袭击凸显印度反恐滞后》，http：//news. xinhuanet. com/comments/2008 – 11/28/content_ 10423759. htm。

③ 《印启用首个地区反恐中心》，http：//news. xinhuanet. com/world/2009 – 07/02/content_ 11636995. htm。

毙的恐怖分子为5960人，已经是2008年全年的1.5倍略多，而政府军的阵亡人数比2008年全年数字多103人。尤其引人注目的是，巴基斯坦的塔利班势力已经推进到斯瓦特河谷地区，而这里距离首都伊斯兰堡只有160公里。

表8　2005～2009年巴基斯坦死于恐怖暴力的人数

单位：人

年　份	平　民	政府军	恐怖分子	总　计
2005	430	81	137	648
2006	608	325	538	1471
2007	1523	597	1479	3599
2008	2155	654	3906	6715
2009	1658	757	5960	8375

说明：2009年数据截至10月1日。

资料来源：http://www.satp.org/satporgtp/countries/pakistan/database/casualties.htm。

巴基斯坦的反恐形势与阿富汗息息相关。据说，华盛顿内部流行“Afpak”一词，就是将阿富汗和巴基斯坦看成问题的一体，甚至认为阿富汗是小问题，巴基斯坦是大问题。奥巴马政府认为，如果不消灭巴基斯坦境内的塔利班和“基地”组织，阿富汗的安全形势不会根本好转。因此，美国不断向巴基斯坦政府施压，还不顾巴基斯坦政府反对，使用“捕食者”无人机深入巴基斯坦领空进行军事打击。问题在于，巴基斯坦总统扎尔达里的执政基础并不稳固，美国的压力只会强化巴基斯坦国内的反美情绪，迫使巴基斯坦政府不时向伊斯兰教激进分子妥协①。比如，2009年2月，巴基斯坦西北边境省政府同当地的名为“执行先知穆罕默德法典运动”的组织达成协议，同意一旦塔利班分子盘踞的斯瓦特河谷恢复和平，将在包括斯瓦特河谷在内的马拉根德区实行伊斯兰法。2009年4月13日，巴基斯坦国民议会（下院）一致通过一项决议，建议扎尔达里总统签署有关在马拉根德区实行伊斯兰法的法令。扎尔达里随后签署了这一法令②。但是，这一地区的塔利班武装拒绝放下武器，反而从斯瓦特河谷进入马拉根德的布内尔地区，占领了一些政府机构，并在多个地点设立检查站。这项协议一直受到

① 邵育群：《奥巴马政府阿富汗政策的四大挑战》，http://news.xinhuanet.com/world/2009-03/12/content_10994946.htm。

② 饶博、李敬臣：《巴基斯坦总统签署法令同意马拉根德区实行伊斯兰法律》，http://news.xinhuanet.com/world/2009-04/15/content_11186587.htm

美国政府指责。4月22日，美国国务卿希拉里在国会众议院听证时说，如果巴基斯坦政府仍不采取有效措施遏制塔利班武装的扩张，局面将失去控制。

为了显示自己的反恐决心，从2009年4月26日起，巴基斯坦安全部队分别对该国西北边境省迪尔、布内尔和斯瓦特河谷等地区发起军事行动，全面打击塔利班武装，迄今已累计打死1400多名武装分子①。6月13日，扎尔达里总统宣布将在该地区长期驻军。不过，这次军事行动也造成大量平民伤亡，超过10万人逃离家园。目前，联合国已经设置了5个难民营地，此前巴基斯坦政府也曾建立了7个难民营。此次军事行动受到美国的高度赞扬，并为巴基斯坦提供了490亿美元的援助。驻阿美军司令彼得雷乌斯将军表示："巴基斯坦正在遭受生死存亡的威胁，斯瓦特河谷的战斗代表着巴基斯坦政治领导人、民众以及军方的团结协作。"② 目前，巴基斯坦军方已经控制了斯瓦特河谷地区，并继续清剿残余的武装分子。

（二）非洲地区的重大国内冲突

苏丹达尔富尔地区的冲突自2003年爆发以来，已经造成30万人死亡，近270万人被迫逃离家园。苏丹的政治和安全形势错综复杂，苏丹政府、反政府组织和国际势力在达尔富尔的角逐一刻也没有停息。

在政治方面，2008年11月12日，苏丹总统巴希尔在"苏丹人民解决达尔富尔问题倡议论坛"闭幕式上宣布，政府军在西部达尔富尔地区立即和无条件停火，并要求当地民兵组织立即解除武装。他还呼吁建立有效监督机制，确保双方的停火协议得到严格执行。2009年2月17日，苏丹政府与反政府的"正义与平等运动"在多哈签署《解决达尔富尔问题的善意和建立信任协定》。5月12日，双方再次达成协议，重申继续执行2月17日签署的协议。

2009年3月4日，国际刑事法院以涉嫌在苏丹达尔富尔地区犯有战争罪和反人类罪为由，对苏丹总统巴希尔发出逮捕令。此举立刻在国际社会引起轩然大波，同时遭到苏丹政府的严词拒绝。不过，5月18日，达尔富尔叛军首领阿布加达却在国际刑事法院自愿出庭，成为该法院自2002年成立以来第一名主动接

① 李敬臣：《巴基斯坦总统宣布在斯瓦特河谷地区长期驻兵》，http：//news. xinhuanet. com/world/2009－06/13/content_ 11536217. htm。

② 《政府军开道 巴基斯坦数十万居民撤离斯瓦特地区》，http：//gb. cri. cn/27824/2009/05/12/2585s2508596. htm。

受传唤到庭的嫌疑人，也是涉及达尔富尔问题的首名出庭被告。阿布加达与另外两名叛军头目被控参与指挥2007年9月袭击非盟维和部队营地。阿布加达否认指控，自愿出庭以证清白①。

在安全形势方面，苏丹政府军与反政府武装之间的冲突从未停止。2009年1月26日，达尔富尔某武装运动与政府军在北达尔富尔州首府法希尔郊外发生冲突。而本月早些时候，苏丹政府军同“正义与平等运动”以及“苏丹解放军·米纳维派”在南达尔富尔州爆发过冲突②。5月8~9日，苏丹政府军轰炸了乌姆巴罗附近的“正义与平等运动”据点，而5月17日，“正义与平等运动”部队袭击并占据了政府在科诺伊的军事基地。反政府武装针对联合国工作人员及维和部队的袭击事件也经常发生。仅2009年4~5月，就发生了143起针对联合国工作人员的袭击事件。5月7日，在尼亚拉发生的一起劫车事件中，“达尔富尔混合行动”的一名军事观察员被害③。

截至2009年5月26日，联合国—非盟混合维和部队的总人数为13455人，占核定人数（19555人）的69%，预计全部18个营将在2009年底部署到位。联合国秘书长潘基文提交给安理会的报告称，混合维和部队主要面临三个困难：一是缺乏关键的军事支援部队，如中型运输部队、空中侦察部队、直升机、装甲运兵车和医院。二是难以招到和留住工作人员。由于工作和生活的风险很高，已有110名国际工作人员离职，154名选定的国际候选人拒绝到任，这一数目占目前征聘的国际工作人员的27%。三是苏丹政府不予配合。2009年4~5月，苏丹政府拖延向“达尔富尔混合行动”人员发放签证，致使约521项签证申请尚未办理④。

2009年5月以来，索马里内战再起，打破了年初稍微平静的安全局势。2008年，在联合国斡旋下，以谢里夫·艾哈迈德为首的反政府武装“索马里再

---

① 刘黎：《苏丹达尔富尔叛军首领在国际刑事法院出庭》，http：//news. xinhuanet. com/world/2009-05/19/content_ 11397907. htm。

② 《联合国关注苏丹北达尔富尔地区冲突升级》，http：//www. unmultimedia. org/radio/chinese/detail/121494. html。

③ 《联合国秘书长关于部署非洲联盟—联合国达尔富尔混合行动的报告》，http：//www. un. org/chinese/aboutun/prinorgs/sc/report/2009/index. html。

④ 《联合国秘书长关于部署非洲联盟—联合国达尔富尔混合行动的报告》，http：//www. un. org/chinese/aboutun/prinorgs/sc/report/2009/index. html。

次解放联盟”中的温和派和索马里过渡政府举行了多轮会谈，最终达成权力分享协议。2009 年 1 月，艾哈迈德在总统选举中获胜，一定程度上为组建民族团结政府铺平了道路。但“索马里再次解放联盟”中的强硬派（该派后与一些反政府组织合并成为“伊斯兰党”）以及“伊斯兰青年运动”等反政府派别拒绝加入和平进程，并决心以武力夺得政权。

2009 年 5 月以来，“伊斯兰青年运动”和“伊斯兰党”武装发动新一轮攻势，从政府军手中夺取了摩加迪沙北部多个战略要地。6 月初，反政府武装攻入首都摩加迪沙，与政府军在市内展开激战。6 月 20 日，索马里过渡议会通过决议，呼吁埃塞俄比亚、肯尼亚和吉布提等邻国在 24 小时内派兵增援，否则“索马里就有可能落入国际恐怖分子之手”。22 日，索马里总统艾哈迈德宣布全国进入紧急状态。此时，摩加迪沙城约有 2/3 已被反政府武装控制，过渡政府仅在非盟维和部队的支持下勉强控制着总统府、机场、港口等少数战略要地[①]。7 月 3 日和 4 日凌晨，政府军发动了几次军事行动，试图打破对总统府的包围和收复首都北部被反政府武装占领的据点，但未能奏效。8 月 21 日，索马里政府军、非盟维和部队和伊斯兰武装分子在摩加迪沙再次展开激战，导致数十人死亡[②]。9 月 17 日，反政府武装向非盟维和部队司令部发动自杀式爆炸袭击，造成 14 名维和官兵死亡，包括副司令尼勇固鲁扎少将[③]。

在是否出兵援救索马里过渡政府问题上，有关国家态度不一。埃塞俄比亚、肯尼亚和吉布提三国不愿出兵，乌干达、布隆迪和尼日利亚表示愿意向索马里派兵，布基纳法索和马拉维也正在考虑此事。7 月 1 日，在第 13 届非盟首脑会议期间，美国助理国务卿约翰尼·卡森向索马里总统谢里夫承诺，美国准备提供后勤和财政支援，而 7 月初的几天，美军战斗机一直在摩加迪沙上空进行侦察飞行[④]。

---

① 赵卓昀：《索马里局势恶化何时休》，http：//news. xinhuanet. com/world/2009 - 06/26/content_ 11606192. htm。

② 《索马里首都摩加迪沙发生交火 22 人死亡》，http：//news. xinhuanet. com/world/2009 - 08/21/content_ 11922618. htm。

③ 《索马里维和部队遭自杀式袭击 14 人死亡》，http：//www. chinanews. com. cn/gj/gj - zd/news/2009/09 - 18/1874201. shtml。

④ 《美国准备向索马里政府提供军事援助》，http：//world. people. com. cn/GB/1029/42359/9594219. html。

四 小结

近年来，全球武装冲突的主流是国内武装冲突，严格意义上的国际冲突已不存在，用跨国武装冲突来称呼以巴冲突等一方是政府军而另一方是非政府武装的冲突更合适。具体而言，我们又可以发现三种形态：一是有外国军队卷入的跨国冲突，即冲突中的一方得到外国军队的支持和协助。比如，伊拉克战争、阿富汗战争和索马里内战。二是越境武装冲突。冲突中的一方是A国的政府军，另一方是藏匿在B国境内的A国的反政府武装。冲突要么是A国军队进入B国境内打击反政府武装，要么是反政府武装潜入A国进攻政府军。这类冲突既非纯粹的国际冲突，也非纯粹的国内冲突，但冲突会影响A、B两国间的关系。比如，土耳其军队越境打击伊拉克境内的库尔德工人党武装。三是传统意义上的国内武装冲突（内战），比如斯里兰卡内战。当然，传统意义上的内战可能带有某种国际背景或带来某种国际后果。比如，巴基斯坦政府军清剿塔利班武装的行动就与阿富汗战争有密切关联，而缅甸军队攻打果敢地方武装的行动搅动了中缅边境局势和中国人的民族情感。

还有一种可能导致武装冲突的军事行动值得我们关注，即国际社会打击索马里海盗行动。从后果来讲，这次行动构不成重大武装冲突。行动的一方是有关国家派遣的军舰，并得到联合国的授权，另一方是只有轻武器和非军用船只的海盗，双方海上实力相差太悬殊。另外，海盗行为是一种早就被国际法所禁止的犯罪行为，我们把反索马里海盗行动称为打击犯罪行为可能更合适，但其特殊性在于它是由军队而非警察执行的，所以具有某种军事色彩，可能产生冲突后果，但尚不足以被称为武装冲突。

在2009年的冲突中，斯里兰卡内战的结束值得我们关注。通常，解决冲突可以用打的方式，也可以用谈的方式。多年以来，国际社会更提倡谈的方式。斯里兰卡内战的双方也谈了多年，但终无结果，最后还是用打的方式了结恩怨。斯里兰卡政府军最终获胜也是其经年来提高相对军事能力的结果。不过，在战场上取胜后能否实现长治久安，尚不得而知。这需要胜利方运用其政治智慧解决导致冲突发生的诸多政治、经济和社会问题，唯有如此，军事上的胜利才能转化为政治上的胜利。

不管是何种形式、哪种程度和什么名义的武装冲突，受害最大的还是平民。尽管过去50年来，联合国及各类国际组织通过了关于国际人道主义和人权法的

各种公约，但武装冲突中无辜和无助的平民遭到的恫吓、暴虐、折磨和杀害的事件仍触目惊心。在如今的战争中，受害平民的比例估计高达 75%，甚至更高。在许多冲突中，敌对各方经常蓄意把目标对准平民及民用设施。平民和战斗人员之间的界线常常模糊不清，战斗人员经常会将无辜的平民，甚至儿童当作人质。这种情况也反映出当今的战争行为常常同恐怖主义行为交织在一起。

在平民受害者中，妇女和儿童是两类最易受到伤害的弱势人群。在冲突期间，社会结构崩溃，家庭瓦解，妇女和女童因此往往特别容易受到各种形式的暴力的侵害，尤其是性暴力和性剥削，包括被折磨、强奸、奴役和贩卖。据联合国统计，在目前的 3000 多万流离失所者中，80% 是妇女和儿童。有 30 余万名儿童在冲突中充当“娃娃兵”，受到无情剥削。儿童还被征募为性奴隶和战争支持者。据联合国儿童基金会估计，过去十年中，约有 200 万名儿童直接死于武装冲突，而受重伤或终身残疾者为这一数字的 3 倍，还有更多的儿童死于营养不良和疾病①。

为了减少平民在武装冲突中的苦难，联合国及世界各国均作出了不懈的努力。联合国要求所有作战人员都必须遵守《日内瓦第四公约》，所有会员国都应签署、批准和执行有关保护平民的各项条约，例如《灭绝种族罪公约》、《日内瓦第四公约》、《国际刑事法院罗马规约》和各项难民公约。联合国威胁、挑战和改革问题高级别小组在《一个更安全的世界：我们共同的责任》中指出，人道主义援助是帮助各国政府履行这一职责的一个重要工具。援助的核心目的是保护受害百姓，尽量减少他们的痛苦，让他们在冲突中生存下去，以便在战争结束后，有机会重新开始生活②。联合国所提出的这些行为规范，尽管落实困难，但体现了国际社会的进步趋向。

参考文献

汤水富：《索马里海盗：恐怖新势力》，《环球》2009 年第 1 期。

Stockholm International Peace Research Institute, *SIPRI Yearbook 2008*, http://www.

---

① 《联合国和武装冲突中保护平民情况简介》，http://www.un.org/chinese/hr/civilians/index.html。

② 威胁、挑战和改革问题高级别小组：《一个更安全的世界：我们共同的责任》，http://www.un.org/chinese/secureworld/reportlist.htm。

sipri. org.

Heidelberg Institute for International Conflict Research at the Department of Political Science, University of Heidelberg, *Conflict Barometer 2007*, http: //www. hiik. de/konfliktbarometer/pdf/ConflictBarometer_ 2007. pdf.

Kenneth Katzman, *Afghanistan: Post-war Governance, Security and U. S. Policy*, http: //www. fas. org/sgp/crs/row/RL30588. pdf.

The World's Major Armed Conflicts: 2008 -2009

Xu Jin

Abstract: The world's major armed conflicts from 2008 to 2009 have a slight increase in number, compared with the previous year. The international armed conflicts decreased while civil armed conflicts have become the mainstream. Nevertheless, the overall international security situation has no big change this year. The Middle East, South Asia and Northeast Africa host the majority of the armed conflicts. The war in Iraq, the war in Afghanistan, Israel-Palestine conflict, the anti-piracy operation as well as the civil wars or armed conflicts in Sri Lanka, Sudan, India, Pakistan, and Somalia, are catching the world's attention. The international society based on the UN system is making unremitting efforts to eliminate the wars and armed conflicts. The protection of civilians, especially women and children is the core mission of the United Nations.

Key Words: Armed Conflicts; International Armed Conflicts; Civil Armed Conflicts

【全球危机后果评估之一】
金融危机背景下的全球骚乱与抗议

李东燕*

摘　要： 自金融危机爆发后，世界许多国家都发生了抗议和骚乱事件。从总体看，这一轮抗议和骚乱浪潮分布广泛、规模大、暴力冲突事件频发，呈现此起彼伏、遥相呼应之势。各国发生抗议和骚乱的起因不同，但金融危机对社会和政治矛盾的激化无疑起了催化剂的作用。生活水平和福利待遇的下降、失业、种族和民族矛盾、腐败现象以及党派斗争都是引发抗议和骚乱的主要因素。虽然这些抗议和骚乱最终得到平息，但因为发生在金融危机这一特殊时期，如果处理不当，有演变为更严重动乱的可能，因而引起了各国政府和相关部门的高度警惕。如何防范抗议和骚乱的扩大与升级也成为各国政府和国际社会共同关注的一个问题。

关键词： 金融危机　抗议　骚乱

对于2008~2009年度的形势，人们除了关注席卷全球的金融危机之外，还不得不关注伴随金融危机发生的抗议和骚乱事件，以及由此而引发的社会和政治动荡。这类事件包括大规模的街头抗议、游行示威、罢工、骚乱以及暴力事件等。面对这样的形势，各国政要、知名学者及联合国等国际组织纷纷发出警告，提醒人们密切关注金融危机可能引发的政治和社会危机。联合国秘书长潘基文在英国《卫报》（*The Guardian*）上撰文表示，金融危机已演变成了全球经济危机。他担心情况会进一步恶化，可能爆发全面的政治危机，即社会动乱不断增加，政府职能被削弱，而愤怒的公众对本国领导人和未来失去信心。一些媒体也开始大

* 李东燕，中国社会科学院世界经济与政治研究所研究员，主要从事当代全球问题及联合国研究。

谈“欧洲革命”、“非洲动乱”、“中国式骚乱”以及“全世界骚乱者联合起来”等话题。

本报告将在回顾一年形势的基础上，分析骚乱与抗议的特点、原因、影响，并就其可能走势作出评估。

一　此起彼伏的全球骚乱与抗议

本报告所评估的对象，涉及骚乱、抗议、社会动荡等术语。伦敦“经济学家情报公司（The Economists Intelligence Unit)”在2009年关于金融危机与社会和政治动荡的“特别报告”中，将“社会与政治动荡”定义为对政府或者现有政治秩序构成巨大制度威胁的事件，这些事件不可避免地伴随暴力活动和公共骚乱，但未必成功地推翻政府或政权，或许只是一些不成功的突发事件，导致了骚乱和严重破坏。该报告认为，在金融危机的严峻情况下，这些事件也可能转化为更严重的长期事件，如武装叛乱、军事政变、民事冲突甚至国家间战争①。金融危机爆发以来，这类事件在世界各地频繁发生。据不完全统计，2008年以来，全球有30多个国家和地区发生了不同程度的骚乱及抗议活动（见表1）。如果算上零星的暴力事件，那么所涉及的国家数目会更多。

表1　发生抗议与骚乱的主要国家和地区

洲　别	主要国家和地区
欧　洲	希腊、冰岛、法国、英国、乌克兰、拉脱维亚、保加利亚、立陶宛、匈牙利、捷克、波兰、瑞士、俄罗斯、意大利、土耳其、西班牙、德国、爱尔兰
亚洲及大洋洲	泰国、印度、孟加拉、斯里兰卡、中国、尼泊尔、蒙古、巴布亚新几内亚
非　洲	马达加斯加、南非、尼日利亚、也门、加蓬
美　洲	美国、智利、秘鲁、瓜德罗普岛(法国)

发生在冰岛的抗议活动与金融危机有直接关联。金融危机爆发后，该国货币贬值，物价上涨，失业率迅速上升，民众对执政党的不满加剧，要求政府下台的呼声日益高涨。自2008年秋天以来，冰岛的抗议活动便不断发生。2008年10

① Special Report March 2009: Manning the Barricades, the Economists Intelligence Unit, http: \\ www. eiu. com.

月，当冰岛总理宣布国家正面临破产危机后，失望、愤怒的冰岛年轻人来到冰岛央行前进行抗议，抗议队伍也迅速扩大。开始时示威是和平进行的，2008 年 11 月以后，开始发生攻击警察署、摧毁金融机构设施这类骚乱行为。2009 年 1 月下旬，抗议活动持续不断，参加者从数千人发展到上万人，抗议活动中的骚乱也更加严重，一些民众包围了议会追打总理，并与警察发生了冲突。警察则被迫使用了催泪瓦斯，并逮捕了一些示威者。这样规模的示威和骚乱在一向平和的冰岛极为少见，媒体称这是冰岛 1949 年以来首次发生的暴力抗议集会。面对大规模抗议活动，2009 年 1 月 26 日，冰岛的哈尔德总理宣布政府辞职，成为因全球金融危机而倒台的政府之一。

冰岛的抗议活动虽然导致了政府下台，但仍然属于和平抗议和示威游行一类。与冰岛相比，希腊则发生了大规模持续性的骚乱。2008 年 12 月 6 日，因一名警察开枪导致一名 15 岁少年死亡而引发了希腊的骚乱。在雅典等大中城市，抗议少年之死的游行示威演变为大规模骚乱，并迅速在希腊其他主要城市蔓延。这场被认为是希腊近 20 年以来最严重的骚乱持续了数周之久，青年学生占领了校园，袭击银行、体育馆和车站等公共场所，政府大楼也遭到攻击，示威者和警察双方都有受伤。希腊骚乱得到欧洲其他国家青年人的响应，法国、德国、西班牙、意大利、丹麦、荷兰和俄罗斯等国的希腊使领馆都相继遭遇示威抗议，并伴有暴力事件发生。在法国巴黎，约 300 人在希腊大使馆门外聚集，他们烧毁汽车，焚烧垃圾桶，冲击警察；在西班牙的马德里和巴塞罗那，数百名青年人攻击了银行和商店，表示要与希腊示威者并肩战斗。少年之死是此次希腊骚乱的导火索，但人们普遍认为，金融危机是导致这场大规模、持续性骚乱的根源。参与抗议的学者指责政府对全国面临的处境应对不力，表达了对腐败和社会不公平现象的不满。面对骚乱，希腊政府拒绝下台。为平息民愤，希腊总理发表讲话，发誓要打击腐败，并着力解决社会不公现象。

2008 年底和 2009 年初，俄罗斯国内的抗议活动十分活跃，莫斯科、圣彼得堡、符拉迪沃斯托克和索契等城市，都爆发了反政府示威游行。尤其在远东城市，数以千计的示威者抗议政府提高汽车进口税等措施，要求总统梅德韦杰夫和总理普京辞职。根据俄罗斯政治文化研究中心进行的一项调查，随着国家在社会、经济、政治等领域形势的恶化，2008 年度俄罗斯的抗议示威活动有所增加，全年累计约有 250 万人次参加了示威活动，2009 年上半年得到批准的游行和抗议集会就超过了1000次。民众参加示威的原因各不相同，除了对政府经济政策表示不满、对普京本人表示不满外，针对外国人的暴力事件也频繁发生，针对中国移民的示威抗议也发生过多起①。

在中东欧国家，金融危机加剧了党派纷争，社会与政治不稳定迹象明显加剧。2009年新年伊始，东欧国家的抗议活动几乎同时发生。1月13日，在拉脱维亚首都加里，1万多人参加了示威游行，这是该国近20年来规模最大的示威。示威者指责政府腐败无能，要求政府下台。示威中发生了冲击国会及财政部、捣毁企业、抢劫商店等暴力事件，一些人与防暴警察发生了冲突。拉脱维亚政府成为继冰岛政府后又一个在金融危机冲击下倒台的政府。1月14日，在保加利亚首都索菲亚也爆发了该国近10多年来最大的抗议活动，示威游行者要求政府辞职，呼吁根除腐败现象。在立陶宛则爆发了有7000多人参加的游行活动，警方进行了干预以控制局面。在捷克、匈牙利等国家和地区，也都发生了不同程度和规模的抗议活动。东欧若干国家同时发生抗议活动，引起了外界的密切关注。

法国的罢工活动一向闻名于世，在金融危机背景下，法国的大罢工更是一浪高过一浪。2009年1月29日，法国爆发了金融危机以来第一次大规模罢工活动，罢工由法国八大工会发起，100多万法国工人参加了此次全国大罢工。罢工游行声势浩大，在各城市发生的游行有200多场。罢工参加者以公务员、教师、医护人员以及邮局、铁路、公交和国营邮电部门员工为主。示威者要求法国政府采取措施保障就业、提高工资、保障人民生活水平。他们反对政府有关邮局、电力等公营企业“私有化”计划，也反对政府国营广电部门的改革措施。3月19日，法国爆发了2009年第二次大罢工，参加罢工的人数将近300万。多个城市发生了骚乱，出现了打劫、纵火和暴力事件，一些暴徒对银行建筑物、汽车、高级时装店等进行了破坏。示威者与警方发生了激烈的冲突，防暴警察在巴黎、里昂、马赛等地对示威者动用了催泪弹，并在巴黎逮捕了300多名示威者。在5月1日那天，法国主要工会又发起了大规模的游行示威活动。

2009年5月1日，多个欧洲国家发生了游行抗议活动，有些游行示威转变为骚乱。在美丽祥和的中立小国瑞士，其最大城市苏黎世大约有1.2万人参加了

① 叶·斯塔罗维罗娃（Е. Староверова）：《俄罗斯联邦抗议运动2008年度观察》，http://kprf.ru/actions/62851.html。

“五一”大游行。原本和平的游行，由于一些人的极端行为转化为骚乱，警方不得不用水枪和橡皮子弹平息事态，并逮捕了30名骚乱分子。除苏黎世之外，瑞士各地约有2万人参加了“五一”劳动节游行。5月1日当天，法国各地共举行280多场游行活动，约有120万人参加，这一系列游行主要是由工会联合组织发起的。在土耳其首都安卡拉以及最大城市伊斯坦布尔，游行示威导致了暴力事件，警方拘捕了60多名示威者。在雅典，有近6000名示威者参加了游行活动，希腊警方出动了4000名警察维持秩序。在西班牙首都马德里，超过1万名示威者走上街头，西班牙全国发生的游行超过70起。俄罗斯全国5月1日共有250万人参加各地举行的劳动节庆祝活动。在首都莫斯科，数万人参加了各党派和工会举行的活动，游行者批评政府和领导人的政策，要求政府下台。在德国，一些城市的游行示威导致了骚乱。在首都柏林的示威活动中，约5000名示威者与警察对峙。示威者向警察投掷石块和燃烧瓶，并纵火烧毁汽车。在南部城市乌尔姆发生的骚乱最为严重，数千名左翼示威者与约1000名新纳粹成员发生冲突。

在非洲，2009年1月，因政府关闭反对派的私营电视台，引发了马达加斯加全国大规模的政治骚乱。26日当天，包括首都在内的12个城市几乎同时爆发恶性大规模打砸抢烧事件，骚乱导致全国128人死亡。2009年7月，在尼日利亚北部城市，手持武器的年轻人在警察局门口游行示威，然后发生武装骚乱事件，骚乱分子向警察局发动袭击。骚乱迅速蔓延到附近城镇，骚乱分子围攻警局，同警察发生交火，并且焚烧教堂和政府办公楼。据报道，几天之内就有300多人在骚乱中死亡。2009年7月间，南非发生多起大规模游行示威事件。大约7万名建筑工人举行了全国总罢工，致使2010年世界杯赛场和配套设施建设大面积停工；约翰内斯堡地区低收入群体的示威游行演变成暴力事件，一些示威者砸毁店铺，烧毁汽车；大约有5000名政府雇员和市政工人走上街头游行，要求政府增加工资。

在亚洲，泰国、孟加拉国、印度、蒙古、中国、也门等国也都有抗议和骚乱事件发生。2009年2月25日，孟加拉国准军事武装“孟加拉步枪队”士兵将正在开会的军官和附近学校的几十名学生劫为人质，向政府提出提高薪金、改善伙食待遇和获得参与联合国维和部队资格等三项要求，并与军队发生交火，导致近50人死亡。分析普遍认为，此次军事骚乱与金融危机下该国的经济困难密切相关。金融危机以来，泰国国内的抗议活动接二连三地发生。2009年3月，当阿披实政府开始向数百万个低收入工人发放政府救助金时，成千上万个前总理他信的支持者到政府办公楼前游行，要求政府下台、总理辞职、重新进行选举。抗议者说，救助金计划是收买人心的举动。当天，当局大约出动了1万名警察和士兵到现场维持秩序。2009年4月，当东盟峰会在泰国帕塔亚举行时，泰国再次爆发抗议活动，示威者冲破了警方设置的路障，准备冲击新闻中心和会场。政府不得不宣布这一地区进入紧急状态，并取消了原定的东盟系列峰会。2009年5月21日，也门南部城市亚丁爆发大规模游行，约3000名示威者走上街头，抗议金融危机所导致的生活水平日益恶化状况。示威者与警察发生了激烈的冲突，导致3人死亡，120多人被捕。

在美洲地区，2008年7月9日，秘鲁工会发动全国大罢工，抗议物价油价飙涨，并谴责总统加西亚推动的自由市场政策。数以万计的工会成员响应罢工，在全国各地示威游行。在首都利马，数以千计的工人在市中心广场集会。在其他各地，抗议人群纵火焚烧了政府办公室，发生多起与警察的冲突。2009年7月9日，智利政府雇员因不满待遇低发动罢工，劳工组织称有7万人参加此次罢工。与此同时，学生的抗议活动也时常发生。美国各地也爆发过数百起抗议政府税收政策和抗议奥巴马政策的示威游行。

在各类峰会期间举行抗议活动，这在全球已经是屡见不鲜了。金融危机背景下的峰会抗议自然少不了。抗议活动除了表达对环境等全球问题的关注外，还增加了对金融危机的不满，银行家成为示威者攻击的对象。2009年1月，世界经济论坛在达沃斯举行时，遭遇了抗议活动，数百名示威者指责银行家、商业界领袖导致了这场金融危机。2009年3月，有超过35000人参加游行，呼吁世界各国领导人在4月举行的伦敦G20峰会期间制定更为有效的措施来应对贫穷、气候变暖和失业等问题。150多个来自英国和世界其他国家的工会、慈善机构、环保主义者和宗教人士组织参与了此次示威活动。为此，英国警方处于高度戒备状态。4月1日会议召开时，有4000多人参加了示威抗议活动。示威者袭击银行，在伦敦市中心金融城与警方发生冲突，警察逮捕了20多位抗议者。2009年4月举行的北约峰会同样没能避免抗议活动。北约峰会抗议者在会议所在地斯特拉斯堡集会，德法两国上万人举行了抗议示威活动，甚至纵火点燃附近酒店，并焚烧轮胎，警方不得不动用催泪瓦斯驱散抗议者。为防止事态扩大，两国出动了上万名警察维持秩序。其他一些活动，如世界水论坛、G8峰会、东盟峰会等也都遭遇了抗议活动。

二 2008～2009年抗议和骚乱浪潮的主要特点

发生在全球各地的抗议和骚乱规模不同、程度不同，起因和目的也不同。无论这些抗议和骚乱与全球金融危机是否有直接的关联，由于它们发生在危机时期，便不可避免地受到金融危机因素的影响和制约，也使得各国政府对各类抗议、骚乱事件极为敏感。

例如，一位少年的死亡导致了希腊青年学生的示威抗议，金融危机又加剧了人们对政府和国家现状的不满，这一偶然事件很快扩大为大规模骚乱。发展中国家发生的一些抗议和骚乱与金融危机关系不明显，但西方国家担心这些国家的国内动乱导致大量移民和难民涌入，使已经陷入金融危机的发达国家雪上加霜。在金融危机形势下，各种矛盾激化，许多国家发生的大规模骚乱都是由某一偶然突发事件引发的。受金融危机影响，许多国家的抗议和骚乱是以反对政府经济政策、反对削减福利、保障就业机会和反对外籍劳工为目的的，袭击银行家、交易所和外籍劳工的事件频繁发生。

从总体来看，此次金融危机下的全球抗议与骚乱表现出规模大、分布广泛、相互影响、暴力事件多等特点。

第一，分布广泛、遥相呼应。受全球性金融危机影响，2008～2009年的抗议与骚乱几乎遍及全球。各地区具有不同政治、经济背景的国家几乎都有发生，包括西方发达国家，也包括发展中国家，包括成熟的民主国家，也包括正处于政治和社会变革时期的国家。骚乱发生地点，不仅包括巴黎、柏林、雅典等世界著名的大都市，也包括星罗棋布的小城镇。连法国在加勒比的海外省瓜德罗普岛也发生了罢工和骚乱，使法国政府不得不增派警力，并承诺拨款以平息事态。瑞士、冰岛等一些以稳定、和平著称的国家也没有幸免。此外，一些国家和地区的抗议活动呈现遥相呼应之势。希腊爆发抗议和骚乱之后，欧洲国家乃至欧洲以外的国家都发生了声援希腊学生的事件，欧盟成员国中至少有10个城市举行了声援活动。东欧国家2009年初的示威抗议活动，几乎是前后脚发生的。“五一”劳动节爆发的游行和抗议活动则是同时发生在欧洲各地，包括一些没有“五一”游行传统的国家。一位法国工会人士说：“在‘五一’节游行绝不是我们的传统。不过，鉴于法国的经济情况，我们决定加入。"①

第二，规模大、暴力事件多。在许多国家，2008～2009年发生的抗议和骚乱是近10～20年来规模最大的。希腊骚乱是该国近20年以来最严重的骚乱事件。据统计，参与者占全希腊劳动人口的一半。小国冰岛的示威者从数百人发展到上万人，首都雷克雅未克有10%的人口参与，温和的冰岛警察60年来首次使用了催泪瓦斯。在法国、意大利、俄罗斯等国，参加大罢工或游行示威的人数达上百万之多。发生在拉脱维亚的事件被媒体称为该国自1991年独立以来"最严重的街头骚乱"，2009年4月该国又发生了上万名教师参加的集会游行。这些抗议活动大都是以和平方式进行的，但在游行示威过程中，又大都伴有暴力和破坏性事件。打砸抢烧行为频繁出现，设置路障、攻击政府部门、捣毁商店、烧毁汽车、攻击银行和证券交易所、破坏公共设施、袭击外国人等行为比比皆是。发生在希腊、德国、土耳其等地的抗议活动很快转化为严重的骚乱，"五一"劳动节发生在汉堡的冲突也是该地多年来规模最大的暴力冲突。除了抗议活动中的暴力事件外，带有恐怖性质的暴力事件也时有发生，如斯里兰卡板球队在巴基斯坦遭到袭击，外国人在俄罗斯远东地区频繁遭光头党分子攻击，印度学生在澳大利亚遭杀害，以及希腊交易所遭遇汽车炸弹袭击等。

第三，抗议和骚乱的参与者以青年人为主。青年人作为最积极、最活跃的社会群体，通常都是各个时期抗议运动的主角。尤其是在金融危机情况下，青年人面临严重的就业问题，对前途更感迷惘，也最容易被鼓动起来参加集体街头抗议，并采取极端行为。因一名少年之死而引发的希腊骚乱就是以学生和年轻人为主体，其他国家参加声援活动的也大多是青少年和大学生。一些研究成果显示，人口年轻化的地区容易发生骚乱。法国人在对2005年大骚乱的研究中发现，除城乡差异、贫富差异、种族矛盾等因素外，如果某地区20岁以下的人口占35%或者更高，那么该地区发生骚乱的可能性就大②。

第四，网络影响显著。在2005年的法国暴乱以及以前的反全球化抗议中，网络已经显示其无可替代的作用。对发达国家年轻人来说，网络、手机是他们得

① 惠晓霜：《欧洲多个国家"五一"游行发生骚乱》，新华网，2009年5月3日。

② Hugues Lagrange, "The French Riots and Urban Segregation", in D. Waddington, Jobard F. M. King, *Rioting in the UK and France, 2001 - 2008: A Comparative Analysis*, Uffculme (UK), Millan Publishing, p. 121.

心应手的“武器”。一方面网络可以客观、真实地披露事实真相，另一方面也可以起到添油加醋、火上浇油的作用。在当今世界，可以说任何大规模的抗议和骚乱都有网络在推波助澜。希腊“少年之死”事件被披露后，通过网络迅速传播，愤怒的希腊青年人很快便行动起来，走上街头，大规模骚乱也就难以避免了。接着，希腊各地的抗议活动画面又在全球网络上传播，包括警察部署情况和示威路线地图等详细资料，也都被一一放在网络和博客上，具有很大的煽动性。例如，西班牙的反全球化网站号召民众起来集会，号召“与希腊示威队伍站在一起”。希腊雅典的抗议活动如此之快地在全国扩散开，并得到欧洲其他国家的响应和声援，网络无疑起了决定性的作用。网络图像的优势不仅在于它比词汇传播得要快，而且更是“超越了语言的限制”。通过网络，希腊年轻人的愤怒和冲动“几乎在一瞬间就能以使布尔什维克都感到羡慕的方式传播开”①。

第五，支持率高。从这一波全球骚乱与抗议浪潮的参加人数与规模可以看出，其支持率是很高的。那些没有上街参加抗议活动的人也表示有理由对政府、银行家、商业领袖表示愤怒和抗议。例如在希腊，尽管抗议活动转化为骚乱并发生了暴力事件，但仍然得到了大量民众的公开支持。在法国，民调结果显示约80%的法国民众支持举行大罢工活动。在抗议活动大规模发生的其他欧洲国家，出于对政府的不信任和对金融危机影响的担忧，多数人亦表示支持抗议活动，认为这样可以警告和督促政府妥善应对金融危机。大规模的抗议和骚乱是民众对政府不信任的体现，在金融危机和抗议浪潮的冲击下，冰岛政府和拉脱维亚政府宣布辞职。

三 社会与政治动荡的主要原因

对于一年来全球骚乱与抗议导致社会和政治动荡的原因，人们的看法大体一致，即金融危机是各种政治和社会矛盾的催化剂，一些原本就存在的问题因金融危机而恶化，社会和政治动荡也就难以避免。以下几个方面被普遍认为是诱发抗议和骚乱的主要因素。

---

① “Rioters of the World Unite”, From the Economist Print Edition, www.economist.com/world/international, ATHEN, Dec. 18th, 2008.

（一）失业问题

在众多引发抗议和骚乱的因素中，失业被认为是最重要的因素之一。金融危机最直接的一个后果，就是世界各国都面临严峻的失业问题。随着失业人数的上升，社会和政治的不稳定性也在上升。抗议和骚乱严重的冰岛、希腊、西班牙等国家，都是欧洲失业率很高的国家。西班牙的失业率为 17.4%，希腊青年的失业率高达 21%。拉脱维亚的示威活动也与该国不断增长的失业率相关。2007 年底拉脱维亚的失业率仅为 4.9%，到 2009 年 1 月已升至 8.3%。在频繁发生大罢工的南非，官方公布的失业率达 23.5%。在 2008～2009 年席卷欧洲的各国抗议活动中，要求政府"保障就业机会"成为最普遍的一个口号。与就业相关的劳工问题在金融危机情况下变得一触即发，很容易成为社会冲突的导火索。失去工作机会、前途渺茫的青年人被证实是最容易参与集体抗议活动的群体。在有关抗议与骚乱的研究中，失业率是一个最主要的参数。当然，正如一些研究所认为的那样，失业率高并不意味着一定会导致大规模的抗议和骚乱，还需要其他一些政治和组织方面的条件。在以下情况下失业者更可能被发动起来参与抗议：失业者经历了已有权利和物品的丧失，现有的组织能够组建起一个潜在的抗议基础，政治同盟和主办者能加入进来推动行动，大众传媒和公众舆论对他们的要求表示支持与同情，积极分子参与有关利用制度机会和限制方面的授权和集体学习等①。

（二）生活水平和福利待遇下降

受金融危机影响，许多国家面临经济困难。伴随着失业率上升和政府削减服务开支等措施，人们明显感到生活水平下降，感到得不到应有的服务和福利待遇。这也是引起各国民众抗议活动的一个较为普遍的原因。例如，受金融危机影响，拉脱维亚新政府考虑重新修订国家预算，加强了降薪、裁员等机构改革力度，包括降低教育工作者工资。这一计划引发了 4 月该国各地区幼儿园、中小学、大学教师以及教育工作者的万人抗议活动。类似的事件还有波斯尼亚军人要

① Simone Baglioni, Britta Baumgarten, Didier Chabanet, Christian Lahusen, "Transcending Marginalization: The Mobilization of the Unemployed in France, Germany, and Italy in a Comparative Perspective", *Mobilization* (San Diego, Calif.), Vol. 13, No. 3, 2008, pp. 323 - 335.

求保障救济金的抗议，智利政府雇员数万人大罢工要求提高待遇，俄罗斯共产党发起的“争取住房权”的全国性游行示威等。在智利、南非等国都发生了要求政府提高工资待遇的大规模罢工游行，并导致与警察之间的冲突，使政府面临极大的压力。有关俄罗斯抗议活动的调查得出这样一个结论：由于全球经济形势恶化，几乎所有的抗议活动——无论其主题是什么，往往都会涉及大规模失业、物价上涨以及社会福利被取消等问题①。

（三）种族和民族矛盾上升

在金融危机影响下，工作岗位竞争激烈，这导致在一些社会群体中保守主义抬头，民族主义情绪上升，国家对种族及族群之间的冲突更加难以控制，针对外籍劳工、移民和学生的骚乱和暴力排外事件时有发生。

在英国，一家炼油厂的工人因不满资方雇用外籍劳工而举行罢工，上千名当地工人在厂房外聚集抗议，高举“英国的工作属于英国工人”、“将英国工人放在首位”等标语。罢工得到英国各地工人的响应，20 多家炼油厂和发电站的工人举行了罢工。英国政府对此事件高度警惕，担心示威扩大并加深英国民众的排外情绪。英国最近的民意调查显示，金融危机发生后，欧洲人对移民的态度发生了变化，在有工作的人口中，有 78% 的人认为没有工作的非法移民应该被驱逐出境②。在俄罗斯，极端民族主义势力趁金融危机扩大之机，在“五一”劳动节的大游行中，民族主义组织十分突出，他们高喊“俄罗斯属于俄罗斯人”和“为俄罗斯人保留工作机会”等口号，要求政府打击外籍非法商人和劳工。在俄罗斯远东地区，光头党袭击中国人的事件频繁发生。在莫斯科等其他城市，针对高加索和中亚地区移民的暴力事件也在增加。2008 年，俄罗斯国内极端民族主义暴力罪行增加了三成。一项调查显示，有 60% 的俄罗斯人认同排斥外籍劳工的主张。在匈牙利，极右的激进民族主义组织“匈牙利卫队”，在布达佩斯举行了“反对吉普赛人罪恶”的示威活动，还发生了吉普赛人住房被纵火烧毁和家人遭枪杀的事件。在德国、奥地利、瑞士等国，新纳粹势力抬头，一些政

① 叶·斯塔罗维罗娃（Е. Староверова）：《俄罗斯联邦抗议运动 2008 年度观察》，//kprf. ru/actions/62851. html。

② By James Melik, *Migrants Change Track to Beat Recession*, http：//www. bbc. co. uk/worldservice/business/.

党也公开支持带有种族排外性质的主张，导致对外来移民和少数民族袭击的事件不断发生。

值得注意的是，随着中国的经济发展和影响扩大，也越来越成为国外抗议和骚乱的靶子。在2008～2009年，针对中国的抗议和骚乱增多。在俄罗斯发生的抗议活动中，有一些是针对中国的，包括抗议中国移民进入远东。2009年5月，巴布亚新几内亚国内发生了持续数日的反华骚乱，骚乱从首都扩大到周边地区，造成1人死亡，数人受伤。最初，这是一场由当地非政府组织和社团机构组织的反对亚洲人的示威游行，后来演变为针对亚洲人特别是华人商铺的打砸抢骚乱。中国产业海外发展和规划协会副秘书长和振伟在谈到骚乱的原因时认为，发生反华骚乱有两个主要因素：一是某些当地派别利用了当地居民对华人的一些不满情绪，借机获得政治利益；二是金融危机使当地经济受影响，当地人把对当局的不满发泄到华人身上①。2009年10月，希腊码头工人发起了针对中国公司接管希腊码头的抗议罢工，罢工持续数10天仍在继续，使1.2万多个集装箱无法从停靠港口的货轮上卸货，数万吨的货物也无法运出港口。工会表示，要继续采取进一步行业行动，除非政府取消与中国公司的合约。

（四）腐败现象与社会不公

在金融危机背景下，民众生活更加困难，对于政府的决策失误、不作为、应对不力以及腐败现象更加不能容忍。在2008～2009年的抗议活动中，对政府腐败行为不满也是民众走上街头的一个重要原因。希腊存在严重的财富分配不均现象，多位部长因涉嫌土地交易丑闻、性丑闻而引咎辞职。政府腐败是导致希腊民众对政府失去信心的原因之一。这次骚乱事件的爆发在很大程度上是希腊青年人对政府不满情绪的一种宣泄。在俄罗斯和东欧国家的抗议活动中，反腐败的呼声也很高。政府政策失误及官员的腐败或者不当行为，是反对党鼓动和发起抗议活动的一个主要理由。

（五）党派纷争

借金融危机之机鼓动反政府的抗议活动，向执政党发难，以迫使执政党下

① 《巴新反华骚乱蔓延　暴徒袭击华人商铺》，2009年5月19日《环球时报》。

台，这是任何在野党都会采用的手法。金融危机为各种党派势力的活动提供了机会，极左、极右及一些极端的无政府主义、民族主义和种族主义势力也活跃起来，使党派纷争异常激烈。事实上，所有抗议活动无不受到党派斗争的影响和操纵。

发生在德国汉堡和纽伦堡的骚乱就是不同党派支持者之间的冲突所导致的。在汉堡，7000 多名左翼示威者和 1100 多名右翼极端分子参与了示威活动。2500 名警察试图将这两个不同阵营的示威者分开，但遭到示威者的袭击，双方示威者与警察发生了冲突。在纽伦堡，1500 名国家民主党支持者在街上游行，他们的集会遭到反国家民主党人士的阻挠，导致一些维持秩序的警察在冲突中受伤。该党成员被认为直接或间接参与了德国多起右翼暴力事件，警方为避免严重冲突的发生不得不向该党的游行活动提供安全保护。许多德国人对国家民主党支持者在纽伦堡举行游行感到愤怒，保护集会的警察因而受到反对者的袭击。

在俄罗斯，普京的支持者和反对者之间也发生了冲突。数百名反政府分子组成的抗议队伍在莫斯科市内进行游行，示威者喊着“驱逐普京”、“普京辞职”的口号。为此，政府出动了 4000 名警察应对。2009 年 5 月 1 日，多个欧洲国家发生了游行抗议活动，一些游行示威转变为骚乱。2009 年 3 月 27 日，乌克兰最大的反对党在首都基辅、哈尔科夫等全国各大城市举行了抗议活动，抗议政府应对经济衰退不力。抗议者要求提前举行议会和总统选举，要求总统尤先科和总理季莫申科辞职。据报道，该国各地约有 10 万人参加了当天的抗议活动。

民众的抗议与骚乱，反映在政党政治的层面上，便可能导致政权的更迭。一些研究指出，骚乱或动乱绝不是一些街头小流氓和恶棍们随意进行的暴力行动，而是“一种具有真正问题导向的、理智的政治行动形式”，这种政治行动形式也包括参与选举①。

四 全球抗议和骚乱的潜在威胁

在此次金融危机浪潮冲击下，各地区都有不同程度和规模的抗议与骚乱事件

① Fabien Jobard, “Rioting as a Political Tool: The 2005 Riots in France”, *Howard Journal of Criminal Justice*, Vol. 48, No. 3, pp. 235 -244, 2009.

发生。如何评估这些事件的影响与趋势，各国的政治家和学者的看法自然不尽相同。但有一点是可以肯定的，即所有抗议和骚乱都将造成巨大的国家经济损失。据估计，希腊持续骚乱所造成的经济损失超过10亿美元，法国每次大罢工所造成的经济损失也达上亿欧元。经济损失虽然巨大，但人们最担心的是抗议和骚乱演变为更大社会与政治危机的可能。对此，各国政府、情报部门、军方、智库等都提出了相关的分析和预测，也为防范抗议和骚乱的升级作了应急准备。以下几种可能性是最为各国政府关注的。

第一，恐怖活动和暴力事件升级的可能性。金融危机爆发后，各国政府一方面将应对恐怖主义的注意力转向金融危机，美国情报部门官员还提出“金融危机已经替代恐怖主义成为美国安全的最大威胁”的说法①。与此同时，各国政府及情报部门又提出警告，认为金融危机使恐怖活动的可能性提高。在抗议与骚乱频繁发生的时候，许多国家的情报部门、安全部门乃至军队都加强了应急准备。在一些国家，除了对道路、公共场所实施严密监控外，作为应付动荡的最后手段，军队也已经进入了戒备状态。一些西方国家更是对恐怖组织乘金融危机之乱发动袭击保持警惕。

英国国内情报安全部门曾警告说，全球金融危机可能使英美和欧洲的经济实力衰退，并将助长恐怖主义滋生，使英国更易受恐怖主义打击。英国媒体则披露了一份名为《国际恐怖主义》的秘密报告，称其国内活跃着数千名极端分子，他们主要集中在首都伦敦、伯明翰和卢顿等地，英国在可预见的未来将继续成为国际恐怖分子的重要目标②。美国情报部门也警告说，金融危机将削弱亲西方国家力量，使恐怖组织进行恐怖主义活动的可能性增加。一些专家还担心，在某些石油生产国，国际油价下跌会导致恐怖主义威胁进一步增加，“因为这些国家通常都有大量的失业年轻人群加入恐怖组织”③。俄罗斯同样担心金融危机下恐怖主义活动的上升，俄罗斯安全局发出警告说，俄罗斯和世界其他国家可能因全球金融危机而导致极端主义和恐怖主义的抬头。

这里不排除通过夸大恐怖主义威胁转移国内对金融危机注意力的动机，但如

---

① Walter Pincus and Joby Warrick, “Financial Crisis Called Top Security Threat to U. S. ”, http: //www. washingtonpost. com/.

② 王鑫方：《媒体披露〈国际恐怖主义〉秘密报告》，2008年11月10日《今日世界》。

③ 《美国情报官员：金融危机将增加恐怖主义威胁》，2008年11月16日《环球时报》。

果全球金融危机得不到控制，各种矛盾加剧，同时发生大规模社会和政治动荡，预测恐怖主义和各种极端暴力事件增加并非无的放矢。

第二，国内种族关系和国家间关系恶化的可能。前面已经提到，在金融危机的影响下，各种宗教、种族及族群矛盾激化，使政府陷入迁就国内民族主义情绪和抑制极端民族主义上升趋势的两难处境。一方面是国内种族矛盾存在激化的可能，如欧洲国家本民族与外民族的冲突、美国不同人种之间的冲突等。另一方面是针对外籍劳工、移民的抗议和骚乱如果处理不好，很容易导致两个国家之间的冲突，甚至引发国家间战争，这也是有史可鉴的。例如，在俄罗斯国内，新纳粹组织针对中国移民的暴力活动上升，反对中国移民进入远东地区、谴责普京政府向中国作出领土让步的抗议和示威不断发生，这些事件触及了两国国内敏感的民族主义情绪，无疑对中俄关系的发展构成消极影响。虽然两国政府积极推动互相之间的友好合作关系，避免渲染针对对方的不满和抗议活动，但民间的民族主义情绪在双方都存在。

随着金融危机的爆发，极端民族主义势力在许多国家都有所抬头。2009 年初，菲律宾参院立法将南沙部分岛屿和黄岩岛划为其领土，日本也提升了对钓鱼岛的行动，增派大型巡视舰定期巡航钓鱼岛，对钓鱼岛海域进行封锁。这两个国家的举动反映了其国内民族主义上升的压力。作为回应，中国则派出海监船到相关海域巡航维权。印度和澳大利亚两国关系也因印度学生在澳大利亚被害而变得紧张。在金融危机形势下，任何针对其他民族和种族的抗议、骚乱及暴力事件，都有可能导致国际冲突。面对民族和种族矛盾的激化，俄罗斯官员甚至说，目前国家安全的最大威胁不是恐怖分子，而是民族主义①。

第三，西方民主制受到冲击。希腊骚乱在欧洲国家引起的连锁反应，“五一”节欧洲多国同时发生的大规模抗议和骚乱，以及东欧国家同时发生的示威游行事件，使欧盟各国忧心忡忡。西方国家政府担心希腊骚乱导致“多米诺骨牌效应”，担心这类骚乱引发“欧洲革命”，使欧洲文明和经济繁荣遭受打击。在骚乱发生后，希腊总理表示，政府对骚乱的始作俑者绝不姑息，因为“骚乱者攻击的是社会的安宁、法制与民主”②。发生在欧洲各国的骚乱使政府不得不

① 《民族主义恶浪汹涌　俄国社会潜伏危机》，2009 年 5 月 5 日《太阳报》。

② 《国际纵横：希腊着手平息全国骚乱重建秩序》，http://gb.cri.cn/19224/2008/12/。

动用警察来维持社会秩序，包括逮捕激进分子、加强安全监控与检查，并使用高压水龙头和催泪弹来对付游行抗议，控制骚乱。这些画面在网络上传播，被认为是对西方民主制的打击。

大规模抗议和骚乱也使更多人将西方民主制度与资本主义联系在一起，使自由市场和以美国为代表的西方民主制度面临更大的质疑。例如，金融危机爆发后，俄罗斯共产党向政府提出，要解决经济危机，就必须重拾社会主义的方法和政策。金融危机发生后，各国加大了国家的干预，加上中国影响力上升、各国共产党积极活动以及中东欧国家政局不稳等因素，更使西方人士担心发生在自己国内的抗议和骚乱会对其民主制度构成挑战，担心这类事件不仅会打击本国人民对政府的信任，还会削弱西方民主制度对发展中国家的吸引力。

第四，不发达国家存在更严重的动乱隐患。多数分析认为，一旦金融危机影响扩大，对贫困国家的冲击会比对其他国家的冲击更为严重，尤其是那些政局不稳、战乱频繁的国家。埃及财政部部长优素福·加利曾说，金融危机给非洲带来的威胁不是“一些人不得不开更小的汽车”的问题，而是“有人要死亡”的问题。世界银行行长佐利克也曾强调说，由于发生金融危机，伦敦、华盛顿和巴黎的人们会讨论有没有奖金的问题，而非洲、南亚和拉美部分地区的人们关注的将是有没有饭吃的问题。他警告说，此次席卷全球的金融危机可能导致发展中国家的人道主义危机①。各类分析普遍认为，如果那些贫困的非洲或南亚国家发生动乱，必将比发达国家的骚乱更难以控制，很容易演变为暴力冲突或全面战乱，一些国家则可能面临崩溃的危险。金融危机发生后，发展中国家、世界银行和联合国等国际组织都呼吁发达国家给予贫困国家更多的援助，以帮助这些国家抵御金融危机。埃塞俄比亚总理梅莱斯在伦敦金融峰会召开之前说，如果在经济不景气的形势下得不到援助，一些非洲国家可能出现“全面混乱与暴力事件”，“最终骚乱的代价将比支持非洲所需的资金高得多”②。

五　结束语

到目前为止，世界各地的抗议和骚乱仍然是可控制的。无论是法国数百万人

---

① 《世界银行集团增加对发展中国家的支持》，ttp：//newsletters. worldbank. org/。

② 《金融危机对非影响严重　非洲呼唤国际社会施援手》，中国网，2009 年 4 月 22 日。

的罢工还是希腊数周的骚乱，都得到了平息，没有演变为严重的动乱，更没有发生什么“欧洲革命”。不过，鉴于这类抗议和骚乱可能导致的后果，各国政府和有关部门仍然给予了高度重视和警惕。

从地区看，发生在欧洲发达国家的抗议活动规模大、数量多，与金融危机关系明显。尽管一些国家的骚乱和暴力事件是近20年来最严重的，但与其他地区相比，使用暴力和导致流血事件的情况不多，也没有发生局势失控的情况，其主流仍属和平、合法的抗议活动范畴。抗议和骚乱事件也都能在没有武力镇压的情况下平息下去，并恢复正常秩序。希腊政府、法国政府在如此大规模抗议、罢工和骚乱的冲击下并没有倒台。

在俄罗斯和中东欧国家，抗议活动与国内改革、政府政策、福利待遇、反腐败等问题关系密切。受政权不稳定、经济脆弱、国外不同势力插手以及党派斗争等因素影响，发生在俄罗斯和东欧地区的抗议和骚乱对政府的威胁比较大，“颜色革命”的影响仍然存在。面对俄罗斯国内此起彼伏的抗议活动，普京表示，全球的经济衰退给抗议行动创造了更多的机会，但抗议必须在法律许可的范围内，那些不遵守俄罗斯法律的抗议者将受到政府的限制。他还警告说，“颜色革命”就是通过示威游行发生的，这种情况不允许发生在俄罗斯①。正如一位美国学者所分析的那样，这些国家更不堪一击，因为它们的发展水平远不及西方。民众缺乏对政治精英解决危机能力的信任感②。

发展中国家的抗议和骚乱起因多样，一些抗议与金融危机的直接关联不明显，但与粮食危机、能源涨价、食品涨价、生活水平下降等因素关系密切，也与国内派别斗争、宗教和种族冲突等问题联系在一起，暴力冲突的情况严重，流血事件和伤亡人数较多。

当今世界各地所发生的骚乱与抗议，在某种程度上反映了相关国家的不稳定状况。有怎样的不稳定状况容易发生骚乱与抗议？这是一个具有观察意义的问题。

“经济学家情况公司”根据12项“潜在脆弱指数（Index of Underlying Vulnerability）”和3项“经济危险指数（Economic Distress Index）”，研究了165个国家与地区的“政治不稳定指数（Political Instability Index）”。其中，“潜在脆

① 《普京放话：合法抗议可以　利用危机挑衅不行》，2009年3月2日《东方早报》。

② 《外媒：金融危机导致政治动荡　困扰欧洲各国政府》，新华网，2009年2月4日。

弱指数”指涉国内不平等现象、国家历史、腐败、种族分裂程度、对制度的信任程度、少数人口地位、政治不稳定历史、劳工动乱倾向、社会防范水平、邻里关系、政权形式及政治派系关系12个方面。“经济危险指数”指涉收入增长情况、失业情况和人均收入水平3个方面①。该公司通过评估，对结果划分出了最高危险、高危险、中等危险、低危险和无危险5个级别。表2、表3分别列出了最稳定的10个国家和最不稳定的10个国家，以及一年来发生骚乱、抗议国家的不稳定指数。

表2 不稳定指数最高和最低的10个国家

10个不稳定指数最高的国家		10个不稳定指数最低的国家	
国　家	不稳定指数	国　家	不稳定指数
津巴布韦	8.8	挪威	1.2
乍得	8.5	丹麦	2.2
刚果(金)	8.0	加拿大	2.8
苏丹	8.0	瑞典	3.2
伊拉克	7.9	芬兰	3.2
科特迪瓦	7.8	瑞士	3.4
海地	7.8	毛里求斯	3.5
巴基斯坦	7.8	哥斯达黎加	3.5
赞比亚	7.8	新西兰	3.6
阿富汗	7.8	卢森堡	3.6

表3 骚乱和抗议发生国家的不稳定指数

国　家	不稳定指数	国　家	不稳定指数	国　家	不稳定指数
乌克兰	7.6	希腊	6.3	智利	5.1
孟加拉	7.5	也门	6.1	意大利	5.0
尼泊尔	7.5	蒙古	6.1	马达加斯加	4.9
斯里兰卡	7.3	立陶宛	6.1	中国	4.8
尼日利亚	7.0	匈牙利	6.0	英国	4.6
泰国	7.0	保加利亚	6.0	爱尔兰	4.6
南非	7.0	西班牙	5.5	波兰	4.5
秘鲁	7.0	冰岛	5.3	印度	4.4
土耳其	6.8	法国	5.3	德国	3.8
拉脱维亚	6.7	美国	5.3	捷克	3.7
俄罗斯	6.5	加蓬	5.1	瑞士	3.2

① 其综合指数为0~10（0为无脆弱性，10为最高脆弱性）。

根据该公司的评估报告[1]，可以得到这样的看法：第一，除了瑞士之外，发生骚乱、抗议国家的不稳定指数，介于最不稳定国家和最稳定国家之间。究其原因，最稳定国家通常不会发生骚乱，而最不稳定国家则要么属于长期战乱和动荡的国家，要么是国内控制最紧的国家。第二，发生骚乱与抗议的国家，其平均值是5.745。从表3中可以看到，数值在5.0～6.5之间的国家，正是发生骚乱、抗议规模较大的国家。这种稳定程度，大概恰好处于不稳定指数序列的中间。这类处于稳定值中间的国家有哪些特点，其中的哪些因素有较大可能导致骚乱，是值得进一步研究的问题。

一年来各国政府应对骚乱与抗议的实践表明，当金融危机发生后，人们生活水平下降，失去工作，对政府政策感到不满，为此而走上街头参加游行示威，这在世界各国都是难以避免的。最初是和平、合法的抗议活动，如果控制不好，就可能出现流血和伤亡，给国家的经济发展和人民的正常生活造成重大损失，并有演变为更严重动乱和冲突的可能。此次金融危机下的抗议浪潮对各国政府提出了严峻的挑战，有经济安全和社会安全方面的挑战，也有法律和政治制度方面的挑战。从应对抗议和骚乱的措施看，各国政府面临许多共同的问题，包括如何应对网络极端言论的煽动，如何平息国内极端民族主义的情绪，以及如何防止偶发事件演变为大规模骚乱等。

从应对措施看，各国政府都会面临两难境地。如果平息力度不够，骚乱事态有扩大和升级的可能；如果平息措施过度，滥用暴力，同样有导致骚乱扩大的危险。面对大规模的抗议和骚乱，各国政府都会面临如何在自由、民主、安全与稳定之间选择的难题。2008年11月，美国陆军战争学院公布的一份研究报告提出，军方应准备在必要时介入国内事务，以应对恐怖主义、自然灾害和经济崩溃可能导致的社会动荡，“维持基本秩序与公民安全”[2]。这一观点引起美国社会广泛争议，反对者认为这与美国宪法是不相符的。希腊骚乱发生后，该国考虑修改有关禁止警察进入大学校园进行搜查的规定，以便防止激进分子利用校园煽动骚乱，但反对者认为这是对民主和自由的

① Special Report March 2009：Manning the Barricades，The Economists Intelligence Unit，http：//www.eiu.com

② 《美陆军报告建议对内用兵惹争议》，2009年1月3日《青年参考》。

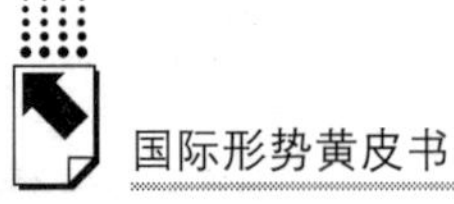

限制。

事实证明，要解决骚乱与抗议所带来的社会问题，国内的民主制度建设、法律法规建设和社会保障制度建设都是至关重要的。不过，要从根本上解决问题，除了强化应急措施外，更重要的是消除那些可能导致抗议和骚乱的潜在因素，缓解可能导致冲突的各种矛盾冲突。经过此次抗议和骚乱浪潮，各国政府对就业、弱势群体生活保障、社会不公、贫富分化、腐败、民族和种族矛盾等问题显然更加重视了。

参考文献

叶·斯塔罗维罗娃（E. Староверова）：《俄罗斯联邦抗议运动 2008 年度观察》，http：//kprf. ru/actions/62851. html。

Hugues Lagrange，“The French Riots and Urban Segregation ”，in D. Waddington，Jobard F. M. King（dir.），*Rioting in the UK and France，2001－2008：A Comparative Analysis*，Uffculme（UK），Willan Publishing.

Simone Baglioni，Britta Baumgarten，Didier Chabanet，Christian Lahusen，“Transcending Marginalization：The Mobilization of the Unemployed in France，Germany，and Italy in a Comparative Perspective”，*Mobilization*（San Diego，Calif.），Vol. 13，No. 3，2008.

Fabien Jobard：“Rioting as a Political Tool：The 2005 Riots in France”，*Howard Journal of Criminal Justice*，Vol. 48，No. 3，2009.

Riots and Protests against Global Financial Crisis

Li Dongyan

Abstract：With the outbreak of the financial crisis，protests and riots have spread in many countries. As a powerful catalyst，the financial crisis led to social and political contradictions，which intensified and triggered protests and riots. In times of financial crisis，the decline of living standard，welfare cuts，rising unemployment，racial and ethnic tensions，corruption and partisan struggles were the major causes for the protests and riots. Although the protests and riots eventually subsided，the governments and international community were still on high alert because in times of financial crisis the protests and riots would possibly evolve into more serious social and political unrest if not properly handled. Therefore, how to deal with the riots and protests and prevent them from getting out of control has become a common concern for the international community.

Key Words: Financial Crisis; Riots; Protests

【全球危机后果评估之二】

就业危机与国际关系

郎　平*

摘　要：与金融危机相伴随，全球的就业危机已成为国际关系中的重大事实。美国的就业形势最为严峻，失业率已经攀升至26年来的最高点；欧盟、日本等发达国家和地区的失业率也不断刷新近年来的历史最高纪录；其他新兴经济体和发展中国家的失业人数也不断增加。企业破产和失业大军的增加引发了社会动荡，动摇了政府的执政根基。为了应对就业危机，各国纷纷出台了经济刺激计划以缓解危机，但同时凸显的贸易保护主义也导致了国家间关系的紧张。从目前的形势来看，全球经济已显露积极迹象，就业危机有望在不久的将来得到缓解。

关键词：危机　就业　失业率　国际关系

2008年9月15日，有着158年悠久历史的雷曼兄弟宣布申请破产，金融风暴由美国向全球蔓延，并迅速从金融业扩散到实体经济领域。从欧美国家开始，全球各大经济体普遍陷入衰退，各国失业率迅速攀升至历史的高点，一场就业危机席卷全球。为了对这场危机的经济、政治和社会影响进行分析，本文将针对具体事实，描述全球就业危机的形势，探究危机产生的系列后果，评估各国政府采取的对策与战略，并展望未来的前景。

---

* 郎平，法学硕士，中国社会科学院世界经济与政治研究所助理研究员，主要研究国际政治经济学、国际关系等问题。

一　全球各主要国家的就业形势

据国际劳工组织统计，受国际金融和经济危机影响，2009 年全球将有 2.1 亿~2.39 亿人失业，全球失业人数或将增加 5100 万人，失业率有可能达到 6.8%，为 1991 年以来的最高水平①。肇始于美国的金融危机正在演变成一场全球就业危机。与金融危机出现的顺序一样，就业危机首先在美国爆发，随后波及欧洲及日本等发达国家的经济体。由于欧美许多跨国公司的分支机构遍布全球，这些大公司的裁员必然会波及众多外国子公司，从而影响各东道国的就业。再加上经济危机也直接影响了新兴经济体以及拉美等发展中国家和地区的就业形势，因此全球各主要经济体都面临着严峻的就业形势。

从 2008 年初开始，美国的就业状况急剧恶化。2009 年，1~6 月，美国共失去了 650 万个就业岗位，失业率从 2008 年初的 4.9% 攀升至 9.5%，几乎增加了 1 倍（见图 1）。奥巴马政府 2 月曾经预计美国 2009 年的失业率将达 8.1%，后调整到 10%。据美国劳工部统计，美国 6 月的新增失业人数从 5 月的 32.2 万人增至 46.7 万人，远高于此前经济学家预测的 36.3 万人②。劳工部 7 月份的报告显示，6 月份美国非农业部门的就业人数减少了 46.7 万，比华尔街经济学家此前预测的多出 10 万人③。2009 年 7 月，虽然美国的失业率一度有所回落，但随即迅速攀升，2009 年 10 月，美国失业率已经达到 10.2%。不少经济学家预测，美国的失业率在 2010 年还将继续攀升。

与美国相比，欧洲国家就业市场对危机的反应要晚一些。直到 2008 年 8 月，欧洲国家的失业率才开始走高。2008 年 12 月，欧元区失业率为 8.2%，升至两年来的最高点。2009 年 2 月，升至三年来的最高点（8.8%）。从 4 月开始，欧元区的失业率逐月增加，不断刷新十年来的历史纪录。2009 年 7 月，欧元区 16 国的失业率达到 9.5%，比 6 月份又增加了 0.1 个百分点。欧盟 27 国的失业率也保持了完全一致的走势，在 7 月份攀升至 9.0%。据欧盟统计局估计，欧盟 27 国的失业人口接近 2200 万④。

① 杨伶：《国际劳工组织预测今年全球失业率将达 6.8%》，新华网，2009 年 5 月 28 日。

② 黄敏：《美国失业率再创新高》，新华网，2009 年 7 月 4 日。

③ 《美欧失业率齐升至 9.5%　就业形势恶化》，新华网，2009 年 7 月 7 日。

④ 欧盟统计局网站。

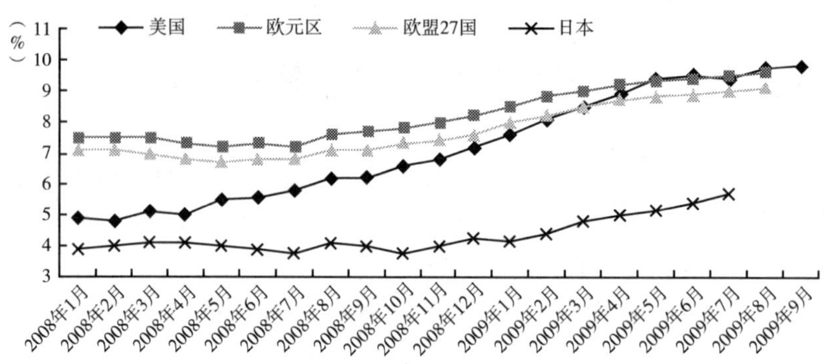

图1　2008 年 1 月以来美欧日等主要经济体的失业率走势

资料来源：美国劳工部网站、欧盟统计局网站。

欧洲国家的情况也各不相同。就失业率水平而言，西班牙最高，2009 年 8 月达 18.6%，荷兰最低，仅为 3.5%（见图 2）。但从危机以来各国失业率的涨幅来看，德国和荷兰的涨幅最小，不足 1%；而爱尔兰和西班牙的涨幅最高，分别增加了 6.2 个和 6.7 个百分点，尤其是爱尔兰的失业率几乎比危机前翻了一番。在西班牙和爱尔兰，与房地产有关的建筑行业在经济中占有较大的份额，爱尔兰在 2000 ~2004 年的就业增长有近 30% 来源于建筑贸易，但却存在严重的建筑业泡沫和补贴，因此就业市场受危机的影响也最为严重。

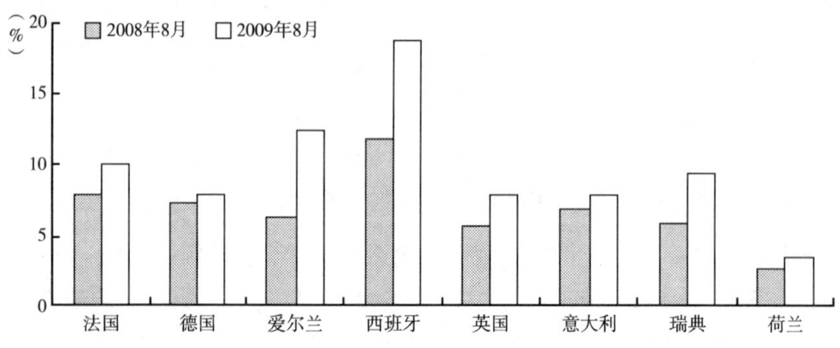

图2　欧元区主要国家一年来的失业率变化

资料来源：欧盟统计局网站。

尽管目前欧元区国家的失业率水平与美国相近，但欧洲就业市场受到的冲击明显要小于美国。2008 年 1 月，欧元区的失业率是 7.5%，欧盟 27 国是 7.1%，相比 2009 年 8 月的 9.6% 和 9.1%，升高的幅度远低于美国近一倍的涨幅。从历史上看，目前的失业率水平是美国26年来的最高，但欧洲国家仅仅打破了10年前的纪录。这是因为欧洲的经济衰退晚于美国，失业率的峰值很可能还没有到来；但更重要的是欧洲的就业市场远不如美国灵活、富有弹性，由于保守的就业和福利政策，欧洲就业市场对经济衰退的灵敏度不足。

日本的失业率走势与欧洲基本同步。2008年7月，日本经济开始显露出衰退的迹象，失业率接近两年来的高位。10月以来，日本就业形势不断恶化，失业率连续六个月持续攀升，2009年7月升高至5.7%，超过日本在2003年4月创下的第二次世界大战后最高纪录（5.5%）。据日本厚生劳动省的数据显示，经季节调整后，7月日本就业岗位总数与求职总人数之比为0.42∶1，相当于每100个求职者需要竞争42个就业岗位，已连续三个月刷新历史最低纪录。日本在改革了传统的年功序列制度之后，当前就业市场是典型的二元结构，长期雇用的工人受到很好的保护，更多的临时雇用工人却几乎没有任何保护措施，因而在此次危机中受到了极大的冲击。

澳大利亚、加拿大等发达国家的就业形势也日趋严峻。早在2009年3月，澳大利亚和加拿大的失业率均创下历史新高，前者达到5.7%，是6年来的最高；后者达到7年来的最高点（8.5%）。7月，两国失业率又分别攀升至5.8%和8.6%。澳大利亚副总理朱莉娅·吉拉德表示，受全球经济下滑影响，澳大利亚失业率到2011年中期可能升至8.5%①。加拿大国家统计局的报告显示，受金融危机影响，2008年10月以来加拿大已累计减少38.7万个全职工作岗位和3万个临时工作岗位；其中，制造业累计裁减13.4万个岗位②。

发达国家受到危机冲击的主要是金融业和建筑业，而新兴国家和发展中国家在危机中首当其冲的是与出口有关的行业，例如制造业、农业以及旅游业。由于出口贸易萎缩，处于全球供应链底层的数百万劳工丢掉了饭碗，许多国家的失业率也接连刷新近年来的历史最高纪录。

据国际劳工组织预测，2009年东南亚国家的失业人口将增加160万~270万③。2009年第一季度，新加坡流失了1.99万个工作岗位，是上一季度的3倍；失业率达4.8%，是新加坡6年来总就业人数首次下滑④。新加坡星展银行2009

---

① 曹扬：《澳大利亚5月份失业率升至5.7%》，新华网，2009年6月11日。

② 赵青：《加拿大失业率升至7年来最高点》，新华网，2009年4月10日。

③ ILO，"Global Employment Trend"，May 2009.

④ 《新加坡第一季度失业率达4.8%》，中国商务部网站，2009年5月1日。

年2月25日公布的研究报告预计，在2010年中期之前，新加坡可能有大约9.9万人失业，其中5.8万人来自制造业①。2008年10月至2009年3月，菲律宾已经有超过10万人失业或被降薪，其中1.1574万人被永久解雇，3.8806万人临时下岗，还有5.9149万人在被安排到可灵活调换的工作岗位后，不得不接受降薪的现实②。

受美国经济衰退以及大批在美国工作的拉美劳动力返乡的影响，拉美国家的失业人口大幅增加。2009年1月，墨西哥失业率升至5%，是1996年10月以来的最高纪录③。2008年11月至2009年1月底，巴西已有近80万人失业。据巴西劳工和就业部的统计数字，2009年1月底，巴西失业人数比新增就业人数多出10万人，这是1999年以来首次在1月份出现这种现象④。智利统计数据显示，2009年2~4月，智利失业人口达到71.6万人，失业率为9.8%，与2008年同期相比增加了2.2个百分点，为5年来的历史新高⑤。

据国际劳工组织预测，2009年中东欧和独联体国家的失业人口将增加35%。2008年9月至2009年2月，俄罗斯的失业率由5.3%升至8.5%，土耳其则从10.3%涨至15.5%⑥。由于外国直接投资大幅下降，2009年波兰的失业率将达到15%，其中25岁以下年轻群体失业率甚至可能超过30%⑦。因为出口企业遭受重创，罗马尼亚将新增1.7万失业人口⑧。

在非洲，由于吸纳众多劳动力就业的旅游、苏伊士运河航运以及外国投资企业等领域均出现萎缩，埃及2009年第一季度的失业率升至9.4%，与上季度相比上升了0.6个百分点⑨。在津巴布韦，国内多年的政治冲突以及美欧国家的经

① 《新加坡失业率或创新高》，新华网，2009年2月26日。

② 《菲律宾：经济危机使逾10万人失业或降薪》，新华网，2009年3月31日。

③ 王帆：《拉美经委会：拉美失业率今年将出现反弹》，新华网，2009年3月2日。

④ 《金融危机已在巴西造成近80万人失业》，新华网，2009年2月24日。

⑤ 赵凯：《2~4月智利失业率9.8%创新高》，新华网，2009年6月1日。

⑥ ILO, “Global Employment Trend”, May 2009.

⑦ 张章：《波兰年轻群体失业率今年可能超过30%》，新华网，2009年3月23日。

⑧ 林惠芬：《金融危机袭来，小国罗马尼亚将新增1.7万人失业》，新华网，2008年11月4日。

⑨ 虽然埃及政府公布的失业率数字为8.8%，但世界银行估计埃及的失业率为22%，阿拉伯劳工组织估计埃及的失业率也高达23%。参见陈公正、王薇《埃及2009年第一季度失业率升至9.4%》，新华网，2009年5月5日。

济制裁本已使该国的经济几近瘫痪，金融危机更令其雪上加霜，2009 年 4 月，津巴布韦的失业率高达 85%①。金融危机还使得肯尼亚 1/3 的园艺工人失业，这意味着拥有 150 万就业人口的园艺业将有 50 万人失去工作②。

二 就业危机“一石激起千层浪”

2009 年伊始，裁员风潮来势汹汹，迅速席卷全球各主要国家。仅在 2009 年 1 月 26 日这一天，美国、欧洲、日本的多家大公司在同时宣布了大规模裁员计划，世界各地共有超过 9 万人同时面临失业。英国《泰晤士报》称其为自金融危机爆发以来最黑暗的一天③。如同一颗巨石，就业危机在社会、政治和经济领域产生了复杂的系统效应：裁员风潮导致社会矛盾激化，抗议示威不断；社会危机动摇了政府的执政根基，甚至引发政权更迭，成为各国政客不得不捧在手上并且一定要吃下去的“烫手山芋”；为了缓解就业，贸易保护主义和经济民族主义盛行，导致主要大国之间贸易摩擦加剧。

（一）裁员导致社会动荡

由于危机背景下就业形势恶化，世界多个国家爆发了大规模的抗议和示威，其中尤以法国为甚。2009 年 1 月 29 日，法国各地爆发了大规模的罢工和示威游行，法国八大工会组织联合向政府施压，要求政府为雇员加薪，并且加大保护工作岗位和应对经济危机的力度。罢工活动造成大量火车停运，戴高乐机场超过 10% 的航班被取消。在巴黎，示威演变成了骚乱。示威者在商业街区乱掷玻璃樽，随处放火，与警方发生推撞冲突。而警方则施放催泪气体还击，驱散群众。与以往的罢工相比，此次罢工规模最大。法国工会声称，全法国参加此次抗议活动的人数高达 250 万，其中既有 23% 的政府雇员，也有全法近 1/3 的铁路工人；包括法国最大的反对党社会党在内，共有 10 个左翼政党支持并参与了此次罢工，以表达他们对萨科齐政府的不满。法国民意调查机构 CSA 的数据表明，民众对

① 李努尔：《津巴布韦失业率高达 85%》，新华网，2009 年 4 月 22 日。

② 王淡宜：《金融危机或导致肯尼亚三分之一园艺工人失业》，新华网，2009 年 4 月 7 日。

③ 康娟：《欧美日 9 万多人同一天失业》，2009 年 1 月 28 日《中国日报》。

本次罢工的支持率高达69%。“滚开，可怜的蠢货”是让法国总统尼古拉·萨科齐最难堪的一句“政治名言”①，现在，这些“可怜的蠢货”走上街头来发泄他们的不满。在欧元区国家中，法国的就业形势虽然并非最好，但也绝不是最糟糕的。不过法国一向有爱罢工的传统，再加上危机的激化，才导致了2009年初吸引了全世界眼球的一次大罢工。

相比之下，英国发生的一系列罢工虽然规模不如法国，但因为罢工并未得到英国工会的批准，所以在英国社会引起了极大的震动。由于就业市场的紧张，英国籍劳工与外籍劳工之间的矛盾激化，本地工人认为他们处于失业的边缘是因为被薪水较低的外籍劳工抢了饭碗。2009年2～3月，英国发生了多起旨在抗议外籍劳工侵占就业机会的英国工人罢工事件。由于英国林赛炼油厂以较低的工资雇用了大约200名来自意大利和葡萄牙的外籍劳工，引发了英国籍工人的自发性大罢工。罢工得到英国十几个地区能源工厂里英国雇员的响应，员工纷纷走上街头进行抗议示威。在这次大罢工中，很多工人都手举标语牌“把英国的工作还给英国人”、“把英国工人放在首位”，要求布朗首相实现2007年在工党大会上作出的“为英国工人提供英国的就业机会”的承诺。

在亚洲，韩国双龙汽车公司的劳资冲突也是在失业率攀升背景下社会动荡的一个缩影。双龙汽车公司是韩国第五大汽车制造商。由于销量持续下滑、债务不断攀升，2009年1月，该公司向法院申请破产保护并获得批准。作为重组计划的一部分，该公司宣布准备裁员36%。大约900名遭裁撤员工十分不满，自5月22日起在工会组织下占据厂房，要求重新上岗、政府提供资金拯救公司，但被政府拒绝。在法院裁定工会占据厂房系非法行为后，警方与工会之间的暴力冲突不断升级，警方甚至首次动用了电击枪。8月5日，警方强行驱散占据平泽工厂的工会成员，大批防暴警察以空降方式夺回数个车间控制权，至少50人在冲突中受伤。6日，韩国双龙汽车公司劳资双方达成协议。虽然韩国汽车工人与资方及警方之间时常因劳资矛盾发生冲突，但双龙汽车公司劳资冲突堪称数年来最为暴力的一次，社会影响也最大。

---

① 2008年2月23日，萨科齐在参加一个农业博览会时向一个戴眼镜的中年男子伸出手，可是后者选择了背过身去，并说：“别碰我！”萨科齐在人群中小声骂道：“滚开！”男子答道：“别碰脏我！”“滚开，可怜的蠢货。”两个回合之后，萨科齐终于骂出了这句“名言”。

在中东欧，匈牙利、保加利亚、立陶宛和拉脱维亚等国家都爆发了带有暴力色彩的抗议活动，社会动乱的危险暗流汹涌。在拉脱维亚，超过 1 万人参加的游行，成为自 20 世纪 80 年代末以来规模最大的示威；立陶宛爆发的有 7000 人参加的游行活动则因警方的镇压而结束；保加利亚、捷克和匈牙利也发生了较小规模的示威活动。自冷战结束以来，这些转轨国家经济发展始终没有多大的起色，很少有执政党能够连续执政，社会形势也不安定。此次危机背景下的就业形势恶化无疑为这些国家的民众发泄不满提供了突破口。因此，这些抗议和示威并不仅仅是就业形势的直接体现，而是各方面因素的综合效应。

（二）就业问题挑战政府执政能力

就业危机持续发酵，社会危机给各国政府带来了巨大的压力，批评和指责声不绝于耳。在美国，由于政府出台的救市政策没有很快带来效果，美国民众日渐不满，总统奥巴马的支持率不断下降。2009 年 6 月，据美国《华尔街日报》与全国广播公司联合展开的一项民调显示，美国民众对奥巴马表现的满意度从 5 月的超过 60% 下降至 56% 。一个月之后，《今日美国》和盖洛普联手进行的最新民调显示，由于失业率不断攀升，民众对奥巴马经济刺激计划渐失信心，对奥巴马工作的认可率自 1 月份以来下降了 9 个百分点，降至 55% ，不及前任总统布什同期的支持率（56% ）。对奥巴马更为不利的是，他的政治根基也正在发生动摇。独立选民和温和派民主党人是奥巴马当选总统时的重要后盾，但现在他们也对他失去了信心。民主党密苏里州战略家史蒂夫·格洛奥索说："经济危机来得太猛太快，人们怕得要命。现在无疑是 80 岁以下的人所经历过的最糟糕的经济危机，而身为总统的奥巴马并不能缓解人们的恐惧……人们的恐惧已经逐渐演变成了失望，奥巴马却仍是举棋不定。我不明白，人们为什么到现在还认为他能改变一切？"①

英国政府的日子也不好过。政府动用公共资金大规模救助银行业的计划引起了民众的强烈不满。他们认为，这些政策既没有使经济复苏，也没有创造就业，而是"救济"了制造危机的银行家们。由于包括伦敦、伯明翰、利物浦和曼彻斯特等在内的英国多个城市的失业人口激增，英国的就业中心压力陡增。据英国

① 李杰：《奥巴马蜜月期或结束，支持率不及布什同期》，国际在线，2009 年 7 月 22 日。

《卫报》报道，一组惊人新数据显示，在英国每个空缺岗位平均都有10个求职者；在以旅游业和制造业为主要产业的怀特岛，更是达到了60人应征一个岗位的程度①。为了应对就业危机，英国政府将一些从事福利申请工作的公务员转移到处理失业人员问题的就业中心，遭到慈善机构和反对党的尖锐指责。影子内阁的工作及养老金大臣特蕾莎·梅批评说："如果劳工党在2008年失业率攀升时没有每周关闭一个就业中心并且视之不理的话，现在就不会是这样的情况了。"② 因2008年秋颁布一系列拯救银行的措施而获民众支持的英国首相布朗，现在支持率重新跌入谷底。

但是，就业危机这块"烫手山芋"并不是每个政府都能够拿得起的，比利时、冰岛和日本的政权更迭背后都有着危机的影子。2008年12月19日，比利时首相伊夫·莱特姆成为第一个受害人，他在反对派的抗议声中被迫辞职。另一个在危机中"倒下"的是冰岛保守派吉尔·哈尔德政府。2009年1月26日，在民众抗议银行倒闭和国家经济衰退的声浪中，哈尔德宣布由于联合执政的独立党与社会民主联盟未能就继续执政的问题达成一致意见，他领导的联合政府不得不辞职。2009年8月30日，日本在野的民主党击败战后连续执政54年之久的自民党，赢得大选，实现日本政坛的"大变天"。自民党失利的原因是很复杂的，英国BBC撰文称自民党遭遇"滑铁卢"的原因之一是疏远民众。成立于1955年的自民党之所以能够上台执政，是因为它宣称日本政府带给民众的是经济高速增长、充足就业机会以及迅速提高的生活水准。但这一切从20世纪90年代初就开始渐行渐远。金融危机的来临使得日本民众更是雪上加霜，经济不景气造成失业问题严重，民心亦开始求变。英国加的夫大学日本研究方面的专家克里斯胡德认为："一种普遍的感觉是自民党正疏远民众……与其说是对日本整体有益，不如说是只为一小撮人和商业集团谋利。"③ 因为不能修复经济，解决大多数民众面临的失业问题，自民党最终没有挺过政治上的寒冬。

（三）全球贸易摩擦加剧

为了保护本国就业，全球贸易摩擦明显增多。尤其是作为全球最大的商品出口

---

① "Job Center Crisis as Ten Bid for Each Vacancy", *Guardian*, Mar. 15, 2009.

② "Job Center Crisis as Ten Bid for Each Vacancy", *Guardian*, Mar. 15, 2009.

③ 《外媒称日本大选自民党失败原因之一为疏远民众》，新华网，2009年8月31日。

国，中国已经成为各国实施贸易救济措施的最大目标。据世界贸易组织统计，2008年全球新发起反倾销调查208起，涉及中国的有73起，超过1/3；反补贴调查14起，涉及中国的有10起，占2/3以上。而在金融危机之前，在全球反倾销、反补贴案中，6起中有1起涉及中国，比例不到20%。据中国商务部公平贸易局公布的数字，2009年1~8月，中国遭遇来自17个国家（地区）的各类贸易救济调查79起，涉案金额超过100亿美元，同比分别增长16.2%和121.2%，形势非常严峻。其中，印度22起，美国14起，阿根廷10起，土耳其6起，欧盟和加拿大各4起，巴西、墨西哥、秘鲁、多米尼加、俄罗斯、印度尼西亚、巴基斯坦、澳大利亚各2起，哥伦比亚、哈萨克斯坦、南非各1起①。目前，已经有55个国家通过了有可能伤及中国商品出口的保护性措施，超过了针对美国的49项和针对日本的46项②。

作为排名在全球前三位的经济体，中美欧之间的贸易摩擦更是难以避免。在就业危机背景下，这三大经济体之间的贸易争端愈演愈烈。欧盟是对中国采取反倾销措施最频繁的地区之一。2009年7月，中国首次诉诸WTO争端解决机制，寻求解决欧盟对中国钢铁紧固件征收反倾销税的贸易争端；10月，欧盟又决定对中国输欧无缝钢管征收反倾销税。相比中国与欧盟，中美之间的贸易摩擦更是吸引了世界的目光。

进入2009年9月份以来，围绕“轮胎特保案”，中美贸易摩擦日趋白热化，“贸易战”似乎一触即发。2009年4月，美国钢铁工人联合会对中国生产的汽车轮胎提出反倾销起诉，指责廉价的进口中国轮胎影响了美国轮胎工人的工作机会，导致美国轮胎业损失了5100个就业岗位，因此要求美国政府对中国轮胎征收最高达55%的惩罚性关税。该诉讼案涉及贸易额达22亿美元，是美国迄今为止最大的一桩特保案。9月11日，美国总统奥巴马最终裁定，美国政府将在从9月26日起的三年时间里，向中国产汽车轮胎征收25%~35%的进口关税。美国劳工组织领导人和民主党议员表示，对中国轮胎加征紧急关税的决定表明奥巴马致力于保护美国工人的就业机会③。

---

① http://gpj.mofcom.gov.cn/aarticle/subject/mymcyd/subjectdd/200909/20090906504018.html.

② John W. Miller, “Protectionist Measures Ramp up across the Globe”, *Wall Street Journal*, Sept. 15, 2009.

③ Mark Drajem, “Obama’s China Tariffs May be Prelude to Opening Trade”, Bloomberg.com, Sept. 14, 2009.

据中国统计，这笔涉及年出口金额约22亿美元的贸易保护政策，将导致中国10万个工人失业。中国商务部发言人指出，美国开了一个“很坏的先例”。专门研究中国问题的商业顾问罗伯特·卡普认为，奥巴马的举动很可能引起连锁反应，促使美国的服装、钢铁和其他商品制造商对从中国进口的商品提出类似的申诉。9月12日，中国政府宣布启动对从美国进口的部分汽车产品和肉鸡产品的“反倾销和反补贴”立案审查程序。14日，中国政府要求与美国就这一措施在世界贸易组织争端解决机制下进行磋商。很显然，中国政府希望能够在现有的世界贸易组织框架内解决两国的贸易纠纷，避免贸易争端的激化。但事与愿违，仅仅十余天之后，美国钢铁工人联合会又与三家造纸公司对中国铜版纸提起反倾销诉讼；10月，又出现了“中国玻璃风波”。在美国的一些媒体上，几乎每天都可以看到对“中国制造”的声讨。中美轮胎特保案一直被视为奥巴马对华贸易政策的试金石，为了优先保护国内产业和确保国内就业，中美贸易摩擦升级难以避免。

三　各国政府采取的对策及评估

失业率骤升已经在所难免，但是不要让失业的痛苦持续太久，这是各国政府可以也是必须做到的。为了应对就业危机，各国政府一方面通过财政和货币政策在国内推出紧急经济刺激方案，以促进经济和就业的复苏；另一方面也积极通过国际合作来寻求地区和全球的共同应对之道。这些举措在短期内刺激了本国的经济和就业，也导致贸易保护主义在世界范围内的回潮，对地区和全球的一体化进程带来了负面影响。

（一）出台经济刺激方案，增加就业

到2009年4月，共有32个国家宣布了本国的财政刺激措施，承诺投入共计2万亿美元，其中90%来自二十国集团。在二十国集团承诺的支出中，大约有6920亿美元用于2009年的财政支出，相当于这些国家GDP总和的1.4%和全球GDP的1.1%①。

① ILO，“Global Employment Trend”，May 2009.

2009 年 2 月 17 日，美国总统奥巴马签署了涉及金额高达 7870 亿美元的经济刺激方案，这项第二次世界大战结束以来最为庞大的开支计划的核心，是通过扩大公共开支，为美国在今后两年创造或保住 350 万个工作岗位。从某种意义上说，促进就业的成效如何是奥巴马经济刺激计划成败的关键。但是，对这项刺激计划是否能够推动就业却出现了两种声音：一种声音反对“大政府”，担心庞大的政府支出会导致财政赤字高涨；另一种声音则赞同政府干预，支持更多的经济刺激计划。《今日美国报》与盖洛普在 8 月 6 ~ 9 日联合进行的民调显示，有六成美国民众质疑奥巴马刺激计划的成效[①]。而美国前众议院议长在 6 月份更是声称该计划已经失败。7 月份美国的失业率曾经有所下降，一时间媒体和政府均充满了期待，认为美国的就业市场可以从此告别寒冬。美国白宫 9 月 10 日发表的报告亦称，奥巴马政府推出的数额庞大的经济刺激计划在付诸实施的头 6 个月里，已经创造或挽救了超过 100 万个就业岗位[②]。但遗憾的是，在昙花一现之后，美国失业率在 8 月和 9 月又再度攀升。

为了应对就业危机，法国政府先后推出 3600 亿欧元救市计划、200 亿欧元战略投资基金；2008 年 12 月公布了 260 亿欧元的经济刺激计划，重点放在激活汽车工业和建筑业、加大对公共基础设施建设、增加贷款扶持中小企业、加快国家偿还企业营业税和退税、鼓励企业招工等方面。总统萨科齐称：“扩大投资是激活经济的最有效方法，也是创造就业的最好途径。”法国经济类报纸《回声报》发表社论称，该方案涉及的措施“充满了活力和理性”，“扩大投资带动经济”是一种“明智”的选择，犹如一颗“定心丸”，让企业看到了摆脱裁员梦魇的希望[③]。此外，欧洲国家还相继出台了振兴产业的优惠政策。例如，为了挽救处于水深火热之中的汽车业，推出“旧车换新车”、“旧车换现金”等优惠措施，对刺激消费、促进就业发挥了积极作用。

发展中国家也纷纷出台了各自的救助计划。马来西亚政府先后于 2008 年 11 月和 2009 年 3 月公布了两项经济刺激计划，用于刺激本国消费和经济增长，并专门拨款 20 亿林吉特扶助本国的中小企业。2009 年 1 月，俄罗斯政府宣布，

---

① 《六成美国民众质疑刺激计划的成效》，中新网，2009 年 8 月 18 日。

② 《白宫说经济刺激计划保就业促增长》，新华网，2009 年 9 月 10 日。

③ 李琰：《法国再推经济刺激计划》，人民网，2008 年 12 月 9 日。

2009 年将为企业减轻税负 5500 亿卢布，相当于俄罗斯 GDP 的 1%，以应对经济危机。2009 年 4 月，津巴布韦称将推动小型企业和非正规企业的重组，通过实施最近出台的短期经济恢复应急计划，给当地人民提供正式工作。2009 年 1 月，智利再次公布了总额为 40 亿美元的一揽子经济刺激计划，通过补助个人和家庭、增加公共投资、鼓励个人投资、减税、放宽中小企业信贷条件等措施，创造 10 万个以上的就业岗位①。2009 年 8 月，阿根廷推出大规模的就业计划，将投入 15 亿比索（约合 3.9 亿美元）资金，通过社区互助社等形式创造 10 万个新的就业岗位，帮助失业者通过临时就业渡过金融危机的难关②。巴西政府在危机之后就果断地从货币和投资两个方面对企业采取扶持政策，强调重视优先保护低收入阶层、保障劳动者权益等。

（二）加强地区和国际层面的合作

在国际层面，各主要国家首先依托地区组织来共谋应对之道。2009 年 5 月 7 日，欧盟在捷克首都布拉格召开了为期一天的就业峰会，会议最终就如何保护和促进就业达成了共识，并制定了 10 项具体措施。其中对就业市场最直接的措施是，要求企业通过降低非工资劳动成本等手段创造就业机会，以及减少个人的工作时间以使尽可能多的人保住工作。

2008 年 12 月，在危机爆发后不久，受巴拿马总统托里霍斯之邀，“美洲繁荣之路” 12 国以及尼加拉瓜和乌拉圭外长或经贸部长齐聚巴拿马，探讨面对全球金融危机，如何使自由贸易的受益面扩大至更多行业、惠及更多民众，以及如何进一步加强美洲地区贸易合作。与会各国表示，尽管国际金融危机导致地区经济形势不容乐观，但美洲各国将通过贸易和投资加强社会公正，同时还将建立论坛，帮助各国就自由贸易及其他议题展开对话③。

2009 年 4 月 5 日，阿拉伯国家召开了第 36 届阿拉伯国家劳动力大会，来自阿拉伯国家的 400 多名代表参加了此次大会。此次会议为期 8 天，与会者重点讨论了如何在金融危机的情况下解决失业问题，尤其是如何促进劳动力在各国之间

---

① 赵凯：《智利总统公布 40 亿美元经济刺激计划》，新华网，2009 年 1 月 5 日。

② 宋洁云、冯俊扬：《阿根廷推出大规模促进就业计划》，新华网，2009 年 8 月 14 日。

③ 党琦、王沛：《美洲 14 国部长探讨金融危机下的自由贸易》，新华网，2009 年 12 月 10 日。

自由流动的问题。阿拉伯劳动组织主席艾哈迈德·卢克曼表示，阿拉伯劳动力市场每年必须创造550万个就业岗位，才能缓解失业问题。针对阿拉伯国家约1700万失业人口和14%的失业率，约旦劳工大臣加齐·什贝卡特认为，阿拉伯国家必须携手合作，才能解决失业率不断上升的问题①。

在全球层面，国际劳工组织也于2009年6月15~17日举办了“应对金融危机全球就业峰会”，来自全球各主要国家的首脑、劳工部部长和工会领导人与会，并就解决全球就业危机、加强国家间合作进行了讨论。会议通过了一项“全球就业协定”，旨在帮助成员方创造就业、保护工人权利和推动经济复苏。2009年4月，二十国集团在伦敦召开峰会并达成重要共识，决定合作应对全球金融危机，遏制经济衰退。半年来，根据伦敦峰会的共识，峰会成员通过积极的政策有效促进了经济增长和就业，有效遏制了危机的深化。2009年9月，二十国集团在匹兹堡峰会上同意该集团永久取代八国集团，成为世界经济的新“协调人”。

（三）优先照顾本国就业，推行贸易保护主义

为了刺激本国经济和增加就业，很多国家甚至不惜动用贸易保护主义举措，将推动贸易自由化的承诺抛在一边。2009年9月，世界贸易组织和智囊机构——经济政策研究中心（CEPR）——统筹的监测服务“全球问题预警”机构（Global Trade Alert）公布的两份权威报告都表明，自2008年11月作出集体承诺以来，全球主要经济体二十国集团成员均违背了不采取保护主义措施的承诺，出台了一系列新的贸易和投资限制措施。

2009年9月12日，世界贸易组织在一份报告中指出，其成员在兑现摒弃贸易保护政策的承诺方面出现了倒退和“政策滑坡”，在7~9月份共有53项新的贸易保护措施出炉。与世界贸易组织的温和结论相比，GTA的数据就显得形势异常严峻。全球贸易预警组织的协调人瑞士圣加仑大学（University of St. Gallen）贸易和经济发展教授西蒙·伊文奈特（Simon Evenett）说：“平均每三天就有一个成员方违背无保护主义承诺。”② 目前，各国政府正在计划但尚未付诸实施的

① 于晓华、苏小坡：《阿拉伯国家失业率达到14%》，新华网，2009年4月6日。

② Alan Beattie，“G20 Said to Resort ‘Repeatedly’ to Trade Restrictions”，*Financial Times*，Sept. 15，2009.

贸易保护措施多达130项，其中包括提供政府援助资金、提高关税、限制移民以及给予出口补贴等；7～9月共有95项新的贸易限制措施被提出。例如，俄罗斯正计划全面提高关税；南非正在修改政府采购条款，惠及非白人开办的本土企业；日本则在调整卫生政策，以限制食品进口①。

最典型的例子是美国出台的“购买国货条款”。2009年1月，美国开始酝酿通过一揽子的经济刺激计划。美国国会众议院1月28日表决通过的经济刺激方案规定，凡是方案涉及的工程、建筑用钢铁，必须为美国出产的。参议院版经济刺激方案则进一步强化了“国货”限制，要求工程“所用钢材和其他制成品全部由美国制造”，才能得到经济刺激方案拨款。面对各方争议，美国参议院同意“软化”这条议案，或将使加拿大、墨西哥等美国主要贸易伙伴享有“购买美国货”条款的“豁免权”，但其他国家不在此列。2月10日，参议院不顾来自国内外舆论的广泛批评，仍在当天批准的经济刺激计划中保留了“购买美国货”条款。此外，为了应对就业危机，美国国会参议院2月6日还通过了一项“雇美国人”议案，限制外国人在美国银行就业。根据这一议案，接受政府救助的美国银行招人时，必须优先考虑美国公民，之后才能考虑雇用外国人。银行如果根据美国劳工部H－1B签证项目为引进海外高级专业人才申请签证，之前3个月及之后3个月内均不得辞退或替换美国雇员。

美国以应对金融危机为名公然推行保护主义举措，引发美国舆论和国际舆论的一致口诛笔伐，其贸易伙伴欧洲和加拿大更是将其斥责为“一项愚蠢透顶的经济政策”，但事实上这些国家和地区也同样助长了全球贸易保护主义的回潮。以法国为例，2009年2月，为了救济本国的汽车产业，法国总统萨科齐宣称，法国汽车企业获得政府援助的条件是必须把汽车厂设在法国，而不是捷克或其他国家。他甚至扬言，为了保护法国汽车工业的就业人数，可以考虑将设在捷克的工厂搬回法国。除法国之外，意大利也出台了类似的汽车业救助方案。采取贸易限制措施的发展中国家也不在少数，尽管各国政府都明白贸易保护主义对全球经济的不良后果，但在危机背景下，面对国内就业危机的严峻形势，即使是下下策也不得不为之。

① John W. Miller，“Protectionist Measures Ramp up across the Globe”，*Wall Street Journal*，Sept. 15，2009.

从效果来看，各国应对就业危机的对策可以分为积极和消极两个方面。经济刺激计划和国际合作产生了积极的影响，而贸易保护主义却引发了国家间的相互指责，并使当前全球的经济一体化进程遭遇到极大的挑战。

第一，从目前的全球经济形势来看，美欧等国家和地区推行的经济刺激计划的成效有所显现，但就业市场仍然未能摆脱下滑的趋势。

目前，世界主要国家的经济形势均出现了复苏的迹象。2009 年 7 月，美国的失业率一度有所回落，从 6 月的 9.6% 降至 9.4%，奥巴马亦声称美国经济最糟糕的时期或已结束。欧洲 9 月份经济复苏的势头明显，尤其是德、法两国在第二季度实现了 0.3% 的增长，欧洲经济学家普遍认为这要归功于金融危机之后各国采取的财政刺激措施。“金砖四国”等新兴经济体通过减税、降息、增加贷款等措施，经济状况得到显著改善，被视为最可能引领世界经济走出衰退的力量。在 9 月份的匹兹堡会议上，二十国集团峰会发表声明：“我们强有力的应对措施帮助阻止了全球经济活动的急剧滑坡，稳定了金融市场。”

但显然，无论是考虑到就业市场对经济的滞后反应，还是对经济衰退的程度估计不足，美欧的就业市场仍然未能走出寒冬。2009 年 8 月和 9 月美国的失业率再度攀升至 9.7% 和 9.8%，9 月失业人数为 26.3 万，远远高于预期。美国劳工部公布的报告称，美国就业市场在经历了几个月的改善后情况急转直下，雇用领域的发展趋势以及收入增长水平持续放缓，年底前实现大幅增加就业的希望已十分渺茫。欧洲的境遇也是如此，虽然目前看到了经济复苏的希望，但就业市场的状况依然严峻。8 月份欧元区 16 国和欧盟 27 国的失业率比上月又增加了 0.1 个百分点，达到 9.6% 和 9.1%，其中，德国与上月持平，法国则增加了 0.2 个百分点，达到 9.9%。

受美欧等发达国家和地区经济形势的影响，发展中国家的就业市场依然没能摆脱低迷状态，失业率仍然未能止住攀升的势头。只有巴西的情况最令人乐观。得益于有效的措施，2009 年 2 月，巴西新增就业人数近 1 万，就业水平开始止跌回升；3 月份，全国新增就业人口 3.5 万。劳工部长卢比表示：“巴西已成为世界上第一个走出失业危机的国家。”①

第二，美国等国家的贸易保护主义举措引发主要国家间的“口水仗”，其效果也受到舆论的普遍质疑。

---

① 《以人为本促就业，巴西解除失业危机警报》，2009 年 4 月 27 日《人民日报》。

美国出台“购买国货条款”伊始，就遭到了美国主要贸易伙伴的强烈指责。作为美国钢材的重要进口国，欧洲和加拿大的反应最为强烈。加拿大总理哈珀最早公开对该条款表示不满，称将对此事“严重关切”，认为这不仅违反了世界贸易组织协定及北美自由贸易协定的精神，而且打破了美国自己作出的推动消除全球贸易壁垒的承诺，同时也违背了2008年11月在华盛顿召开的二十国集团金融峰会的精神。欧盟贸易代表阿什顿也说，如果美国国会通过禁用外国产品的振兴经济法案，欧盟“绝不会坐视不理”。这句话被一名西方驻美外交官形容为“过去20年布鲁塞尔发出的最强硬措辞”。德国总理默克尔在多个场合再三表示反对贸易保护主义，她警告美国不要因全球经济危机而陷入贸易保护主义泥潭。英国商务大臣曼德尔森警告说，某些政府和企业将保护主义当作良药，“但对经济复苏而言，它也是一副毒药”。日本财务大臣中川昭一表示，贸易保护主义会对全世界造成负面影响，“我们已经在‘大萧条’时期尝到过贸易保护主义的教训”，如果相同的钢铁进口关税重新实施，那将“带来灾难”①。2月14日结束的西方七国财长和中央银行行长会议的公报中明确强调，将继续致力于避免采取贸易保护主义措施；贸易保护主义将使全球经济增长放缓，各国采取一个开放的贸易和投资机制对推动全球的经济增长是非常必要的。

法国总统萨科齐“要撤回法国在捷克工厂”的言论也立刻遭到了捷克总理托波拉内克的回击。作为东欧第一大汽车生产国的捷克认为，法国的这一保护主义措施是不能接受的。托波拉内克警告说，“欧洲一些国家领导人的保护主义言论将使各成员国的保护主义抬头，并最终让经济危机蔓延”，并表示法国的做法会妨碍捷克批准《里斯本条约》。而目前，在欧盟27国中，只有捷克仍然没有签署该条约。

即使是在美国国内，对于推行贸易限制以挽救美国就业市场的做法也大加批评。美国主流媒体《华尔街日报》1月13日发表一篇署名文章《保护主义浪潮膨胀》，指出在全球范围内消费者需求和商务投资正在下滑的时刻，采取贸易保护措施就会关闭经济增长的潜在引擎。各国应更好地保持贸易开放，否则有可能破坏它们为使全球经济摆脱衰退而作出的努力②。美国著名智库华盛顿彼得森国

① 《各国政要抨击新保护主义》，新华网，2009年2月10日。

② Bob Davis, “Surge in Trade Protection May Deepen Global Crisis”, *Wall Street Journal*, Jan. 12, 2009.

际经济研究所两位知名经济学家霍夫鲍尔和斯考特在该所2月3日出版的《政策概要》上发表了《购买美国货：不利就业、有损声誉》的报告。该报告认为，这些条款不仅会危及脆弱的全球贸易体系，破坏美国欲在目前全球经济危机中扮演领导者的努力，而且会产生事与愿违的后果，因这些条款而失去的工作岗位要比原想“保护”的工作岗位还要多。对贸易伙伴的出口减少所带来的损失，很容易“等于或大于”国会两院条款可能带来的“好处”。更严重的是，“购买美国货”条款所创造的工作岗位主要局限于钢铁及其他少数产业，而出口减少带来的工作岗位损失则将扩散到几乎所有产业①。

第三，全球的经济一体化进程受到空前挑战。

贸易保护主义倾向催生了各国的经济民族主义，激化了不同经济发展水平成员国之间的矛盾，是对地区经济一体化的严峻考验。2009年3月1日，在欧盟27国特别峰会召开3小时之前，欧盟9个东欧成员国领导人与欧盟委员会主席巴罗佐特别举行了一次峰会前的“峰会”，议题是反对西欧国家的贸易保护主义与金融孤立主义。随着国际金融危机愈演愈烈，西欧主要经济体开始陷入经济衰退，为了自保，这些国家相继采取了贸易保护主义措施，而无法顾及对东欧国家的援助。东欧国家十分不满，认为西欧成员国的做法损害了欧盟统一市场原则，在东欧和西欧国家间形成了一道“金融铁幕”。在此背景下召开的此次“东欧峰会”被认为是“东欧向西欧发出的一种警告”，是对欧盟团结的严峻挑战。

欧盟东扩之后，由于经济发展水平的差异，东欧与西欧国家的裂痕已然存在，而金融危机的到来更是让这一矛盾激化，并威胁到欧盟的前途和未来的发展。2008年，在法国担任欧盟轮值主席国期间，欧盟通过了能源与气候一揽子协议，东欧国家将不得不高价使用逐渐被西欧弃用的煤炭。2009年初，俄罗斯与乌克兰的天然气之争致使东欧国家几乎“断气”，但由于西欧国家基本不受影响，欧盟在此次“断气”事件中采取了“高高挂起”的立场，更加深了东、西欧之间的裂痕。此次金融危机期间，东欧国家的实体经济受到重创。捷克、斯洛伐克与匈牙利80%以上的GDP依赖出口，特别是汽车行业，欧洲订单急剧减少，被西欧银行掌控的外资则快速逃离。此外，在西班牙和英国，一股排斥外来劳工

① 《美智库发表报告：“购买美国货”条款 失大于得》，2009年2月5日《人民日报》。

的情绪正在蔓延。不少来自东欧的“打工族”怀揣“淘金梦”来到西欧，如今却面临着难以安身的窘境。

2 月初法国与捷克的口水战则成为此次东、西欧裂痕加大的导火索。2009 年 2 月，欧盟委员会负责经济和货币事务的委员阿尔穆尼亚接受英国《金融时报》专访，批评欧洲各国在应对经济危机时缺乏政策合作，例如英国热衷于降低增值税，而其他国家却在增加政府补贴或是降低非工资劳动成本。世界银行行长佐利克访问英国时公开声称：“如果允许欧洲再度分裂，那将是一场巨大的悲剧。”① 英国《金融时报》呼吁“在危机中保护欧盟团结”，认为只有帮助东欧成员国共同渡过难关，欧盟才能配得上“联盟”这一名称②。

金融危机刺伤的不只是欧盟兄弟的和气，南美地区的一体化进程也因贸易保护主义抬头而严重受挫。自 2008 年 10 月以来，巴西和阿根廷相继采取了一系列贸易限制措施，贸易争端不断升级，这不仅使巴西和阿根廷两国的关系日趋紧张，而且使贸易保护措施蔓延到其他的南方共同市场（简称“南共市”）国家，影响到南美地区的一体化进程。

阿根廷和巴西是南美地区经济一体化组织南共市的两个主要大国，是推动南美地区贸易一体化进程的发动机：两国的贸易额占南共市贸易总额的 90% 左右。巴西是阿根廷第一大贸易伙伴，而阿根廷则是巴西的第三大贸易伙伴。但是，随着金融危机的不断深化，巴西和阿根廷的生产和贸易严重滑坡，双方均实施了贸易保护政策。2008 年 10 月以来，阿根廷对进口产品采取了一系列限制措施，其中包括为进口产品设立“参考价格”，如果商品进口报关的价格低于“参考价格”，阿根廷海关就以涉嫌低价报关逃税和倾销等理由展开调查。2009 年 2 月，阿根廷政府宣布进一步加强对进口产品的限制，提高 800 余种进口产品的“参考价格”。巴西总统卢拉批评阿根廷政府试图通过贸易保护主义措施解决国内经济问题是“错误想法”，并警告说，如果问题得不到妥善解决，南共市一体化进程将受到严重负面影响。阿根廷则强硬地表示，阿根廷的做法是为了捍卫本国正当利益，保证劳工和就业，并没有违反世界贸易组织和南共市的有关法规；况且巴西的贸易保护措施比阿根廷还严重：巴西对 40%

① Stefan Wagstyl, “Variable Vulnerability”, *Financial Times*, March 2, 2009.

② 李永群：《金融危机考验欧盟团结》，2009 年 3 月 2 日《人民日报》。

的进口产品采取了非自动进口许可证制度，而阿根廷涉及类似限制措施的产品仅为4%①。

阿根廷和巴西的战火迅速蔓延到南共市的其他成员国。2009 年 7 月 23 日，南共市成员国和联系国的外交部长在巴拉圭首都亚松森举行理事会会议，乌拉圭外交部部长贡萨洛·费尔南德斯表示，近年来南共市的一体化进程出现了倒退，不仅没有在关键议题上取得突破，而且部分成员国采取的贸易保护主义措施加剧了成员国的贸易冲突，使经济实力较弱的成员国受到严重损害。此外，目前南共市内部的非关税限制措施越来越严重，对来自其他国家的进口产品关税问题也无法达成一致。巴拉圭外交部部长拉科格纳塔则强调，部分南共市成员国在没有进行地区磋商和协调的情况下就单方面采取贸易保护主义措施，增加了南共市内部的不信任，对推动南共市的一体化进程非常不利②。在各方压力下，巴西和阿根廷已经就部分贸易产品的出口限额达成一致，地区贸易冲突才有所缓和。

四　结语

目前，美欧经济均出现了一些复苏迹象，但是就业危机的缓解尚待时日。从目前主要国家来看，失业率仍将继续攀升。美国劳工部 2009 年 10 月份公布的报告显示，美国经济复苏的步伐十分缓慢，特别是雇用领域的发展趋势以及收入增长水平持续放缓。加利福尼亚大学经济学家认为："从技术上讲美国经济可能已经见底，但就业市场落在了后面，还在苦苦挣扎。"美联储主席伯南克 10 月 1 日也重申，以目前的经济增长速度来看，就业市场走出疲软的方法十分有限。在欧洲，尽管失业率的上升速度有所减慢，但伦敦资本经济公司（Capital Economics）经济学家珍妮弗·麦基翁（Jennifer McKeown）表示："因为失业率往往落后于经济的发展，估计今后几个季度失业率还会上升。"欧洲经济仍然处境艰难③。日本工矿业生产指数在 7 月、8 月保持了增势，经济出现反弹迹象，但日本野村证

① 洁云、冯俊扬：《财经观察：巴西阿根廷贸易争端升级》，新华网，2009 年 2 月 14 日。

② 宋洁云、冯俊扬：《贸易保护主义阻挠南美地区一体化进程》，新华网，2009 年 7 月 23 日。

③ David Jolly, "Euro-Zone Unemployment Hit 10-Year High in July", *New York Times*, Sept. 2, 2009.

券经济学家冈崎康平认为，企业雇用的大量过剩以及企业对雇用的谨慎态度都表明，近期日本失业率上升的可能性会加大①。尽管就业市场形势仍然很严酷，但经济复苏的迹象仍然给就业市场带来了信心。正如美国副总统拜登所说："今天的坏消息不会改变我对即将实现经济复苏的信心，我们将创造就业机会。"冬天已经到了，春天也不会遥远，但仍需耐心。

Employment Crisis and International Relations

Lang Ping

Abstract: Accompanied with the financial crisis, the global employment crisis has become increasingly prominent in the international relations. The most severe situation is in the U. S. whose unemployment rate has risen to the highest point within the past 26 years; the European Union, Japan, and other developed countries has repeatedly set new unemployment rate records in recent years; and the number of unemployed in emerging economies and developing countries has also kept growing. The increasing corporate bankruptcies and the enlarging group of the unemployed led to social unrest and shook the foundation of the government. In response to the employment crisis, most countries have introduced economic stimulus package to ease the crisis; however, the rising trade protectionism also produced great tensions between the major states. The current situation shows positive signs in the global economy; thus, the employment crisis is expected to be alleviated in the near future.

Key Words: Crisis; Employment; Unemployment Rate; International Relations

① 林靖：《日本7月失业率创历史新高》，《财经网》，2009年8月28日。

【全球危机后果评估之三】金融危机背景下的全球军费开支*

高　华**

摘　要： 军费是以数字表现和反映出来的国家军事战略，是一个国家进行国防和军队建设的经济基础，是综合国力和国防力量强弱的重要标志。军费的增减，与国际战略格局、国家安全环境、战争形态、经济发展有着密切的联系。2008年爆发的国际金融危机，使全球经济出现整体衰退，但是全球军费开支反而大幅攀升。造成这种局面的主要原因是“反恐战争”促使一些国家力图通过军事手段来解决面临的棘手问题。军费开支升高导致军备竞赛不断加剧，表明国际社会不稳情绪渐长，各国都感觉到自己不够安全，通过扩大和提升军事力量来进行自我保卫。当今世界并不安宁的现实，给全球安全与稳定带来了负面影响。

关键词： 军费开支　金融危机　反恐战争　增加军费　削减军费

军费是以数字表现和反映出来的国家军事战略，或曰国家军事战略的数字化。军费是一个国家进行国防和军队建设的经济基础，是综合国力和国防力量强弱的重要标志。一个国家的军事实力与其军费开支情况直接有关。国家军事开支的状况和发展趋势，往往能够反映战略思想和军事政策的变化。军费的增减，与国际战略格局、国家安全环境、战争形态、经济发展有着密切的联系，并且能够对世界和平与发展及整个国际安全产生重要的影响。

* 笔者在本文完成过程中得到中国军控与裁军协会叶如安副会长、中国国际战略学会庄茂成高级研究员和中国社会科学院世界经济与政治研究所王雷博士的协助，在此表示感谢。

** 高华，中国社会科学院世界经济与政治研究所副研究员。主要研究领域：国际关系、区域组织与国际安全、区域合作。

一　2008年全球军费开支概况

根据斯德哥尔摩国际和平研究所（SIPRI）的统计，2008年世界军费估计已经达到14640亿美元，与2007年世界军费相比实际增幅为4%。1999～2008年这10年间，世界军费实际增长了45%（见表1）。2008年的军费相当于全球各

表1　SIPRI列出的1999～2008年世界和地区军费的估算

单位：10亿美元，%

地区[a]	1999年	2000年	2001年	2002年	2003年	2004年	2005年	2006年	2007年	2008年	1999～2008年变化
非洲	**14.6**	**13.6**	**14.2**	**15.1**	**15.1**	**16.8**	**17.3**	**17.8**	**(18.6)**	**(20.4)**	***+40***
北非	4.0	4.0	5.2	5.2	5.4	5.9	6.1	6.1	6.6	7.8	*+94*
撒哈拉以南	10.6	9.5	9.1	9.9	9.7	10.9	11.2	11.7	(11.9)	(12.6)	*+19*
美洲	**368**	**383**	**388**	**430**	**482**	**523**	**549**	**559**	**576**	**603**	***+64***
加勒比海	..	..	..	..	..	..	..	..	..	..	..
中美	3.7	3.9	3.9	3.8	3.8	3.6	3.6	3.4	4.5	4.5	*+21*
北美	341	354	357	399	453	493	516	525	540	564	*+66*
南美	22.7	24.8	27.4	27.2	25.3	26.6	29.0	30.2	32.1	34.1	*+50*
亚洲和大洋洲	**136**	**139**	**147**	**154**	**160**	**169**	**177**	**186**	**196**	**206**	***+52***
中亚	0.5	..	..	..	..	..	..	..	..	..	
东亚	101	104	110	116	122	127	133	140	149	157	*+56*
大洋洲	12.3	12.2	12.7	13.2	13.5	14.0	14.5	15.4	16.2	16.6	*+36*
南亚	21.9	22.8	23.5	23.6	24.2	27.5	28.9	29.2	29.9	30.9	*+41*
欧洲	**281**	**287**	**289**	**298**	**302**	**303**	**303**	**309**	**314**	**320**	***+14***
东欧	15.9	21.4	23.3	25.8	27.6	28.9	32.0	35.7	39.3	43.6	*+174*
西欧和中欧	265	266	265	272	274	274	271	273	275	277	*+5*
中东	**48.6**	**53.8**	**56.9**	**54.8**	**56.4**	**59.3**	**66.0**	**70.4**	**76.5**	**75.6**	***+56***
世界总计	**847**	**877**	**895**	**952**	**1015**	**1071**	**1113**	**1142**	**1182**	**1226**	***+45***
年度变化		*3.5*	*2.1*	*6.3*	*6.7*	*5.5*	*3.9*	*2.6*	*3.5*	*3.7*	

a 由于缺少数据或缺少连贯性的时序数据，有些国家并未包括在内。非洲未包括赤道几内亚和索马里，美洲未包括古巴、圭亚那、海地及特立尼达和多巴哥；亚洲未包括朝鲜和缅甸；中东未包括卡塔尔。世界总计也不包括以上这些国家。

说明：①按2005年美元不变价格与汇率统计，斜体数据为百分比。由于四舍五入，各项数据相加不一定与总数相符。

②括号内总数是根据不到地区总数90%的国家的数据得出的；“..”表示现有数据低于地区总数的60%。

③笔者注：表格“世界总计”中的12260亿美元与上文中世界军费总计14640亿美元不一致，属于SIPRI统计误差。

资料来源：*SIPRI Yearbook 2009*，Oxford：Oxford University Press，2009，p. 180。

国国内生产总值（GDP）的2.4%，人均217美元[①]。几乎所有区域和次区域的军费支出在1999～2008年间都得到了普遍提高。主要的例外是西欧和中欧，这两个地区维持了近乎水平的军事开支线。在这一总体趋势中，一些中欧国家希望加入北约和提高相互协作的愿望导致其军费支出有所增加。1999～2008年间，军事开支增长最迅速的次区域是东欧，达到174%[②]。俄罗斯占据了这一增长的绝大部分，达到87%。1999年以来，其他几个军费开支增长最快的次区域分别为：北非（94%）、北美（66%）、东亚（56%）和中东（56%）。北非所有国家的军事开支都有了实质性的增加，但该次区域增长的大部分是由阿尔及利亚导致的。北美的增长几乎完全由美国导致，两场战争和军事现代化助推了其军费开支的增长。东亚除日本外，所有主要国家的军费开支都大幅增加。在中东，持续不断的冲突以及由此造成的紧张和不安全，连同高油价一起促使大多数国家大幅提高了军事开支。在过去的10年间，南美的军费开支也增长了50%。巴西长期致力于成为区域大国的努力和哥伦比亚内战持续上升的开支，导致了这一结果。

囿于篇幅，本文不可能将168个国家1999～2008年的军费开支数据以及这些数据生成的来源和方法逐一列出，只是概览主要区域和次区域的军费开支趋势和15个主要大国的军费开支，勾勒基本轮廓，作一个全景式的宏观扫描。

2008年世界排名前15位的军费开支国，占据了世界军费支出总额的81%，其中前5名占据了60%；这与2007年的情况类似。美国以占总数41.5%的比重占据了其中的最大份额。但是，前15名国家在人均军费投入比率和占国内生产总值比例方面差异很大。沙特阿拉伯的军事负担——也就是军事花费占国内生产总值的比重——在2007年达到9.3%（最近的有效数据），仅排在阿曼之后。与此同时，韩国、俄罗斯和美国也超过了全球2.4%的平均水平。在这一排位的底端，澳大利亚、加拿大、巴西、德国、意大利、日本和西班牙的军事负担都在2%以下（见表2）。法国、德国、意大利和日本自1999年以来军费开支增长缓慢，甚至出现了实际上的负增长。其他国家的支出则迅速增加。如韩国、沙特阿拉伯和美国的支出增长都超过50%。

---

① Stockholm International Peace Research Institute, *Armaments, Disarmament and International Security, SIPRI Yearbook 2009*, Oxford University Press, 2009, p.179.

② 东欧包括亚美尼亚、阿塞拜疆、白俄罗斯、格鲁吉亚、摩尔多瓦、俄罗斯和乌克兰。

表 2 SIPRI 列出的 2008 军费前 15 位的国家

排序	国 家	开支（10 亿美元）	世界比例（%）	人均开支（美元）	2007 年军费负担[a]（%）	1999～2008 年变化（%）
1	美 国	607	*41.5*	1967	*4.0*	*66.5*
2	中 国	(84.9)	(*5.8*)	(63)	(*2.0*)	*194*
3	法 国	65.7	*4.5*	1061	*2.3*	*3.5*
4	英 国	65.3	*4.5*	1070	*2.4*	*20.7*
5	俄罗斯	(58.6)	(*4.0*)	(413)	(*3.5*)	*173*
前 5 名之和		**882**	**60**			
6	德 国	46.8	*3.2*	568	*1.3*	*-11.0*
7	日 本	46.3	*3.2*	361	*0.9*	*-1.7*
8	意大利	40.6	*2.8*	689	*1.8*	*0.4*
9	沙特阿拉伯[b]	38.2	*2.6*	1511	*9.3*	*81.5*
10	印 度	30.0	*2.1*	25	*2.5*	*44.1*
前 10 名之和		**1084**	**74**			
11	韩 国	24.2	*1.7*	501	*2.7*	*51.5*
12	巴 西	23.3	*1.6*	120	*1.5*	*29.9*
13	加拿大	19.3	*1.3*	581	*1.2*	*37.4*
14	西班牙	19.2	*1.3*	430	*1.2*	*37.7*
15	澳大利亚	18.4	*1.3*	876	*1.9*	*38.6*
前 15 名之和		**1188**	**81**			
世界总计		**1464**	**100**	**217**	***2.4***	*44.7*

a 各国军费负担是军费开支占国内生产总值（GDP）的比例数，数据是 2007 年的，即最近一年的 GDP 数据。

b 沙特阿拉伯的数据中包括公共秩序与安全方面的开支，估算可能略微偏高。

说明：①按当前美元价格与汇率统计。

②括号内为估算数。

③斜体数据为百分比。

资料来源：军费：*SIPRI Yearbook 2009*，pp. 219－229；人口：联合国人口基金会（UNFPA），《2008 年世界人口状态：达到共同水准——文化，性别和人权》，UNFPA：纽约，2008。

关于中国的军费开支，这里需要说明的是，国外各种版本的估算比中国对外公布的统计数据要高出许多。2009 年 1 月 20 日，中国国务院新闻办公室发表了最新的《2008 年中国的国防》白皮书，正式公布 2008 年中国国防费年度预算为 4177.69 亿元人民币。按照 2007 年底人民币兑换美元的汇率计算，约合 572.29

亿美元[①]。2009 年 3 月 4 日，李肇星在十一届全国人大新闻发布会上宣布，2009 年中国国防预算为 4806.86 亿元人民币[②]。

军备控制和不扩散中心的统计数据表明，2008 年世界军费开支总数为 14730 亿美元。从图 1 中可以看出 2008 年美国军费和其他国家军费在世界军费总额中所占的比重。

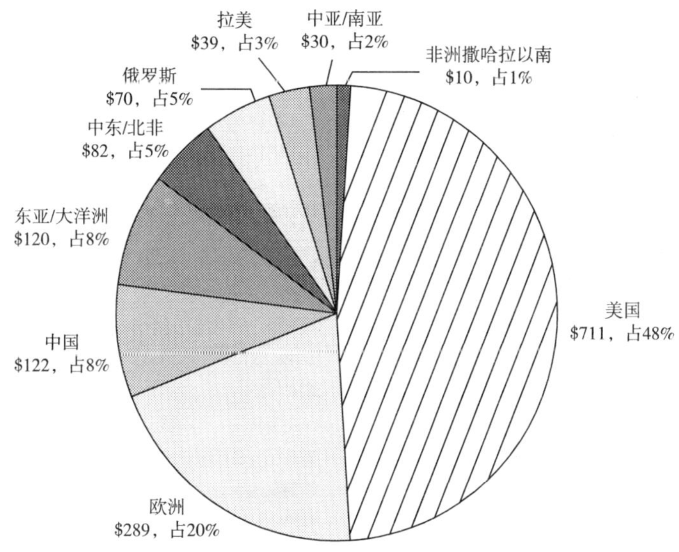

图 1　军备控制和不扩散中心列出的 2008 年美国军费对比世界军费

说明：以 10 亿美元为单位和占世界总数百分比，2008 年世界军费开支总数为 14730 亿美元。

资料来源：Center for Arms Control and Non-proliferation，February 20，2008。

伦敦国际战略研究所对 2007 ~ 2009 年全球的国防开支和 2009 年的全球军力进行了评估。统计数据表明，2007 年全球国防开支合计为 12796.47 亿美元（见表 3），比斯德哥尔摩国际和平研究所 2007 年的统计数据低 1280.45 亿美元。

① http：//mil. news. sina. com. cn/2009 - 01 - 20/1058539493. html.

② http：//china. rednet. cn/c/2009/03/04/1719401. htm.

表 3　伦敦国际战略研究所列出的国防开支和军力的国际比较

国别/类别	国防开支(百万美元)			人均国防开支(美元)		
	2005 年	2006 年	2007 年	2005 年	2006 年	2007 年
美国[a]	495326	521840	552568	1675	1749	1835
北约小计(除美国)	265250	277457	310907	468	488	546
北约合计	760576	799297	863475	882	922	992
欧洲非北约	19454	21198	25559	141	155	187
俄罗斯[c]	18768	24577	32215	131	173	228
中东与北非	74388	82507	90273	214	234	251
中亚和南亚	28650	29894	34991	19	19	22
东亚和大洋洲	145368	155228	176152	69	73	82
加勒比和拉丁美洲	34358	38949	45351	63	70	84
萨哈拉以南非洲	10537	9892	11495	15	13	15
全球合计	1131331	1206966	1279647	176	185	202

国别/类别	占 GDP 比例(%)			军队人数(千人)	估计预备役(千人)	准军事部队(千人)
	2005 年	2006 年	2007 年	2009 年	2009 年	2009 年
美国[a]	3.89	3.94	3.99	1540	979	0
北约小计(除美国)	1.83	1.80	1.57	2505	2392	488
北约合计	2.82	2.79	2.57	4045	3416	488
欧洲非北约	1.16	1.16	1.19	547	2739[b]	250
俄罗斯[c]	1.20	1.44	1.54	1027	20000	449
中东与北非	5.49	5.31	4.96	3086	2137	1002
中亚和南亚	2.60	2.38	2.25	2486	1161	1863
东亚和大洋洲	1.50	1.53	1.61	6498	17961	1800
加勒比和拉丁美洲	1.33	1.26	1.30	1522	2137	883
萨哈拉以南非洲	1.70	1.43	1.47	1277	228	248
全球合计	2.40	2.38	2.26	20488	49779	6983

a 非预算授权支出（笔者注：即预算外支出）。

b 武装部队总数包括（欧洲国家）宪兵队（103000 人）、卡宾枪手（107000 人）、民防卫队（72600 人）。

c 官方预算以市场汇率计。

资料来源：The International Institute for Strategic Studies, *The Military Balance 2009*, *The Annual Assessment of Global Military Capabilities and Defence Economics*, London, Routledge Taylor & Francis Group, 2009, p. 452。

对军费开支的静态和动态估量，特别是要进行国际对比，是一项十分复杂的工作，被称为“充满陷阱的神秘艺术”①。因为各国在确定其军事预算时，在军事活

① 转引自陈佩尧《北约战略与态势》，中国社会科学出版社，1989，第 110 页。

动范围的规定和对各项军事活动的估价上持不同的标准，计算方法各异，由此可能导致评估结果不完全一致或者完全不一致①。从以上三个不同的机构对全球军费开支进行估算和统计的数据中可以看出，三者得出的共同结论是：第一，2008 年的世界军费开支比上一年有所增加，几乎所有区域和次区域的军费支出在 1999～2008 年间都得到了普遍提高。第二，美国的军费在世界军费开支中遥遥领先，几乎相当于其他所有国家军费的总和。第三，军费负担人均开支美国最高。三者的不同之处在于，估算数字有差距（但出入并不大），分类排序不同，伦敦国际战略研究所对军费开支的称谓是“国防开支”，统计数据截止到 2007 年（最近的有效数据），多了一项军事力量的国际比较。斯德哥尔摩国际和平研究所采用市场汇率将国家军费开支的数据转换成美元，为军费开支的国际比较提供了最易测量的标准。该研究所对世界、地区和次区域军费开支所作的评估，虽然只是一个保守的估计，因为许多原因，军费开支的真实水平要更高一些②。但是，作为国际上专门研究军费和军备、军控与国际裁军的全球知名权威机构之一，它捕捉了全球军事开支的绝大部分，并对其总体趋势作出了一个相对精确的展示。正如该所现任所长季北慈所说：“从严格意义上讲，SIPRI 公布的各国军费情况并不完全准确，但已尽量做到客观。”③

二　军费开支解析

（一）美国的军费开支占据世界半壁江山

20 世纪 90 年代，美国的军费相当于排在其后的 20 个国家军费的总和。现在美国的军费几乎相当于世界上所有国家军费的总和。

---

① 对于军费开支的计算并没有统一标准，比如对于军人退役津贴，有的国家将其当作军费开支，有的国家则当作社会福利；还有将各国军费转换成美元，是否应该考虑各国实际购买力，对此问题也存在着争议。

② 例如，一些拥有重要军事力量的国家（像朝鲜和卡塔尔），由于没有可以得到的数据而未被计入总数；许多国家的某些项目未被包括在军费开支内，比如军人退伍金和准军事力量支出，并且这些国家没有为此项目提供单独的数据；一些国家使用了军费开支预算之外的资源，比如来自自然资源的资金收入或者军事化管理公司的收益，这些情况都使得估算很难作出。参见 *SIPRI Yearbook 2009*，pp. 180～181。

③ 《环球时报》驻瑞典特派记者雷达专访斯德哥尔摩国际和平研究所（SIPRI）两任所长：《研究中国军力，欧洲觉得比美强》，参见 2008 年 6 月 12 日《环球时报》，第 7 版。

1. 小布什任期内美国军费开支创战后最高纪录

在全球反恐战争的引导下，官方的美国军费开支（国防开支）已从小布什政府任期之前2000财年的2944亿美元，攀升至2008财年估算的6073亿美元（见表4）①。2009年财政预算是小布什政府提出的最后一份预算案，预计将导致6750亿美元的国防开支，这意味着美国在2000财年至2009财年之间，军费开支实际增加了71%。尽管经济增长率很高，但国防占国内生产总值的比例一直在攀升，已从2000财年的3.0%上升到2009财年的4.5%。此外，由于2009财年在阿富汗和伊拉克的军事行动的预期费用并没有完全落实，另一笔追加预算的请求已经提出，这将进一步拉高整体的增长幅度。

表4 SIPRI列出的美国2000~2009年的国防部开支和国防总开支

单位：10亿美元，%

	2000年	2001年	2003年	2005年	2007年	2008年[a]	2009年[a]
当前美元价格计算的开支[b]							
国防部军事开支	281.1	290.2	387.2	474.1	529.8	583.1	651.2
军事人员	76.0	74.0	106.7	127.5	128.8	137.4	129.1
活动与维持	105.8	112.0	151.4	188.1	216.6	225.1	241.5
采购	51.7	55.0	67.9	82.3	99.7	130.5	142.8
研发	37.6	40.5	53.1	65.7	73.1	74.7	78.6
军事建筑	5.1	5.0	5.9	5.3	7.9	10.2	15.1
家庭住房	3.4	3.5	3.8	3.7	3.5	4.3	3.4
其他[c]	1.5	0.3	-1.6	1.5	0.2	0.8	40.8
能源部军事开支	12.1	12.9	16.0	18.0	17.1	17.8	18.2
其他军事开支	1.2	1.6	1.6	3.2	5.7	6.4	5.7
国防总开支	**294.4**	**304.8**	**404.8**	**495.3**	**552.6**	**607.3**	**675.1**
按2000财年不变价格计算的开支							
国防总开支	294.4	297.2	364.4	407.3	426.4	463.9	504.7
开支占国内生产总值的比重							
国防总开支	*3.0*	*3.0*	*3.7*	*4.0*	*4.0*	*4.2*	*4.5*

a 2008年和2009年的数据为估计数。

b 为当年花掉的钱（即支出），是根据预算授权所用的开支。

c 这一栏出现负值是因为按职能确定预算开支情况比按部门或按机构确定预算开支情况要难。2009年的高数值在资料来源中没有解释，可能是对2009财年为国防部追加的660亿美元拨款很难进行职能分类。

说明：①年度为财政年度（从上年10月1日持续12个月）。

②斜体数据为百分比。

资料来源：美国管理和预算办公室：《2009财年美国政府预算：历年表格》（美国政府出版社，华盛顿特区，2008，第60~61页、第125~126页）。

① US Congressional Budget Office, *SIPRI Yearbook 2009*, p. 184.

2. 美国资助全球反恐战争耗资巨大

美国庞大的军费开支，主要缘于资助全球反恐战争费用的大幅度提升。在2001～2008财年期间，美国针对全球反恐战争制定的政策导致了7970亿美元的总支出（见表5），其中一大部分（7490亿美元）被国防部使用。在阿富汗和伊拉克的两场冲突的花费，比其他近期美国的军事行动都要多。在伊拉克的军事行动是迄今为止最昂贵的行动，花费了6030亿美元，而在阿富汗和其他国家军事行动的花费只有1600亿美元①。截至2008年7月，国防部每月用于伊拉克和阿富汗的合同义务开支和薪金平均分别为99亿美元和24亿美元②。2008年底，用于伊拉克战争的费用，已经远远超出小布什政府和国会最初的估计。对此，美国有军事专家提出警告，随着奥巴马政府扩大美国在阿富汗的行动，美国目前在安全和政治方面所承担的义务将持续至少10年，其开销很可能远远超过伊拉克战争③。布鲁金斯学会高级研究员、军事专家迈克尔·E. 奥汉隆甚至认为："在未来20年内，我们每年要向阿富汗提供几十亿美元。一个合理的猜测是，在未来20年内，我们将不得不支付阿富汗一半的财政预算。"④ 考虑到2009年美国为维持战争就可能花费1000亿美元，他认为这样的代价是合理的。

与美国以往长期战争的做法不同⑤，小布什政府为了筹措用于阿富汗和伊拉克军事冲突的资金，主要是通过经常性预算之外的紧急补充拨款和借贷进行融资⑥。虽然奥巴马总统的新政府提前实现了从伊拉克撤军，但在不远的将来，这些冲突仍将需要大量的财政预算资源，它造成了国家债务的急剧膨胀。尽管具体的影响还有待检验，但军费支出的增长显然是促成这种后果的因素之一。在美国历史上

---

① 笔者注：以上数据与表5数据不一致，属于SIPRI统计误差。

② Belasco, A., *The Cost of Iraq, Afghanistan, and Other Global War on Terror Operations since 9.11*, Congressional Research Service Report for Congress RL33110, US Congress, CRS: Washington, DC, 15 Oct. 2008.

③ 沃尔特·平卡斯：《分析人士预计美在阿富汗行动将旷日持久且耗资巨大》，〔美〕2009年8月9日《华盛顿邮报》。

④ 沃尔特·平卡斯：《分析人士预计美在阿富汗行动将旷日持久且耗资巨大》，〔美〕2009年8月9日《华盛顿邮报》。

⑤ 除少数例外，可以通过增加税收、削减非国防开支和借款的混合方式进行筹措。

⑥ The Glossary in US Congressional Budget Office, *The Budget and Economic Outlook: Fiscal Years 2008 to 2018*, US Congress: Washington, DC, Jan. 2008, pp. 165－181.

表 5　SIPRI 列出的 2001 ~ 2008 年美国给“全球反恐战争”的拨款

单位：10 亿美元，%

	2001 ~ 2002 年	2003 年	2004 年	2005 年	2006 年	2007 年	2008 年	总计
为机构拨款								
国防部	33.0	77.4	72.4	102.6	116.8	165.0	181.2	748.6
国务院、美国国际发展署	0.8	3.7	21.7	4.8	4.3	5.0	5.1	45.4
退伍军人事务局(医疗)	0.0	0.0	0.0	0.2	0.4	1.0	1.3	2.9
总　　计	33.8	81.1	94.1	107.6	121.5	171.0	187.7	796.8
为作战行动拨款								
“伊拉克自由行动”[a]	0.0	53.0	75.9	85.5	101.7	133.6	153.5	603.2
“持久自由行动”[b]	20.8	14.7	14.5	20.0	19.0	36.9	34.0	159.8
“高贵之鹰行动”[c]	13.0	8.0	3.7	2.1	0.8	0.5	0.2	28.3
尚未拨付的款额	0.0	5.5	0.0	0.0	0.0	0.0	0.0	5.5
总　　计	33.8	81.1	94.1	107.6	121.5	171.0	187.7	796.8
年度变化		*140*	*16*	*14*	*14*	*41*	*10*	

a“伊拉克自由行动”于 2002 年秋组建部队开始，用于 2003 年入侵伊拉克并且继续镇压叛乱和维持稳定的行动。

b“持久自由行动”包括阿富汗冲突，和自 2001 年 9 月恐怖分子袭击美国后立即开始的从菲律宾到吉布提的全球反恐战争。

c“高贵之鹰行动”提供加强美国军事基地安全和其他本土安全。

说明：①数据为美国国会研究部的预算授权估算，按当前价格统计，年度为财年（从上年 10 月 1 日持续 12 个月）。

②斜体数据为百分比。

资料来源：A. 贝拉斯科，《9・11 以来在伊拉克，阿富汗和其他地区进行全球反恐战争的费用》，美国国会研究部（CRS）国会报告第 RL33110 号（美国国会，美国国会研究部，华盛顿特区，2008 年 10 月 15 日）表 1 和 2。

还从未有过历时 6 ~ 8 年、受紧急追加拨款资助的战争。然而在 2001 财年至 2009 财年，美国国防部 90% 的经费来源于补充和额外拨款的紧急资金，只有 10% 的经费来源于正常的国防预算和经常性款项的划拨。使用紧急追加方式资助战争行动的办法，使得战争免除了经常性拨款开支限额的约束，并且减少了国会的监督。

3. 军费开支对美国预算的影响

美国军费支出的强劲增长对预算的影响，部分取决于如何筹措资金。布什政府主要通过借债方式为阿富汗和伊拉克的冲突筹措资金，使得美国 2000 财年 2360 亿美元的年度预算盈余，转变为 2009 财年预计有 4070 亿美元的预算赤字①。不断攀

① 这是 SIPRI 的预计。另一种统计认为，截至 2009 年 9 月底，赤字已增长到 16000 亿美元左右，这是迄今以美元计算的最庞大的赤字。参见贾斯廷・福克斯《我们还没破产吗?》，〔美〕《时代周刊》，2009 年 9 月 14 日。

升的巨额财政赤字必然对经济产生影响。作为预算赤字膨胀的结果，美国的国债几乎翻了一番，从2000财年的56000亿美元增长至2009财年预计的104000亿美元，这相当于美国国内生产总值的69%①。尽管军费开支的增加不是美国预算赤字和国债增加的唯一原因，但它显然占据了其中的主要部分。2009财年的预算赤字很可能超过第二次世界大战结束以来的最高纪录，即1983年国内生产总值的6%②。

（二）东西欧军费开支存在天壤之别

2008年欧洲军费开支总数为4130亿美元，较2007年增长1.4%③。其中，东欧的军费开支增加11%，延续了长期增长的势头，但是同期，西欧和中欧仅增加了0.6个百分点。1999～2008年间，欧洲军费开支实际增长14%，其中东欧增加174%，西欧和中欧增加4.5%④。

1. 西欧和中欧军费开支略有增加

2008年，西欧和中欧仍旧维持了几乎水平的军费开支趋势，显然是由于缺少严重的军事威胁、适当的经济增长和尽量减少预算赤字的愿望促成了这一结果。尽管有着对欧盟防务力量的需要，欧洲的“三大国”法国、英国和德国却都以不同的方式降低了防务预算。

2008年6月，法国发布了新的国防白皮书，略微削减了年度的军费开支。这是其努力减少预算赤字的结果，但尽管如此，预计还会超过欧盟成员所规定的低于国内生产总值3%的标准⑤。根据该白皮书，法国的军事预算将实质上保持不变至2012年，随后到2020年将会以每年实际1%的比例递增。在军费预算内，装备支出将从2003～2008年期间的年平均155亿欧元（227亿美元），增长至2009～2020年间的年均180亿欧元（264亿美元）。尽管2008年9月全球金融危机爆发，但10月份出台的军事规划法草案规定，2009～2014年的军事开支计划

---

① *SIPRI Yearbook 2009*, p. 189.

② US Congressional Budget Office, *The Budget and Economic Outlook: Fiscal Years 2009 to 2019*, US Congress: Washington, D. C., Jan. 2008, p. 11.

③ *SIPRI Yearbook 2009*, p. 219.

④ *SIPRI Yearbook 2009*, p. 190.

⑤ Chuter, A. and Tran, P., “Hard Budget Choices Freeze U. K., French Equipment Picks”, *Defense News*, 14 Apr. 2008; Budget deficit data from International Monetary Fund (IMF), World Economic Outlook Database, Oct. 2008.

将维持2009年白皮书提出的水平[①]。

尽管军费开支在2008年增长了3%，但是英国面临严重的军事预算短缺。原因之一是卷入了阿富汗和伊拉克的两场冲突。预计2009年，英国将为此投入总计120亿英镑（180亿美元）[②]。另一原因是许多武器开发项目的承诺缺乏明确的筹资计划。与此同时，两艘新航空母舰造价飙升至50亿英镑，比最初估计的金额高出10亿多英镑，更使得国防预算危机加剧。皇家三军研究所预测，2010～2016年间，防务开支每年将减少40亿英镑[③]，因此应进一步收缩英国在阿富汗的军事投入。2009年5月底，在英国首相的坚持下，国防委员会同意了一些具有破坏性的防务削减。然而，英国国防协会（UKDNA）报告得出的结论是，防务开支削减已经严重影响英军战力，军费开支应"取决于威胁，而非预算"。英国的防务经费未来3年应增至国内生产总值的3.5%左右，所需款项对于避免英国未来所面临的严重风险必不可少，否则就放弃英国在联合国安理会的重要位置[④]。

德国出于对战争的深刻反思，已经不愿动用武力解决安全问题。自从德国统一后，国防预算已经从1990年的575亿马克下降到目前的242亿欧元，只占GDP的1.3%左右，达不到北约2%的标准。用于采购、研发和基础设施建设的投资预算下降更严重，占国防预算的份额从1990年的32%下降到2001年的不足24%，而人员开支所占份额却从1990年的46%上升到52%。与此形成鲜明对比，美国国防预算中人员开支仅占26.04%，研发和采购费用分别占13.02%和20.71%，而德国这两部分费用只占3.6%和14.96%。由于经费短缺，武装力量转型受到了极大影响。国防军为了顺利转型，建议增加国防预算，提高研发、采购经费的比重。现任国防部部长斯特鲁克提出，要把用于现代化装备研发和采购的份额从目前的20%提高到30%[⑤]。要实现这一目标，存在15亿欧元的缺口。

---

① http://www.defense.gov.fr/defense/enjeux_defense/politique_de_defense/programmations/; Zecchini, L., "La loi de Programmation Militaire 2009 - 2014 Veut Ignorer La Crise", The Military Planning Law 2009 - 2014 Ignores the Crisis, *Le Monde*, 30 Oct. 2008.

② British House of Commons, *Hansard*, 8 July 2008, Columns 1457W - 1458W; Agence France-Presse, "Wars to Cost Britain 12 Billion Pounds by 2009", *Defense News*, 8 July 2008.

③ 转引自乔纳森·欧文、布赖恩·布雷迪《防务开支削减正在抽干军队血液》，〔英〕2009年7月17日《独立报》。

④ 《防务开支削减正在抽干军队血液》，〔英〕2009年7月17日《独立报》。

⑤ 以上引用数字参见黄耀伟《德国战车效率为先：德国军事实力深度分析》，2009年6月8日《环球军事论坛》。

在国防预算不可能增加的情况下，只好采取裁减员额、关闭军事基地、将某些项目（如军队伙食）私有化等措施，但不能起到立竿见影的作用，于是德国政府开始增加军费投入。

2008 年 11 月 30 日，德国联邦议会通过了 2009 财年国防预算法案，预算总额为 395 亿美元，相比 2008 年增加了 6%①。2009 年 8 月，德国议会通过了联邦国防军总价值约 60 亿欧元（约合 86 亿美元）② 的军备计划，满足了联邦国防军的期望。德国报纸认为，德国武装力量应重新定位，国防开支不应超过 300 亿欧元（约合 433 亿美元）的预算（2010 年国防预算草案是 310 亿欧元）③。

2. 东欧军费开支大幅上升

东欧军费最大的增幅多数由新近和预期的北约成员国推动：罗马尼亚和斯洛文尼亚军费开支的增长都超过了 10%④。尽管 2008 年东欧的军费开支实质增长了 11%，但东欧 7 国中只有亚美尼亚、阿塞拜疆和俄罗斯 3 国增加了开支，其他 4 国——白俄罗斯、格鲁吉亚、摩尔多瓦和乌克兰——则降低了支出。经过几年军费开支的快速增长，2008 年格鲁吉亚降低了军费预算，以缓解使其预算紧张的军事负担。尽管 2008 年 8 月与俄罗斯爆发了冲突，以及 10 月份追加了一份意图重建军事基础设施的预算，但格鲁吉亚同年还是实现了军费支出的削减⑤。

高速的经济增长和重塑主要大国地位的诉求，推动了俄罗斯军费的增长，它占据了中东欧 10 年军费开支增幅 174% 的绝大部分，达到 87%，俄罗斯 2008 年的军事预算比 2007 年实际支出高出 13%。在与格鲁吉亚爆发冲突、全球金融危机爆发和油价下跌接踵而至的这一年，俄罗斯的预算先后修改了 4 次⑥。2008 年底，俄罗斯经济已经陷入衰退，它高度依靠商品出口，然而这些商品的价格急剧下跌。2009 年的预算是基于 2009 年石油平均价格每桶 95 美元的判断设定的，而 2009

---

① http：//www. globalview. cn/ReadNews. asp？ NewsID = 17437.

② 按照 2009 年 8 月初的汇率计算。

③ 海因茨·舒尔特：《联邦国防军必须重新定位》，〔德〕2009 年 8 月 20 日《商报》。

④ “NATO to Take in Croatia, Albania”, BBC News, 9 July 2008, http：//news. bbc. co. uk/2/7497350. stm.

⑤ http：//www. civil. ge/eng/article. php？ id = 19558. On the Georgia-Russia Conflict, See Chapter 2, Section V, *SIPRI Yearbook 2009*.

⑥ See Zatsepin, V. , “Defense in the 2008 Federal Budget”, *Russian Economy: Trends and Perspectives November 2008*, Monthly Bulletin, Institute for the Economy in Transition: Moscow, Nov. 2008, p. 57.

年1月的石油价格却只在35~50美元之间徘徊①。金融危机发生后，一些报告指出政府支出将会削减15%。尽管面临危机，存在经济困难，俄罗斯领导人仍然表示会优先保证军事计划的落实，官方2009年的国防预算于2008年11月仍获得了俄罗斯议会下院（杜马）的批准，增幅超过20%，达13000亿卢布（500亿美元）②。在军事预算中，普京总理意图将用于开发的支出比例从2006年的30%提升至70%③。俄罗斯政府已经为该国军工业筹集了价值54亿美元的紧急援助，包括为装备采购、贷款担保和资产注入增加预付款④。俄罗斯国防部武器装备部副部长波波夫金大将，就俄罗斯军事预算发表重要声明指出，2009~2011年国防采购拨款不会削减，其中1/4的资金将用于战略核力量的现代化升级改造⑤。值得注意的是，俄罗斯用40%的军费打造海军，把海军作为优先发展对象。

普京总理和梅德韦杰夫总统给予军费开支高度优先的做法，反映了俄罗斯武装力量和军事工业改革与现代化的长期目标。这一目标因与格鲁吉亚的冲突而变得更加迫切，因为这场冲突暴露了俄军军事准备的不足，以及缺乏现代化的情报、通信和精密武器技术。俄罗斯购买先进武器技术，提高本国军工水平，重整军备计划，以向西方看齐，表明它力图重返军事强国行列。俄罗斯频频举行军事演习，凸显了它的全球影响力。为了应对北约持续东扩的压力，俄罗斯总统要求大规模升级军备，传递了俄罗斯有能力通过军事手段维护国家安全的明确信息。更有甚者，俄罗斯的这一系列举措向世人昭示，它有足够的财富和能力渡过世界金融危机，同时有实力在全球发展其军事力量，扩展其影响范围。

（三）亚洲军费开支呈现不平衡状态

2008年，亚洲和大洋洲的军费支出共有2480亿美元，实际增长了5%。其

① http://www.cfr.org/publication/17844/; Financial Times, Market data, 12 Feb. 2009, http://markets.ft.com/tearsheets/performance.asp?s=us@cl.1.

② http://www1.minfin.ru/ru/budget/federal_budget/ (in Russian); "Russia Military Spending to Hit $50 bln in 2009", Ria Novosti, 16 Oct. 2008, http://en.rian.ru/russia/20081016/117784473.html.

③ Bogdanov, S., "Resilience of the Russian Economy", *Moscow Krasnaya Zvezda*, 8 July 2008, Translation from Russian, World News Connection.

④ Anderson, G., "Will $5.4 Billion Package Keep Russian Reform on Track?" *Jane's Defence Industry*, 9 Dec. 2008.

⑤ 根纳季·涅恰耶夫：《指望导弹》，〔俄〕2009年3月5日《观点报》。

中，东亚军费开支总数达1890亿美元，比2007年增长了5.7%；南亚的军费开支实质增长了3.3%，总额为373亿美元①。

1. 南亚的印度等国军费开支飙升

冷战结束后，印度从早日跻身世界大国之列的战略目标出发，制定了“北防中国、西攻巴基斯坦、南通印度洋、东扩势力范围”，外加核威慑的军事战略。印度急切发展武器装备，年军购额早在2004年就已跃居世界第一，军费开支近年来不断攀高，在总量和本区域的变化趋势中都占主导地位。据SPIRI统计，印度在2008年的军费开支实质增长了5%，达到300亿美元②，其中近一半被用于基础建设和购买新式装备。据《简氏防务周刊》统计，2009财年印度的国防开支将增加34%，为14170亿卢比（合327亿美元）③；到2022年将攀升至800亿美元④。印度将高额的军费用于进行军事扩张：购买军火，扩展海军，建造国产航空母舰、重新布局核武器，进行反导系统拦截试验，部署新的太空计划等。所有这些都源于印度始终存在着“亚洲救世主”的心态，不仅希望在南亚拥有无可置疑的霸主地位，还希望在国际舞台上扮演“有声有色的大国”。

斯里兰卡以实质7.7%的增长率成为军费增长幅度最大的南亚国家。这一增长显然与斯里兰卡政府对北部泰米尔伊拉姆猛虎解放组织的分离主义运动发动军事进攻有关⑤。

2. 东亚的日本等国削减军事开支

在东亚一些国家提高军费的同时，作为全球15个主要军费开支大国之一的日本，则因为国内的财政状况而减少了军费开支。

第二次世界大战后，日本制定的《和平宪法》第九条规定，日本永不维持陆地、海上、空中军事力量以及其他战争潜力。但随着冷战加剧，日本建立了实力强大的“自卫队”，目前成为世界上军费最多、装备最先进的军事力量之一。值得注意的是，现在自卫队的属性正在悄然发生变化，日本的政治和军事领导层

---

① *SIPRI Yearbook 2009*, p. 195.

② *SIPRI Yearbook 2009*, p. 198.

③ *Jane's Defence Weekly*, 25 Februry, 2009, p. 17.

④ *Jane's Defence Weekly*, 12 March, 2008, p. 17.

⑤ Ramachandran, S., “Sri Lanka Takes off the Gloves”, *Asia Times*, 5 Jan. 2008; Athas, I., “Sri Lanka Vows to Crack down on Tamil Tigers”, *Jane's Defence Weekly*, 9 Jan. 2008.

在美国的鼓动和支持下，开始脱离自己长期坚守的防御角色，派遣部队到全球参加更为广泛的活动。国际金融危机爆发后，日本在2008年减少了7.09亿美元的军费开支，实质降低了1.6%①，持续了自2003年以来下降的趋势，这或多或少与其国内生产总值的变化相符。由于实行大规模经济刺激计划，2009年度的财政赤字高达44.1万亿日元②（约合41.85万亿美元），为2008年的1.74倍，大约占其国民生产总值的180%③，是发达国家中最高的。日本民主党执政后，如果进一步追加大规模经济刺激计划，赤字金额将进一步膨胀。所以，在目前日本经济尚无明显复苏迹象的情况下，新政权面临着控制预算的紧迫任务。然而，对于2009年的预算，日本军方第一次要求支出水平要高于国内生产总值的1%。日本长期以来一直恪守军费开支不超过国内生产总值1%的承诺，视任何变化为对传统的严重违背。但考虑目前的财政状况，这可能意味着支出绝对值的下降④。

印度尼西亚2008年军费支出实质降低了7%，其主要原因是缺少资源和高油价。与此同时，财政部宣布从法国投资银行借贷巨额款项，用于支付从俄罗斯购买的6架苏霍伊战机85%的费用。这笔交易因先前缺少资金而被延期。此外，由于全球金融危机的影响，2009年的预算将会进一步减少⑤。

（四）非洲强国阿尔及利亚军费开支位居榜首

2008年非洲军费支出实质增长10.2%，达到258亿美元。这是自军费开支上升至11%，并在2003年略有降幅之后，自2004年以来的最高增长。过去10年间，主要是因为北非军费的增长，非洲的军费支出已经上升了40%。其中，两个最大的军费支出国是阿尔及利亚和南非，分别占非洲军费开支的20%和15%。尽管非洲的军费开支达到了一个新的高点，但过去10年的平均军费负担（即军费支出占一国国内生产总值的比例）却降低了。平均而言，非洲国家军费

---

① *SIPRI Yearbook 2009*, p. 197.

② 日本第一生命经济研究所首席经济学家熊野英生：《日本十几年后将走上“赤字”之路》，〔日〕《经济学人》周刊，2009年8月4日。

③ 科科·马斯特斯：《日本政坛的巨大变化》，〔美〕《时代周刊》，2009年9月14日。

④ Agence France-Presse, “Japanese Military Seeks Budget Increase”, *Defense News*, 29 Aug. 2008.

⑤ “Indonesian Military Told to Set Priority Scale Following Defense Budget Cut”, *Jakarta Detikcom*, 1 Dec. 2008, Translation from Indonesian, World News Connection.

开支占国内生产总值的比例已从1999年的3.7%降至2007年的1.8%①。大多数非洲国家的数据应该被谨慎对待，因为许多国家有大量的预算外支出。此外，武装冲突对军费开支的影响，也不总是充分反映在现有数据中。

阿尔及利亚是北非的区域强国，拥有大量石油和天然气储备，并因在全球反恐战争中成为美国的主要盟国，而具备一定的政治影响力。在过去的10年内，该国一方面军费开支急剧增加，另一方面，由于较高的经济增长，其军费开支占国内生产总值的份额已经下降②。该国在2008年的军费支出估计达到52亿美元，位于非洲国家之首。这表明军费开支较2007年实质增长了18%，为10年来最大增幅。像以往的预算一样，阿尔及利亚用于国防的拨款高于任何其他领域，用于卫生事业的资源还不及军事投入的一半。该国2002～2004年间签署的主要军火交易，包括购买大量俄罗斯军事装备的交易，反映了这种军事优先性③。

有两个特殊原因可以解释阿尔及利亚为何军事优先。

第一，由伊斯兰马格里布"基地"组织袭击造成的日益严重的威胁，已经对阿尔及利亚安全部队施加了压力④。2006～2008年，恐怖分子在阿尔及利亚杀死了数百人，包括对联合国设施、政府大楼和警察局的炸弹袭击，以及对西方公民的绑架。政府对这种低强度叛乱作出的主要反应，是提高实际的军事预算。马格里布"基地"组织的出现（其已表明会试图攻击西方的目标，并向伊拉克派遣圣战者）不仅使发生在阿尔及利亚的冲突具有了国际性质，而且为军方捍卫其重要性提供了充分依据⑤。

第二，军方对阿尔及利亚政治有很强的影响力。阿尔及利亚军队直接继承了民族解放军（National Liberation Army）的衣钵，在独立战争期间，民族解放军是阿尔及利亚民族解放阵线（National Liberation Front）的军事派别。阿尔及

---

① *SIPRI Yearbook 2009*, p. 199.

② "Country Focus: Algeria", *Finance and Development*, Vol. 45, No. 2, June 2008.

③ Ritchie, M., "Revised Forecast Indicates Signifcant Growth in Algerian Defence Spending", *Forecast International*, 26 Mar. 2008, http://emarketalerts.forecast1.com/mic/eabstract.cfm? recno = 145893.

④ Power and Interest News Report, 16 Apr. 2007, http://www.pinr.com/report.php? ac = view_report&report_ id = 641.

⑤ Boubekeur, A., *Salafism and Radical Politics in Postconflict Algeria*, Carnegie Papers Carnegie Middle East Center No. 11, Carnegie Endowment for International Peace: Washington, D. C., Sep. 2008, p. 19.

利亚独立之后，由民族解放阵线和民族解放军成员组成的革命精英支配了国家的政治，总统的地位因此被弱化。虽然总统阿卜杜勒－阿齐兹·布特弗利卡（Abdelaziz Bouteflika）的主要任务，是试图通过阿尔及利亚政府的非军事化来巩固其地位，但他也设法保持军队对其提供支持。目前布特弗利卡正寻求修改宪法，谋求获得第三个总统任期，因此需要高额的军费开支和大量的军事装备交易来换取军方的支持①。

（五）南美大国巴西军费开支独占鳌头

2008年南美的军费开支已攀升至481亿美元，实际增长了6%，保持了2007年的增长速度。在1999～2008年的10年间，南美军费增幅达到50%，几乎是1990～1999年10年的两倍②。巴西以48%的增幅位居南美之首，是该地区最大的军费开支国，因此对该地区军费增长趋势有很大的影响。巴西2008年的军费开支估计有233亿美元，实质增长了5%。这是自2003年以来，巴西总统路易斯·伊纳西奥·卢拉·达席尔瓦（Luiz Inácio Lula da Silva）因政策优先向社会支出倾斜而对军费大幅削减后的持续攀升。哥伦比亚是该地区第二大军费开支国，也在很大程度上推动了地区军费的攀升。

促使南美军费开支增长的一个主要因素是商品价格的上涨，特别是铜、大豆和石油价格的上涨，使得诸如巴西、智利、厄瓜多尔和委内瑞拉这样的国家，在过去的5年里大为受益③。2008年，商品出口已占该区域国内生产总值的10%和出口收入的40%④，进入自20世纪70年代以来最为强劲的增长时期⑤。由于全球金融危机，2008年的高增长有所延缓，预计2009年会有大幅下降，下降3%左右⑥。

---

① Roberts and Jameh, S., "Algerian Coalition Opposes Third Term for President Bouteflika", *Magharebia*, 11 Feb. 2008.

② *SIPRI Yearbook 2009*, p. 201.

③ "Chavez Threats, Commodities Boom Converge to Tuel Arms Race", *Bloomberg*, 6 Apr. 2008, http://www.atlantisrisen.com/?p=52.

④ http://www.imf.org/external/np/speeches/2008/031708a.htm.

⑤ "Latin America Enjoys Longest Sustained Growth in 30 Years", *IMF Survey*, Vol. 36, No. 7, 23 Apr 2007.

⑥ International Monetary Fund (IMF), *Regional Economic Outlook: Western Hemisphere, Grappling with the Global Financial Crisis*, World Economic and Financial Surveys, IMF: Washington D. C., Oct. 2008, pp. 7－29.

巴西军事优先的政策变化，在其2008年首次发布的国防战略中得到了体现。新的国防战略寻求重新审视巴西的国防政策，恢复巴西国内的军事工业，以提高军队的能力。前巴西政府于2007年就出台了一份作为2008年预算提案一部分的大规模军事重新装备计划，承诺为三军增加开支，但空军将会是主要的受益者。根据这份现代化的方案，到2012年将花费160亿雷亚尔（相当于87亿美元），而且还计划为先前延迟的FX项目战斗机采购方案增加预算，这使得该项支出由7亿美元上升至近11亿美元[①]。此外，巴西总统卢拉和法国总统萨科齐签署了一项协议，法国承诺帮助巴西建造拉美第一艘核潜艇。

以下四个主要因素，被用于支持巴西增加军费开支的论点。首先，巴西用于军事管理的空中交通管制系统存在危机。2006年底至2007年中，空中交通管制失灵估计造成400人死亡。这一后果鼓励军方表达了对现代化方案削减和取消预算的不满，而且负责空中交通管制的工人也要求更高的收入。公众抗议的结果为更高的军费开支创造了有利的政治环境。其次，巴西在2008年宣布发现了大量的海洋石油矿床。为了保护这些非常靠近巴西专属经济区的石油资源，巴西意图获得靠石油收入资助的新型军舰。巴西国防部部长尼尔森·若宾（Nelson Jobim）甚至主张通过使用规划的核潜艇来实现这一目标。再次，巴西认为亚马孙地区正在承受来自三个方向的威胁：哥伦比亚冲突的蔓延；因争夺土地所有权与土著族的潜在冲突；潜在的国外对巴西发展和保护政策的敌对。军方已经加强了在亚马孙地区的军事存在，在当地部署了更多的部队。最后，巴西始终将成为世界大国定为目标，作为该计划的一部分，政府通过向能获取更多先进武器的军事工业提供更大支持的方法，寻求在国防政策上的更大自主权，以巩固巴西在拉美的领导地位。

（六）中东的军事开支出现暂时性低迷

在过去9年增长了57%之后，2008年中东的军费开支实质降低了1.1%[②]。除了伊拉克和约旦，反映该军费开支缩减的数据，适用于该地区所有国家。其

---

① Rittner, D., "Brazilian Government Plans to Invest $7.8 Billion in Military Re-equipment Program", *Forecast International*, 5 Apr. 2007, http://emarketalerts.forecast1.com/mic/eabstract.cfm?recno=134206.

② *SIPRI Yearbook 2009*, p. 205.

中，黎巴嫩和科威特削减预算的幅度最大，各降低了7.5%，随后是伊朗、埃及和阿曼，减少幅度为5.5%~6.1%。

但是，没有迹象表明2008年中东军费开支的缩减。相反，一些中东国家，包括以色列、沙特阿拉伯和阿拉伯联合酋长国都下了大的军事订单，预计会用于未来的采购。一些国家的军费负担仍然很高，包括以色列、阿曼和沙特阿拉伯在内，它们2007年的军费开支占国内生产总值的比重超过8%。甚至有数据报道，以色列2008年人均军费投入超过2300美元，居世界第一位，超过第二名美国300美元①。

中东长期增加军费开支（该地区丰富的自然资源使之成为可能）大多与武装冲突和地区军事平衡有关。大多数中东国家的军事开支数据是不确定的。特别是伊朗，尽管陆军、空军和海军以及导弹部队占据了伊朗军事力量的主要比重，但该国官方的防务预算竟没有包括伊斯兰革命卫队的开支②。2008年，伊朗议会已经发出增加军事开支的声音，理由是该地区其他国家的防务预算要比伊朗高得多。

中东地区军费开支降低的一个例外是伊拉克。伊拉克2008年的国防预算为63510亿第纳尔（53亿美元），比2007年实际开支实质增加了133%③。但是，2008年下半年石油价格的急剧下跌对预算的落实造成影响，导致伊拉克政府将2009年计划的总开支由800亿美元削减至670亿美元④。值得注意的是，有三方面因素使得伊拉克未来的军费开支会升高。第一，美国削减了对伊拉克的财政援助（2003年至2008年9月期间，美国政府为伊拉克的全面重建提供了507.7亿美元，但是在2008财年，美国资助的幅度显著降低）⑤。伊拉克政府正从美国手中接管为军事和其他安全力量提供开支的责任。第二，随着美军开始撤退，伊拉克基础设施和经济恢复重建需要增加财政资源。第三，伊拉克的武器采购依靠进口，

① 〔英〕2009年6月8日《经济学家》杂志网站报道，转引自新华网北京2009年6月9日电（记者孙瑞博）。

② *SIPRI Yearbook* 2009，p. 203.

③ *SIPRI Yearbook* 2009，p. 207.

④ Associated Press，"Iraq's Oil Revenues Fall 25%"，*International Herald Tribune*，23 Dec. 2008.

⑤ *Quarterly Report to the United States Congress*，SIGIR：Arlington，VA，30 Oct. 2008，pp. 16－22. New funding decreased from appropriations of $9.1 billion in FY 2007 to $6.8 billion in FY 2008，including FY 2009 bridge funding.

主要来自美国。2008 年美国国防部向国会通报了拟向伊拉克出售的大量武器，价格总计达 190 亿美元①。此外，拟向伊拉克转让的大批武器也表明未来的支出水平会很高。所有这些都可预示出未来几年伊拉克军费开支大幅增长的计划。

三　金融危机对军费开支的影响

2008 年爆发的金融危机作为一场突如其来的灾难，波及了全球绝大部分国家，众多国家在军事领域不得不进行重新洗牌的应急性操作。众所周知，几乎每一次金融危机都会影响到一些国家军事目标的调整，其重要原因在于经济因素在军事领域中扮演着极其重要的角色。但是由于在危机来临之前，各国的经济状况不尽一样，所以金融危机给每个国家带来的问题和造成的影响也大相径庭。

1. 一些国家采取紧缩政策削减军费开支

尽管 2008 年的军费预算在 9 月份全球规模的金融危机爆发之前就已敲定，但是，鉴于这种经济形势，法国、英国、德国、荷兰、西班牙、意大利、波兰、瑞典、拉脱维亚、立陶宛、塞尔维亚、日本、印度尼西亚、马来西亚、澳大利亚和阿根廷等许多国家都计划在 2009 年削减军费预算。2008 年瑞典的军费预算被削减了 6.6%，因此导致了该国国防部部长米高·奥登贝里（Mikael Odenberg）的辞职。

2. 中东欧和独联体国家加大军事化力度

整个欧洲正步入自 20 世纪 30 年代以来最严重的经济危机。与富裕的西欧相比，中东欧各国在应对这次危机时处于更加弱势的地位。这些国家不仅经济发展处于危险之中，政局稳定也受到严重影响。可以说，东欧的政治和经济体系较之西欧更加脆弱。尽管 2008 年东欧军费开支大幅上升，但是如前所述，东欧军费最大的增幅大多数由新近和预期的北约成员国推动，而且东欧 7 国中只有亚美尼亚、阿塞拜疆和俄罗斯 3 国增加了开支。其他 4 国——白俄罗斯、格鲁吉亚、摩尔多瓦和乌克兰则降低了支出。乌克兰国内工业产值下降了 31.9%，总债务接近 1000 亿美元②，年通胀率高达 22.3%③。糟糕的经济状况使得乌克兰军费近年

---

① *SIPRI Yearbook* 2009，p. 208.

② 谢尔盖·库利科夫：《独联体可能活不过危机》，〔俄〕2009 年 6 月 25 日《独立报》。

③ 《金融危机对独联体国家的影响》，〔俄〕日信息分析研究中心网站报道，2009 年 3 月 16 日。

捉襟见肘，不得不依靠卖旧武器来筹集军费。摩尔多瓦是苏联时代最贫困的国家中国防预算最少的国家之一（不到 GDP 的 1%），经济危机使其工业产值下降了 25.7%①，目前正在期待欧盟和罗马尼亚的军事援助。

在经济危机爆发、财政计划受限的情况下，多数独联体国家的国防开支依然没变。这方面的总开支同比增长 9%。一些国家军费开支数额巨大，与经济规模极不相称。格鲁吉亚一如既往，仍然是绝对冠军。虽然近两年略微削减了军费开支，但是 2008 年格鲁吉亚军费开支几乎达到 10 亿美元，占 GDP 的 5%，2009 年军费开支占 GDP 的 4.4%，这不仅在独联体，而且在整个欧亚地区都是创纪录的指标。由此可见，萨卡什维利政权不会放弃对南奥塞梯和阿布哈兹的复仇计划。2009 年亚美尼亚和乌兹别克斯坦也将为国防拨付巨额资金，其军费开支分别占 GDP 的 3.6% 和 3.4%。哈萨克斯坦和阿塞拜疆军费开支相对减少，但是就绝对值而言，两国的国防预算同比至少增长 10% ~15%。白俄罗斯、土库曼斯坦和塔吉克斯坦军费开支稳定增长，2009 年至少增长 33%②。

与世界其他地区相比，独联体国家加紧军事化的力度更大。这清楚地表明，独联体地区仍然是不稳定地区，可能发生国际冲突，也可能发生国内武装对抗。在一定条件下，这些冲突和对抗均有可能发展成大规模战争。北高加索和德涅斯特河沿岸地区之前冲突不断，现在暂时平静。除了这里的热点地区之外，塔吉克斯坦、乌兹别克斯坦和土库曼斯坦南部也可能成为“问题地区”。原因是邻国阿富汗局势不稳，一旦伊斯兰极端主义分子和毒品贩子进入上述国家，就有可能影响那里的政局。乌克兰政治危机、克里米亚、塞瓦斯托波尔和黑海舰队地位问题，都有可能在乌克兰造成一触即发的局面。因此，独联体国家几乎所有领导人都认为，要摆脱目前冲突局面，就必须增加国防预算，即使在经济危机的条件下也在所不辞。

3. 金融危机难撼美国军费老大地位

任何国家和地区在这场突如其来的金融海啸面前，都回避不了受冲击和伤害的现实，特别是对以美元打天下的美国来说更是如此。美国高水平的军费开支通常是和扩张性的军事与外交政策紧密相连的。面对巨大的经济危机与持续而严重

① 谢尔盖·库利科夫：《独联体可能活不过危机》，〔俄〕2009 年 6 月 25 日《独立报》。

② 弗拉基米尔·穆辛：《危机无碍军事化——独联体国家军费开支增长速度远远超过世界平均指标》，〔俄〕2009 年 3 月 18 日《独立报》。

的衰退，奥巴马政府不得不实行短时期的战略收缩，表现在对外放弃部署东欧导弹防御系统，加速从伊拉克撤军，不再动辄为海外军事行动追加巨额军费，对内则适度削减军费开支。2009 年 4 月 6 日，美国国防部部长盖茨宣布，对 2010 年国防预算项目进行重大调整，大幅削减对许多传统武器的投入，但在其他方面增加上百亿美元预算①，同时派遣更多部队利用新技术在伊拉克和阿富汗打击叛乱活动。这是奥巴马政府对美国军事战略的第一次广泛反思，削减预算是与新的地缘政治和财政现实相一致的。此次国防调整不仅增加了侦察预警系统，还增加了快速反应能力，这种双重能力既可针对传统大国的威胁，又可针对非传统威胁。

尽管奥巴马政府国家安全政策中宣称的一些改革，有可能降低高水平的美国军费开支，但这需要一定的时间。依据美国国会预算办公室在 2010 ~ 2019 年支出预测中提到的美军在阿富汗、伊拉克和其他地方未来部署的两个预算方案，相对目前的预测，年度支出可能仅在 2012 年或 2016 年才会开始下降，而这还取决于军队撤出的速度②。2009 年 10 月 28 日，美国总统奥巴马签署了从 2009 年 10 月 1 日至 2010 年 9 月 30 日的财政年度国防预算案，总额为 6800 亿美元③。他特别强调，这份法案削减了一些不必要的开支，避免了国防事务中的低效现象。

即便这样，相比 2008 ~ 2009 财年的国防预算总额 6120 亿美元，2010 年还是高出 680 亿美元。据《简氏防务周刊》预测，美国国防开支将于 2011 财年减少 6%，降至 6445 亿美元，但国防预算的减速将于 2011 财年后放缓④。由此看来，大幅度削减军费支出在短期内很难实现。特别是在当前，奥巴马要增兵阿富汗，美国高层在增兵数量和扩大军费开支上都存在分歧。在可预见的未来，美国的军事实力仍然能够继续坐大。

4. 金融危机难挡印度扩军脚步

金融危机让众多国家精打细算过紧日子，然而却给印度购买先进武器装备带来了巨大机遇。印度军购不仅保持稳步增长，而且在采购规模上更是前所未有。早在 2007 年前后，印度政府就提出了在未来 5 年内（至 2012 年）斥资 300 亿美

① 〔美〕2009 年 4 月 7 日《纽约时报》。

② US Congressional Budget Office, *The Budget and Economic Outlook: Fiscal Years 2009 to 2019*, US Congress: Washington, D. C., Jan. 2008, pp. 21 - 24.

③ 新华网，2009 年 10 月 28 日电（记者王薇、杨晴川）。

④ 费内拉·麦格蒂：《复苏形势，国防预算》，〔英〕《简氏防务周刊》，2009 年 8 月 17 日。

元的庞大军购计划，用于武器现代化建设。2008 年 2 月，在新德里举行的有来自世界各地 475 家军火制造商参与、创历届印度防务展之最的国际防务展览会上，印度曾向全球军火制造商就 140 门超轻型榴弹炮提出招标；不久，印度陆军又对 155 门重炮、102 亿美元的 126 架战斗机的采购计划向全球军火商进行招标。2009 年 2 月，在班加罗尔举行的有 303 家外国公司和 289 家印度公司参加的航展会上，印度军方抛出未来 4～5 年动用 300 亿美元进行军事采购的大单，购买“划算中意”的大笔军火。不仅如此，印度还将这 300 亿美元用来发展与整合陆海空三军装备①。

印度之所以在军购方面动作巨大，主要是由于印度一直信奉“实兵之上”原则，认为先进的武器装备是决定战争胜负的极其重要的因素，而印度武器科技化程度不高。对外军购不仅可以赚取经济利益，加快本国军队武器装备现代化进程，同时可以进一步密切与购买国的军事关系，从而加强政治关系。目前，俄罗斯仍然是印度军购合作的最大伙伴，以色列是第二大伙伴，美国逐渐成为重要伙伴。此外，印度军方频频渲染“中国威胁”论，很大程度上是想借此“担心”为印度军方寻求更多的军费。据预计，印度将在未来 5 年斥资 500 亿美元打造一支能够随时打击巴基斯坦，并对中国造成长期威胁的现代化部队②。

印度极端地发展全面强军计划，走穷兵黩武之路的系列举动，不仅彰显了它急切充当军事霸权大国的强烈心态，而且会给周边国家带来巨大威胁，制造地区紧张局势和军事不平衡状态，引起地区性乃至全球性的军事扩张。

5. 东盟国家扩大国防预算，优先进行军事现代化

根据《简氏防务周刊》统计，在 2008 年经济危机爆发的前三年，东南亚地区的国防经费就在以每年平均 13.5% 的速度递增，但是该数字在 2008 年已经下降到 11% 左右。2009 年虽然增长的速率有所下降，但是增长仍在持续——速率为 6%，达到 260 亿美元。从现在到 2012 年的这几年中，东南亚地区国防经费的平均增长率将会达到每年 8% 或 9%，这将导致东南亚地区 2012 年的国防经费达到 330 亿美元左右③。虽然该地区的国防经费不完全透明，但是这种情况表明，

① 冷国栋：《印度借金融危机疯狂购军火》，2009 年 2 月 9～15 日《知识博览报》，第 24 版。

② 西达尔特·斯里瓦斯塔瓦：《印度加快军火采购步伐》，2009 年 6 月 4 日《香港亚洲时报》，第 24 版。

③ 乔恩·格里瓦特：《东南亚摆脱全球下滑》，〔英〕《简氏防务周刊》，2009 年 8 月 5 日。

东南亚国家（文莱、柬埔寨、印度尼西亚、老挝、马来西亚、缅甸、菲律宾、新加坡、泰国和越南）在处理当前的经济危机时，比20世纪90年代末的那次金融危机准备得要更加充分。相比之下，上次经济危机使得该地区处于危机中心，几乎所有国家都大幅削减军事预算，推迟军备现代化进程。而这次则不尽然，有些国家增加，有些国家减少，总体呈上升之势。

东盟国家尽管经济下滑却仍然将军事现代化摆在首位，因为各国存在差异，所以驱动因素是复杂多样的，概括起来主要有以下几个方面。第一，战略上的担忧。比如越南等国出于对中国存在战略上的担忧而增加采购，大宗涉俄军购表明其再次向俄罗斯靠拢。在2006年9月军方政变之后，泰国于2007年将军费开支提高了25%，2008年提高了17%。鉴于2008年泰国与柬埔寨边境的敌对事态，两国都宣布2009年将大幅提高军事预算[①]。第二，更新并且替换老化装备的需要。东南亚国家中只有新加坡拥有可用资金去进行国防采购，其他国家渴望更新装备，只有允许它们参加与西方大国的结盟协议。第三，海洋领土意识的增强和对海盗袭击与叛乱事件的担忧。这一点在未来几年很可能最为重要。因为除了老挝以外，所有东南亚国家都靠近海洋，大约5.5亿人住在该地区并且有超过一半的世界商业海运航线要通过东南亚水域。毋庸置疑，马六甲海峡是世界上最重要的水路之一。大多数东南亚国家表示，需要各种类型的巡逻艇、护卫舰、轻型巡洋舰、快速攻击舰和两栖舰艇。最近，印度尼西亚、马来西亚、新加坡和越南都已经采购了潜艇，或者正在进行采购中。最后，网络战也是该地区今后需要优先考虑的问题。这主要是指获得能够进行网络作战的体系以及继续加强空中作战能力，包括进一步获取歼击机和空对空、空对地导弹。

6. 世界军火大鳄瓜分中东市场

国际金融危机让世界的经济滑入低谷，使波斯湾富油国家的股市、银行和房地产部门遭受重创，但却可以令全球的军火供应市场异常兴奋与活跃。在全球金融衰退中，中东地区对武器的需求丝毫未减。2009年2月，在阿联酋首都阿布扎比，举办了号称全球第二、中东最大的国际防务展（IDEX－2009），亮出了一

① Madra, E.,“Cambodia Doubles Military Budget after Thai Clash”, Reuters, 29 Oct. 2008, http://uk.reuters.com/article/worldNews/idUKTRE49S23V20081029;“Bt115-bn Budget for Defence as Transport Takes a Bt622m Cut”, *The Nation* (Bangkok), 12 Dec. 2006.

大批高科技武器。本届防展会吸引了世界50多个国家的897家军工生产厂商。在为期4天的防展会上，武器开发公司与该地区国家签下了多笔数额巨大的订单，达成的总交易额约为46亿美元①。其中阿联酋还签订了购买高空防务系统的合约，以应对伊朗可能发动的导弹袭击。国际防务展组织者宣布，海湾阿拉伯国家合作委员会的6个成员国（巴林、科威特、阿曼、卡塔尔、沙特阿拉伯和阿联酋）2009年的国防支出可能高达590亿美元②。

值得注意的是，在防展会上吸引中东国家眼球的军工巨头中，美国依然是最大赢家，继续成为世界最大的军火供应国。根据美国国会研究报告的统计，2008年美国签订了378亿美元的武器出售协议，占全球军火成交额的68.4%③。2008年发展中国家和地区武器订单总额为422亿美元，有296亿美元的订单都是和美国签订的，占总数的70.1%④。俄罗斯军事专家指出，目前俄罗斯已经超过英国，成为继美国之后世界上第二大武器出口国。2000年普京当选总统时开始实施扶持国有军工计划。如火如荼的军火销售让俄罗斯财源滚滚，逐渐摆脱苏联解体后的经济困境。2008年俄军火销售再创新高，达到83.5亿美元，比2007年高出8亿美元⑤，创苏联解体以来俄罗斯年度军火销售总额新纪录，这对金融危机影响下的俄罗斯经济形势无疑是一针强心剂。俄罗斯总统梅德韦杰夫表示，尽管2009年由于全球性金融危机将导致世界武器市场缩水，“但我们仍将保持这一纪录，我们是能够做到这一点的”⑥。

7. 拉美军备竞赛驶入快车道

根据伦敦国际战略研究所最新的《军事力量对比》报告中公布的数据，2008年间，拉美和加勒比国家的军费开支增加了91%。2008年为472亿美元，而2003年为247亿美元。近年来，美国在拉美设立军事基地，各国掀起军购热潮，该地区军事化火药味渐浓。拉美国家为增加军费提供的理由之一，是需要更

---

① 拉伊德·拉菲：《阿联酋防务展签下46亿美元订单》，〔美〕2009年2月27日《洛杉矶时报》。

② 拉伊德·拉菲：《阿联酋防务展签下46亿美元订单》，〔美〕2009年2月27日《洛杉矶时报》。

③ 转引自〔美〕2009年9月6日《纽约时报》。

④ 转引自〔美〕2009年9月6日《纽约时报》。

⑤ 转引自孙锋《俄2008年军售创了纪录》，2009年2月11日《环球时报》，第8版。

⑥ 转引自孙锋《俄2008年军售创了纪录》，2009年2月11日《环球时报》，第8版。

新陈旧的军备。目前拉美大部分军备是20世纪50~60年代生产的，的确不够现代化。但无法掩盖的另一个事实是，彼此之间都感受到地区范围内存在的威胁和冲突，或者邻国购买军备的压力。

如果对拉美地区是否存在军备竞赛意图存在疑问，那么值得关注的是，2008年12月，委内瑞拉、巴西和阿根廷拒绝签署在挪威首都奥斯陆达成的《禁用集束炸弹国际协定》。再有，委内瑞拉在近200年的独立史上从未陷入任何国际军事冲突，而现在已经有3次走到了与哥伦比亚开战的边缘。近5年来，委内瑞拉已经花费数十亿美元，购买了大量战机、直升机、步枪以及其他俄罗斯武器装备。秘鲁和墨西哥也在进行武器装备采购。世界上主要铜出口国智利，近年来从国际铜价飙升中受益匪浅，铜出口收益的10%用于军事预算，因此智利在军备更新换代方面超过了拉美其他国家，军备实力远远超出了可能面临的威胁。对拉美地区影响最大的事件是哥伦比亚与美国签署协议，允许美军使用其境内至少7座军事基地。2008年4月，美国还宣布重建第四舰队，加强在拉美地区海域的活动。

上述一系列事件开启了拉丁美洲重新武装和军事化的新阶段，目前拉丁美洲军费开支的增加虽然尚未导致国家间的战争，但可以说是处于一种“武装到牙齿的和平”状态。

《简氏防务周刊》在分析经济危机对世界各国国防开支的影响后，得出如下结论：发达国家的GDP数额较之其他国家要高，所以尽管他们的经济短期内受到了全球金融危机的影响，这些国家削减自身国防开支的可能性也较小，因为他们有能力借更多的钱。这些国家削减国防开支主要是出于地缘政治考虑，而不是经济因素，比如说从军事行动中撤军或对采购进行改革。发展中国家的GDP较小，比如东欧国家，它们没有足够的实力承受由贸易紧缩带来的影响，也没有能力借钱支付巨额的财政刺激方案，因此这些国家为了抵挡这场风暴，很可能大幅削减公共开支，进而减少国防开支。未来几年，亚洲将成为唯一一个国防开支稳步增长的地区，因为在亚洲，中国和印度将继续为自身的现代化建设作出巨大的努力①。

SIPRI的研究报告则认为，全球金融危机的影响——特别是为应对危机而不断增加的预算赤字和经济刺激方案——可能在未来几年限制一些地区的军费开支，其中包括欧洲和亚洲的一些国家。但是，现在判断影响范围和程度的大小还

① 费内拉·麦格蒂：《复苏形势，国防预算》，〔英〕《简氏防务周刊》，2009年8月17日。

为时尚早。尽管奥巴马政府在未来几年很难做到大幅削减，但这场危机也可能中断美国军费开支的增长①。

四 小结

概览2008年的全球军费开支，我们看到的不单是纸上的数据和表格，获得的不仅是世界范围内国防和军事方面的大量信息。透过这些数据揭示其背后的关系，还有更深层面的问题值得分析和思考。

第一，全球经济整体衰退②，全球军费大幅攀升。经济危机反令军费增加，乍看这一提法，似乎存在悖论。似乎正确的逻辑应该是，经济危机理应减少军费开支及收缩军火买卖。但事实上，历史告诉我们，经济危机既是威胁又是机遇。战争常常是经济危机的“伴娘”。而在某些世界级领袖看来，战争简直就是解决经济危机的“良药”，摆脱困境的出路。所以，发生经济危机的时候，军费开支增加和军火贸易增加，其实是非常正常的。资本主义私人公司对战争一直有推波助澜的作用，尽管它们在这方面的活动非常有限。美国的军火生意不仅直接带来收入，还可以刺激内需，解决就业不足；而一些防范被侵略的国家自然也要随之增加军备开支。

第二，人们必须认清这样一个现实：经济的衰退，不能简单地理解为霸权的衰落，至少“强弩之末依然有险”。美国虽然是金融危机的“震源地”，但危机给美国带来的经济疲弱，并不意味着美国会骤然沦为无足轻重的国家，其经济规模迄今仍居世界首位，通过银行系统的“金融泡沫”和军费债务化来维持庞大的军费预算。即使美国大幅度削减军备预算，每年也要花费5000多亿美元来维持庞大的军队和分布于世界各地的军事基地。战争贸易价值万亿美元的“金融泡沫”最终将用美国人民的税负来承担解决。今天，全球反恐正在逐步演变成为美国强化其一超实力的战略手段。通过反恐战争的军事部署，美国正着手对全球范围内的军事力量，进行第二次世界大战结束以来规模最大、范围最广的部署和调

---

① *SIPRI Yearbook 2009*, pp. 210－211.

② 亚洲开发银行2009年3月9日发表的报告指出，全球金融资产的缩水可能已超过50万亿美元，相当于全球一年的经济产出。转引自〔英〕《金融时报》网站，2009年3月8日。

整。在此过程中，不断跳升的军费数额，不过是美国强化军队快速反应和军事干预能力、有效控制世界战略地区、实现独霸世界战略目标的数字升级游戏罢了①。

第三，国际关系中的军国主义化重新抬头，武器的增加并未给世界带来和平与安全。在苏联解体和苏美两极对峙结束以后，世界各国都开始削减军费，不仅俄罗斯在裁军，西方国家也在裁军。现在却出现了相反的趋势。世界的单极化在短短的时间里就致使世界重新武装起来，新军备竞赛的主要发起者是美国。过去10年，全球军费支出增长了45%②。2009年全球军费开支的增长，对国际安全的威胁进一步加剧。此外，世界各国在太空、水下和极地争夺也日益激烈，可谓狼烟四起。这无疑折射出当今世界并不安宁的严峻现实。面对严重的经济危机，许多国家军费不降反升，表明国际社会不稳情绪渐长，各国都感觉到自己不够安全，都在寻求通过扩大军事力量来进行自我保卫。全球军费开支提升导致的军备竞赛发展形势，为全球安全与稳定带来了负面影响，甚至可能引发地区乃至全球冲突，这种发展趋势令人担忧③。

第四，军费开支增长导致全球军备竞赛驶入快车道并非偶然。首先，国际社会仍未跳出根深蒂固的“安全困境”思维。各国都想安全，但是你壮大了力量，邻国就认为是在威胁自己，也跟着添置武器，于是形成了军备竞赛。这场军备竞赛从新世纪开始，发展到今天已经初具规模。金融海啸非但没有影响，反而促进了军备竞赛。因为金融危机增加了地区局势不稳，各国都想尽量更加安全。其次，“和平红利”提供了可以付账的钱袋子。冷战结束带来的长期和平环境，使国际社会有了一个专心发展的好机会。任何国家的庞大军事机器正常运转，都离不开经济的重要保障。国家富裕了，必然有能力给军备竞赛提供物质基础。这里需要提及的是，虽然“经济发达，军事强盛”已经成为定律，然而，一些经济欠发达甚至十分落后的国家，尽管囊空如洗，也不惜打肿脸充胖子“穷兵黩武”。再次，区域大国提升都想自身影响力。国际社会中没有谁总喜欢生活在别人的影子里，特别是在某个区域具备一定影响力的国家，比如伊朗、以色列、巴

① 姜鲁鸣：《西方军费增长的背后》，2007年3月6日《中国国防报》。

② 斯德哥尔摩国际和平研究所全球军费开支研究项目负责人弗里曼博士认为，全球军费开支上涨的主要原因，是“反恐战争”促使一些国家力图通过高度军事化来解决面临的棘手问题。

③ 季北慈所长在“斯德哥尔摩国际和平研究所——2007”刊物推介会上说，维护和平的机制可能遇到严重问题，阿富汗就是明显的例子。在俄罗斯势力范围内也可能出现热点地区。

西、印度都属于这个类别，都想在自己区域内说话算数，成为地区霸主。这就促使其邻国加速发展军备来进行提防。最后，各种新威胁的产生适时提供了台阶。一方面，恐怖主义这种非传统威胁的产生，使各国应对起来颇感力不从心，有必要发展军备作后盾；另一方面，有些国家别有用心地炒作各种“威胁”论，为自己也为其他国家扩张军备提供了口实。

第五，应当摒弃冷战思维，促使全球军备走上良性循环轨道。解决上述问题的根本途径，是摒弃冷战思维，突出合作与和谐，强调合作安全与共同安全观，纳入全球治理的轨道，使全球军备走上良性发展道路。2008 年 11 月，联合国安全理事会主席——哥斯达黎加总统奥斯卡·阿里亚斯——代表安理会发表了一份不具约束力的声明，表示了对日益增长的军费开支的关注，强调了维持军费开支适当水平的重要性，希望各国在不减损安全的前提下，尽量保持低水平的武装，呼吁将更多的开支用于发展①。但在目前的危机形势下，大多数国家可能仅把这份声明主要看成一种姿态。军费有可能削减，却没有任何保障。正如世界和美国的经验所表明的那样，还没有一次经济危机可以迫使美国国防部门勒紧腰带。可见，和平与发展任重而道远，国际社会仍须共同努力。

Global Military Expenditure in the Context of Financial Crisis

Gao Hua

Abstract: Military spending is the reflection of national military strategy in numbers, the economic foundation of national defense and army building as well as a major symbol for a country's comprehensive national power and national defense forces. The change of military expenditure, increase or decrease, is closely linked with international strategic structure, national security environment, warfare and economic development. The outbreak of global financial crisis in 2008 made the whole world fall

① United Nations, Security Council, "Security Council Stresses Concern at Increasing Global Military Expenditures, Urges States to Devote 'as Many Resources as Possible' to Development", 6017th Meeting, SC/9501, 19 Nov. 2008.

into an economic recession; however, global military spending rose sharply instead of falling. The main reason is that some countries try to solve the thorny issues they face in the "war on terror" through military means. The increase of military spending leads to acceleration of arms race, which tells the growing insecurity of the international society that countries seek to defend themselves by expanding and upgrading military forces. The reality that today's world is far from safe has brought about negative impacts on global security and stability.

Key Words: Military Expenditure; Global Financial Crisis; The "War on Terro"; Increasing Military Spending; Cutting Military Spending

【恐怖主义问题研究】

全球恐怖主义的现状与发展态势

邵　峰*

摘　要：本文从全球恐怖袭击的数量和烈度，恐怖组织的类型和人员数量，以及国际社会反恐斗争中存在的主要问题等方面，对当前全球恐怖主义的现状进行了简要的梳理和分析。从最近两年的恐怖主义发展情况来看，呈现了一些新的态势和特点：宗教极端型恐怖主义和民族分离型恐怖主义最为肆虐，恐怖主义的重心在亚洲，袭击目标从象征性转向泛化，袭击手法越来越多样化和肆无忌惮，“基地”组织呈现意识形态“图腾化”和组织形式网络化特征，恐怖主义与民族分离主义和宗教极端主义呈现合流的趋势，恐怖组织的战略思维能力和执行能力在上升，高科技、大规模杀伤性武器与恐怖主义的结合对国际社会构成最严峻挑战，索马里正在走向“阿富汗化”，对国际社会的安全构成潜在的重大威胁。

关键词：恐怖主义　现状　发展态势

一　当前全球恐怖主义的基本状况

美国的9·11恐怖袭击至今已经8年多了，尽管各国均给予高度重视并采取多项反恐措施，加强国际反恐合作，但恐怖事件仍不时发生，国际社会的稳定和人民的生命安全仍然受到恐怖主义的威胁。从最近两年的情况来看，全球反恐形势不容乐观，反恐斗争仍然任重而道远。

---

* 邵峰，中国社会科学院世界经济与政治研究所研究员，主要研究领域是国际战略、国际安全。

（一）全球恐怖袭击的数量和烈度

关于恐怖主义的权威报告和数字统计当推美国国务院每年向国会提交的年度国家反恐报告。2009 年 4 月 30 日，美国国务院向国会提交《2008 年度国家反恐报告》（媒体习惯用《全球恐怖主义形势报告》）称，“基地”组织仍是当前西方国家面临的最大恐怖威胁。尽管“基地”组织机构被削弱，获得的公众支持减少，但它正在恢复一些在 2001 年 9·11 事件以前曾拥有的能力，包括部分恢复了在巴基斯坦边境部落地区的行动能力和其领导层对整个组织的控制能力。美国在报告中继续将伊朗、叙利亚、苏丹和古巴列入“支持恐怖主义国家”的黑名单。

在报告的最后部分，由美国国家反恐中心提供的“情报统计附件”对 2008 年全球的恐怖主义有非常详尽的统计。根据该报告统计，2008 年全球共发生 11770 起恐怖袭击事件，比 2007 年减少 18%，死亡 15765 人，比 2007 年减少 30%。约有 40% 的恐怖袭击发生在中东地区，南亚（包括巴基斯坦和阿富汗）是 35%，但与往年不同，南亚的死亡人数最多。这两个地区在 235 起高伤亡袭击（死亡人数在 10 人以上）中的比例也高达 75%。伊拉克的恐怖事件自 2007 年 8 月以来保持下降趋势，但是巴基斯坦的恐怖事件则增加了 1 倍以上，袭击造成的死亡人数也从 2007 年的 1340 人增至 2293 人。情形稍好的是，西半球的恐怖袭击下降了 25%，东亚和太平洋地区下降了 30%。在所有恐怖组织中，塔利班独占鳌头，发动袭击的次数和造成的死亡人数最多，索马里的“穆斯林青年运动”（媒体通常称其为“青年党”）虽然袭击次数排名第七，但造成的死亡人数却占到了第二位①。

笔者以为，美国人的专业精神和科学精神还是可以信赖的。尽管由于对恐怖主义的认识和定义不同，可能导致一些恐怖袭击没有被统计在内，比如像中国发生的 2008 年西藏 3·14 事件和 2009 年新疆 7·5 事件就没有进入美国的国家反恐中心的世界恐怖事件跟踪系统，但是这个比例非常小，估计不会超过 5%。况且，美国的统计是非常系统的，每年一次报告，纵向比较起来应该能看出恐怖主

① Office of the Coordinator for Counterterrorism, *Country Reports on Terrorism 2008*, http://www.state.gov/s/ct/rls/crt/2008/.

义的发展趋势，因为每年的统计标准是一样的。因此，美国的统计数字基本上可以反映当今全球的恐怖主义形势的基本状况。当然，事实上恐怖袭击和死亡的人数肯定略高于美国的数字。

2009 年上半年发生了 5383 起恐怖事件，死亡 7458 人①。上半年的情况与 2008 年基本持平，但全年的统计数字估计不会令人乐观，因为在其他地区保持比较稳定的同时，下半年伊拉克、阿富汗、巴基斯坦的形势日益恶化，连续发生多起大规模的恐怖袭击事件。本来美国判断伊拉克的局势在 2007 年下半年以来趋于好转，正在讨论撤军的问题，但是最近又开始连续出现大规模的恐怖袭击事件。2009 年 8 月 19 日，巴格达市内的伊拉克外交部大楼和财政部大楼遭连环汽车炸弹袭击，造成至少 95 人死亡、1000 人受伤。2009 年 10 月 25 日，两起自杀式炸弹袭击先后发生在巴格达省政府大楼门外以及同一条街上的伊拉克司法部大楼对面，造成 147 人死亡、721 人受伤。“基地”组织宣称负责，其目的就是要拖住美国，不让它从伊拉克这个泥潭脱身。

（二）目前全球恐怖主义的类型、组织和人员的数量到底有多少?

由于立场、标准和视角的不同，各国政府和学术界在恐怖主义的分类方法及恐怖主义类型等一些基本问题上存在着不同的见解。从性质分类的角度讲，欧洲刑警组织的分类比较清晰明快，也基本符合当今恐怖主义的现状。欧洲刑警组织把恐怖主义分为伊斯兰恐怖主义、种族主义和民族分离型恐怖主义、左翼恐怖主义、右翼恐怖主义、单个问题恐怖主义（通常用来指为保护动物和环境而实施的恐怖主义）②。

笔者认为，借鉴欧洲刑警组织的分类，当今的恐怖主义，按其性质不同，大体可分为七种类型：一是宗教极端型恐怖主义，二是民族分离型恐怖主义，三是极左翼恐怖主义，四是极右翼恐怖主义，五是单个问题恐怖主义，六是黑社会性质的恐怖主义，七是邪教性恐怖主义。

---

① National Counterterrorism Center, Worldwide Incidents Tracking System (WITS), http://wits.nctc.gov/RunSearchSimple.do.

② Europol, *EU Terrorism Situation and Trend Report 2009* (*TE-SAT*), http://www.europol.europa.eu/publications/EU_Terrorism_Situation_and_Trend_Report_TE-SAT/TESAT2009.pdf.

根据百度百科“恐怖组织”一词的介绍，目前，世界上有案可查的恐怖组织达 1000 多个。比较活跃且影响较大的也不下几十个①。

由于国际社会对恐怖主义的定义并未形成统一的认识，因此各国制定的恐怖组织名单虽然有很多一致的地方，但是也存在相当多的不同点。简言之，各国都是以本国的安全利益为基本出发点，界定的恐怖组织除了国际上公认的危害极大的恐怖组织外，大多是对本国构成直接或间接威胁的恐怖组织。

2009 年 7 月 7 日，美国国务院反恐怖主义协调员办公室发布简报，公布了美国确定的外国恐怖主义组织的最新名单。外国恐怖主义组织是国务卿根据美国《移民与国籍法》修正案第 219 款所定性的外国组织。被确定的外国恐怖主义组织的最新名单包括 45 个恐怖组织。根据修订的《移民与国籍法》第 219 款，定性的法律标准为：第一，必须是外国组织。第二，该组织必须从事恐怖活动，或具有从事恐怖活动或恐怖主义的能力和意图。第三，该组织的恐怖活动或恐怖主义必须威胁到美国国民的安全或美国国家安全（国防、对外关系或经济利益）②。实际上，其他国家在确定恐怖组织的名单时也基本上采用美国的标准，尤其是后两项。

欧盟有两种恐怖名单。一是本·拉登、“基地”组织、塔利班及其相关组织和个人名单，该名单主要在联合国安理会 1267 制裁委员会的恐怖名单基础上制定，但是欧盟理事会授权欧盟委员会对之进行修订。二是“参与恐怖活动的个人、团体和实体名单”。该名单是成员国具有法定资格的相关机构在调查的基础上提出，由欧盟理事会所有 25 个成员国一致同意后形成的。2008 年度，该名单上的个人达到 59 名，实体（恐怖组织）有 47 个③。

俄罗斯的恐怖组织名单由俄联邦安全局等相关机构依据一定法律程序制定，经由俄联邦最高法院批准后完成。2006 年 7 月 28 日，俄政府授权《俄罗斯报》公布了俄联邦最高法院认定的 17 个恐怖主义组织名单。这份名单不包括被美国

① 朱素梅：《恐怖主义：历史与现实》，世界知识出版社，2006。

② Office of the Coordinator for Counterterrorism, “Foreign Terrorist Organizations”, July 7, 2009, http://www.state.gov/s/ct/rls/other/des/123085.htm; *Country Reports on Terrorism 2008*, http://www.state.gov/s/ct/rls/crt/2008/.

③ 中国现代国际关系研究院反恐怖研究中心：《国际恐怖主义与反恐怖斗争年鉴（2008）》，时事出版社，2009，第 255 ~256 页。

认为是“恐怖组织”的巴勒斯坦伊斯兰抵抗运动（哈马斯）和黎巴嫩真主党游击队。欧盟只把哈马斯列入恐怖组织名单①。2008 年 11 月 13 日，俄联邦最高法院通过决议，把伊斯兰马格里布“基地”组织加进了名单，数量增至 18 个。

2009 年 6 月 22 日，印度内政部在当天举行的一次高级别会议上作出决定，将印共（毛派）列为恐怖组织。至此，已有包括虔诚军和印共（毛派）在内的 35 个组织被印度政府列入恐怖组织名单②。

中国的情况比较特殊，没有确定外国恐怖组织的名单，只有一个关于“东突”的名单。2003 年 12 月 15 日，中国公安部反恐怖局副局长赵永琛在公安部新闻发布会上公布了中国首批认定的恐怖组织和恐怖分子的名单。

上海合作组织 2004 年 10 月起制定了《上海合作组织成员国境内禁止活动的恐怖主义、分裂主义和极端主义组织名单》，列有 36 个组织，同时还有《上海合作组织成员国执法安全部门国际通缉的恐怖主义、分裂主义和极端主义性质犯罪罪犯或嫌疑犯名单》，并在不断更新，该名单中包括上千名上述组织的头目和积极分子。但是，目前组织名单中所列组织的活动，只在按规定程序承认其为恐怖、分裂或极端组织的国家被禁止。各成员国主管机关认为，为有效打击国际恐怖主义，必须在本组织框架内制定统一的恐怖、分裂和极端组织名单。“统一”意味着，不管犯罪发生在哪个成员国，所有成员国都将对恐怖组织成员进行侦查、刑事起诉，并对该组织进行制裁。但到目前为止尚未形成统一名单。

因为国际社会难以达成统一认识，联合国至今仍然没有专门的、正式的恐怖组织名单，只有联合国安理会“1267 制裁委员会”（根据联合国安理会第 1267 号决议设立）制定的关于“属于或与塔利班、奥萨马·本·拉登和‘基地’有关的个人和实体名单”。该名单定期更新，截至 2008 年底，《综合名单》（*Consolidated List*）上的个人和实体总数达 507 个，其中实体（恐怖组织）为 289 个③。

从上面所述的情况可以看出，各国的恐怖组织名单都是根据对自身构成重大

---

① 《俄罗斯公布 17 个恐怖组织名单》，新华社，2006 年 7 月 30 日；《俄政府公布 17 个恐怖主义组织详细活动情况》，中国新闻网，2006 年 8 月 8 日。

② 《印度将印共（毛派）列入恐怖组织名单》，2009 年 6 月 23 日《环球时报》。

③ 中国现代国际关系研究院反恐怖研究中心：《国际恐怖主义与反恐怖斗争年鉴（2008）》，时事出版社，2009，第 255 页。

威胁的组织而确定的，虽然有一些重叠，但是也有很多特殊的情况。据此估计，目前对世界各国构成较大威胁、影响较大的恐怖组织应该在100个以上，恐怖组织的总数应该也在1000个以上。

至于恐怖分子的人数，笔者没有查到任何相关资料，估计全球恐怖分子的总数有几十万人之众。当然，面对动荡的世界和变化不定的恐怖主义形势，加上恐怖组织地下活动的特性，纯粹的主观估计也没有太大的现实意义，这里只是给读者一个大概的轮廓而已。

（三）国际反恐斗争唯一的亮点：斯里兰卡消灭了猛虎组织

在国际社会“反恐反恐，越反越恐”的严峻形势下，2009年出现了一个唯一的亮点：困扰斯里兰卡政府多年的泰米尔伊拉姆猛虎组织被彻底消灭，给举步维艰的国际反恐斗争带来了一丝安慰。

2008年1月2日，斯里兰卡政府宣布退出与猛虎组织签署的停火协议，8月，政府军向猛虎组织的4条战线大举进攻。2009年以来，政府军连连取得胜利。2009年5月18日，斯里兰卡军方宣布：猛虎解放组织最高领导人普拉巴卡兰及其24岁的儿子已经被打死。斯里兰卡总统19日宣布长达25年的内战正式结束。斯里兰卡军方负责人萨雷斯·方塞卡说：“我们非常负责任地宣布，我们已经把整个国家从恐怖主义的威胁中解放出来。”

猛虎组织失败的原因或者说斯里兰卡政府胜利的原因包括：第一，猛虎组织采取了暗杀、人体炸弹等极端做法，把自己置于恐怖组织的地位，从而失去了国际国内道义上的支持。第二，斯里兰卡政府军的装备得到很大提升，已经接近机械化、重型化，战斗力明显高于猛虎组织。第三，斯里兰卡政府在军事上取得的胜利，与曾是猛虎组织二号人物的“卡鲁纳上校”密不可分，他在关键时期率数千部下向政府投诚并反戈一击，令猛虎组织元气大伤。第四，1991年猛虎组织的成员用自杀式炸弹的方式在印度南部刺杀了印度前总理拉·甘地，导致彻底失去了印度的袒护和支持。

（四）国际社会反恐斗争中存在的主要问题

国际社会的反恐合作步伐远远赶不上恐怖主义势力的合作与蔓延。9·11事件以及其后一系列重大的恐怖袭击事件，使世界各国对恐怖主义危害的认识更加充分，反恐合作的意愿也更加强烈。尽管不能说反恐合作没有一点进展，但总体来看国际反恐合作的现状并没有太大的改变，有专家认为依然是“热情高、分歧大、合力小”。在当前的国际反恐斗争中，存在着一些重要的分歧和矛盾，严重影响了国际反恐合作的水平和反恐成效。

（1）对于恐怖主义产生的根源和恐怖主义的定义，国际社会一直存在分歧，导致了一系列认识和行动上的矛盾和问题。

（2）双重标准问题。由于狭隘的国家利益、意识形态斗争、民族宗教情感，导致一些国家在反恐问题上采取双重标准，是国家之间和地区性合作的主要障碍。长期以来，一些国家在口头上反对恐怖主义活动的同时，在实际政策上搞“双重标准”，对同样性质的恐怖活动给予不同甚至相反的定性，暗中通过提供金钱、技术专家、训练营地、武器以及为其庇护和辩护等方式纵容、支持某些国际恐怖组织，从而助长了恐怖主义的蔓延。

目前来看，国际社会批评最多的是美国在反恐政策上的双重标准，而实际上在其他一些国家也存在着这种情况。2009 年 10 月 13 日，俄罗斯联邦安全局局长博尔特尼科夫表示，有证据表明，格鲁吉亚情报部门帮助“基地”组织培训并向车臣运送恐怖分子。格鲁吉亚情报机构还向“基地”组织成员提供武器、爆炸装置和资金，帮助后者在达吉斯坦共和国进行破坏活动（首要目标是输油管道和天然气管道）。再比如，土耳其政府对中国“东突”恐怖分子也提供了庇护。

（3）反恐工具化和反恐目标扩大化问题。任何战略在设计和执行的过程中，必须要有适当的、明确的目标。反恐斗争的目标必须明确，不能在反恐的同时追求其他的战略利益，导致战略目标的扩大化和反恐的工具化。

美国的名义目标是反恐，真实目标则不仅仅局限于反恐：在反恐的同时，还要全力推进美国的全球战略部署，实现其称霸全球的战略总目标。实际上，反恐工具化和战略目标的扩大化，美国只是一个极端的例子，其他国家也存在着类似的问题，起码在各国领导人的思想里肯定有各种各样的考虑。这本是无可厚非的事情，但是从全球反恐战略的角度来看，要切实取得反恐斗争的大好局面，这是必须改进的地方。

（4）国际反恐合作与尊重其他国家主权的问题。国际合作是反恐的现实需要，相互尊重主权是反恐合作的基础。但是在具体的反恐斗争中，某些国家尤其

是美国经常对别国的内政问题指手画脚，在给予伙伴国家援助的同时附加干涉内政的条款，甚至出现实际侵犯别国主权的行为，干扰和损害了国家间的真诚合作。比如，自2008年下半年以来，驻阿富汗美军频繁使用无人机空袭巴基斯坦部落地区，尽管美军曾打死一些塔利班和“基地”组织的高级官员，但是此举严重损害了巴基斯坦主权。

（5）如何处理好提高反恐效率与保护人权的矛盾是摆在所有国家面前的难题。如今，在公众场所安装摄像头、监控公民的电子邮件和私人电话、机场安检措施的加强等，已经成为许多国家普遍采取的反恐措施，但是这无疑对公民的个人权利构成了极大的侵害。如何平衡公民自由权利和国家安全之间的关系，也成为国际关系学界和法学界非常关注的问题①。

对公民基本人权的剥夺，既违背文明社会的立国之本，也不符合世界发展的潮流，更是恐怖主义所要达到的目标之一。在安全与自由的取舍之间，因反恐而引起西方国家国内政治的矛盾和激烈争论。联合国大会在2006年9月8日通过的《联合国全球反恐战略》明确表示，在打击恐怖主义的同时捍卫所有人的人权，是联合国全球反恐战略的核心。但是说起来容易做起来难，原则好立，执行却难，严峻的现实经常是“鱼与熊掌，不可兼得”。

（6）保障新闻自由与媒体的社会责任之间的平衡问题。当今世界进入了全球化和信息化时代，越来越多的学者发现，当今国际恐怖主义的猖獗与大众传媒的过分宣传报道不无关系，恐怖主义与大众传媒“存在着密切的共生关系”②。

在不影响新闻自由的前提下对大众传媒的某些特殊新闻报道进行适当的约束是有必要的，西方国家已经有人提出了“大众传媒的自我约束”问题。作为媒体的工作人员，既享有新闻自由的权利，也要树立作为公民的社会责任感和反恐意识。要做到这一点，既需要传媒的自我约束，也离不开政府的恰当管理③。

---

① Amitai Etzioni and Jason H. Marsh, (eds.), *Rights vs. Public Safety After 9.11: America in the Age of Terrorism*, *Lanham*, MD: Rowman and Littlefield, 2003.

② Walter Laqueur, *The Age of Terrorism*, Boston: Little Brown Company, 1987, p. 121.

③ 罗会钧：《当今国际社会反恐怖主义对策再探讨》，《湘潭大学社会科学学报》2003年第5期，第52～57页；Amitai Etzioni and Jason H. Marsh, (eds.), *Rights vs. Public Safety After* 9.11: *America in the Age of Terrorism*, Lanham, MD: Rowman and Littlefield, 2003.

二　当前全球恐怖主义发展的态势和特点

（一）从恐怖事件的发生频率和危害性来看，两种恐怖主义最为肆虐

无论从近几年来的活跃程度、对国际社会的危害的角度来看，还是从国际媒体报道关注的热点或者权威统计数字来看，有两种类型的恐怖主义活动最为肆虐，特别引人注目。其一是宗教极端型恐怖主义活动。其典型代表就是令西方谈虎色变的以本·拉登为首的“基地”组织和塔利班，其对以美国及其盟国为目标的恐怖袭击愈演愈烈。其二是民族分离型恐怖主义活动。在被国际社会认定的恐怖主义组织中，有很多是以极端民族主义为基础的政治组织。当今世界，民族分离型恐怖主义组织广泛分布于欧洲、亚洲和非洲的许多国家，尤其是亚洲因其殖民主义的历史、多种宗教的共存和政治经济发展的严重不平衡等原因而成为民族分离型恐怖主义的重灾区。

2009 年 4 月 16 日，欧洲刑警组织（Europol）公布的《2009 年度欧盟恐怖主义形势和发展趋势报告》显示，虽然 2008 年发生在欧盟的恐怖袭击比上一年减少了 23%，但欧洲受到的恐怖威胁仍然很大。2008 年，共有 515 起恐怖袭击或未遂袭击发生在 7 个欧盟国家，13 个国家逮捕了 1009 名恐怖分子。尽管伊斯兰恐怖主义在欧盟实施的恐怖袭击少有成功，但它仍然被认为是对世界的最大威胁。民族分离型恐怖主义构成对欧盟的最大现实威胁，所有恐怖袭击中有 397 起与民族分离主义组织有关，主要包括西班牙和法国的巴斯克分离主义组织和法国的科西嘉分离主义组织①。

（二）从地理分布来看，目前国际恐怖主义活动的重心在亚洲

最近两年，美国、欧洲、俄罗斯、非洲等国家和地区虽然也陆续发生了一些恐怖事件或者未遂恐怖袭击案件，但总体来讲，各国的反恐措施还是收到了一定

① Europol, *EU Terrorism Situation and Trend Report 2009* (*TE-SAT*), http://www.europol.europa.eu/publications/EU_Terrorism_Situation_and_Trend_Report_TE-SAT/TESAT2009.pdf.

的成效，反恐形势比较稳定。与之相反，亚洲的反恐形势（斯里兰卡除外）日益严峻。从美国国务院《2008 年度国家反恐报告》中的数字统计可以清晰地看到这一点。

从恐怖活动的频率和破坏性来看，从中东到南亚再到东南亚地区已经成为恐怖主义最活跃、受危害最大的区域，形成了一条名副其实的“恐怖地带”。这一区域中的土耳其、巴勒斯坦、以色列、伊拉克、伊朗、沙特阿拉伯、也门、阿富汗、巴基斯坦、印度、斯里兰卡、泰国、印度尼西亚、菲律宾等国家，在最近几年都曾经遭受过多次重大的恐怖袭击事件。土耳其的库尔德工人党、巴勒斯坦的极端恐怖组织、也门的胡塞叛乱武装、伊朗的“真主旅”、伊拉克的“基地”组织分支、阿富汗的塔利班、巴基斯坦的俾路支解放军和塔利班、印度的虔诚军和多个反政府叛乱组织、斯里兰卡的泰米尔伊拉姆猛虎组织、泰国南部的伊斯兰分离主义恐怖组织、印度尼西亚的伊斯兰祈祷团、菲律宾的阿布沙耶夫和摩洛伊斯兰教解放阵线，加上跨国界活动、四处插手的“基地”组织，就像恶性肿瘤一样在这些国家蔓延肆虐。这些国家的民族分离型恐怖主义由来已久，虽经各国政府多次打击仍然猖獗，再加上自 9·11 事件之后“基地”组织的渗透勾结，两种恐怖势力互相借重，各种恐怖袭击此起彼伏，严重影响了这些国家的政治稳定、人民生命安全和社会经济发展，对各国政府和国际社会构成了严峻挑战。

伊拉克和阿富汗的恐怖事件几乎充斥了每天的媒体新闻。其他国家的恐怖主义也是老生常谈，无须赘言。笔者认为，在亚洲有两个国家的恐怖主义的发展必须引起世人的关注，即也门和巴基斯坦。

1. 也门：恐怖组织的“第三个圣战战场”？

在恐怖主义方面，也门为外界所知主要是因为两件事：一是也门是“基地”组织头目本·拉登祖先的故乡，二是 2000 年的“科尔号”事件。事实上，也门长期以来深受恐怖主义之害，只是由于也门小国寡民又偏处一隅，所以也门的安全问题并未引起世人的过多关注。近年来，也门重大恐怖事件接连不断地发生，引起不少有识之士对也门安全形势的担忧。目前，在也门主要有两股恐怖主义势力：其一是“基地”组织的分支，其二是胡塞叛乱武装。

第一，也门的恐怖主义威胁主要来自“基地”组织。

据也门安全机构认定，从 2000 年的美军“科尔号”爆炸事件发生后至今在也门发生的恐怖事件，很多都是“基地”组织或其分支所为，其活动非常猖獗，如果不给予足够的警惕，也门很有可能会成为下一个“恐怖主义的天堂”。2004年7月，也门恐怖组织“阿布·哈夫斯·马斯里旅”公开宣称，要将也门变成继阿富汗和伊拉克之后的“第三个圣战战场”。

也门对世界反恐斗争的重要性不仅在于它被一些恐怖分子视为全球“圣战”的“第三战场”，更重要的是，也门可能成为“基地”组织的一个“圣战者”的招募基地和培训基地，并向国外输出恐怖“人才”和恐怖活动。2005年4月，时任也门总理巴杰麦勒曾发出警告，也门的地下宗教学校正努力在本国穆斯林青年中发展力量，如果政府不果断采取措施，“将会给也门青年一代带来灾难”，数十万名也门青年未来可能沦为恐怖分子的工具。据称，也门全国有4000所地下宗教学校，在校生30万人。也门的“圣战”分子四处参战，练就了本领。他们先是奔赴阿富汗，后转战波黑，随后又来到伊拉克。美国兰德公司称，目前在伊拉克的外籍武装分子中，沙特阿拉伯人最多，其次为也门人、叙利亚人以及北非阿拉伯人。这些外籍武装分子在伊拉克掌握了“圣战本领”后再四处参加“圣战”①。

第二，也门的另一股恐怖势力是胡塞叛乱武装。

2004年，由胡塞家族（Al-Houthi）领导的极端势力在北部萨达省发动叛乱，当年9月，政府军打死侯赛因·胡塞，由此也致使胡塞家族集结了更多当地极端势力，形成了现在的胡塞叛乱武装。叛乱武装曾与政府军发生5次大规模冲突，并且频繁实施破坏活动，还经常劫持外国人作为与政府谈判的筹码。2009年8月11日以来，胡塞叛乱武装与政府军再次发生大规模冲突。据统计，冲突已造成数百人死亡，约15万人流离失所。胡塞叛军属于栽德派（Zaydi），是什叶派（Shiite）穆斯林的一个分支，也门政府长期以来一直担心盘踞北方的胡塞叛乱武装谋取宗教自治独立，一直认为什叶派占多数的伊朗在支持着什叶派的胡塞叛军。而胡塞叛军否认了这一指控，声称他们旨在要求萨达省拥有更大的自治权，并获得战争赔偿。

也门的恐怖主义问题至今没有引起国际社会的足够关注，但实际上，避免也门走向“阿富汗化”或“伊拉克化”，对阿拉伯半岛和东非的稳定以及全球反恐

---

① 关于也门反恐形势的具体情况，可参见唐志超《也门：战争静悄悄》，《世界知识》2008年第10期。

斗争具有十分重要的意义。试想，如果也门的政局失控，恐怖分子大行其道，不仅会对整个中东地区的反恐形势造成重大影响，而且因也门扼世界航运的大动脉红海出海口的特殊战略位置，对世界经济形势的稳定必将产生噩梦般的打击。这种影响恐怕要远超索马里海盗的破坏力无数倍。

2. 巴基斯坦："基地"组织的大本营和塔利班的"第二战场"

近年来，巴基斯坦安全形势堪忧，特别是巴部落区、西北边境省、俾路支省的形势明显恶化。"基地"组织、塔利班及亲塔利班势力、俾路支解放军三股势力对巴基斯坦的安全局势形成严峻挑战。特别是2009年以来，塔利班的武装进攻与恐怖袭击的密度和强度明显增加，大有将巴基斯坦变成塔利班"第二战场"的趋势。

第一，"基地"组织作恶多端，经常制造"大手笔"恐怖事件。

2009年5月，美军中央司令部司令彼得雷乌斯将军表示，"基地"组织的高级领导人正盘踞在巴基斯坦不受法律约束的偏远边境地区，巴基斯坦已经成为"基地"组织指挥全球行动的"神经中枢"，是"基地"组织高层的总部。"基地"组织在巴基斯坦得以重建组织机构，并且和该组织在伊拉克、也门、索马里、北非和欧洲部分地区的分支组织建立更密切的联系，策划新的恐怖袭击、筹集资金、训练人员和指挥全球的分支组织。

2008年9月20日晚，巴基斯坦首都伊斯兰堡的万豪酒店遭自杀式爆炸袭击，造成53人死亡，其中包括捷克驻巴基斯坦大使、两名美国公民和一名越南妇女，另有200多人受伤。幸运的是，巴基斯坦政府原定20日在万豪酒店举行宴会，总统、总理等高官都计划参加，但临时改变了计划，所以他们逃过了当天的爆炸。

2007年12月27日，结束流亡生涯的巴基斯坦人民党主席贝娜齐尔·布托在拉瓦尔品第举行的竞选集会上遭遇自杀式袭击而身亡，另有20余人遇难。据称这起事件是"基地"组织二号人物扎瓦赫里于2007年10月开始策划的。由于贝娜齐尔·布托坚定地支持美国的反恐战争，"基地"组织、塔利班早已派出杀手追杀她。

第二，塔利班日益肆虐，公然挑战巴基斯坦政府的权威和忍耐底线。

9·11事件之后，美军借机出兵阿富汗，推翻了塔利班政权。但是塔利班残余势力长期隐藏在巴基斯坦与阿富汗边界一带的山地及部落开展游击战。随着美军关注的焦点转向伊拉克，塔利班得以重新部署并在阿富汗南部地区扩大其影响力。从2006年起，塔利班从北约手中夺回了阿富汗南部地区。复活的塔利班把触角向巴基斯坦延伸。从2007年开始，塔利班在巴基斯坦境内频繁活动，已形成广泛而深厚的势力范围。2007年12月，巴基斯坦全国塔利班运动正式成立，这样，巴基斯坦与阿富汗塔利班在组织上实现了分离和分立。双方的成员构成也有差别，阿富汗塔利班的阶级基础是宗教色彩浓厚的部落民众，也有宗教学校的学生，更有“圣战”和宗教色彩。而巴基斯坦塔利班内除了部分宗教学校学生外，还有不少贩毒集团、走私集团、黑社会势力、地痞流氓卷入其中。2007年以来，巴基斯坦塔利班发动的各类恐怖袭击已造成至少2000人丧生①。由于该组织盘踞在巴基斯坦联邦直辖部落区和巴基斯坦与阿富汗边境地区，巴基斯坦军队虽然屡次前往清剿，但始终无法彻底端掉其老巢。

塔利班与“基地”组织是一丘之貉，就好像在进行一场恐怖主义的“竞赛”，频频制造骇人听闻的恐怖事件。与“基地”组织的“纯恐怖”不同的是，塔利班甚至敢于公然与巴基斯坦政府军进行军事对抗。2007年7月发生了红色清真寺事件。在历时8天的事件中，共有106人身亡，其中包括10名军队士兵和1名警察。塔利班的恶行不胜枚举，仅在2009年10月，巴基斯坦的政府机关、军事和警察机构、平民场所连续发生10多起重大的恐怖袭击，死伤数以千计。2009年10月10日，一伙胆大妄为的武装分子竟然试图攻击位于伊斯兰堡以南约30公里的拉瓦尔品第的巴基斯坦陆军总部，与巴基斯坦安全人员发生激烈交火并劫持人质。在这次行动中，安全人员共营救人质42人，还有20人在本次袭击中丧生，其中包括3名人质和9名恐怖分子，并抓获塔利班重要头目奥斯曼。

更让西方国家担心的是，有一些激进的欧美人士正在不断投靠巴基斯坦和阿富汗巴边界地区的塔利班。过去这些极端分子都是出于自愿并自己想办法前往南亚，但现在“基地”组织及其附属机构在欧洲建立了相对完善的招募网络。

为了消除塔利班越来越大的威胁，巴基斯坦政府下决心在重点地区清除塔利班势力和据点。第一步就是军事进剿斯瓦特河谷。巴基斯坦军方从2009年4月26日开始对西北边境省的迪尔、布内尔和斯瓦特等地区发起代号为“黑雷”的军事行动，全面打击塔利班武装。经过数月激战，9月12日，巴基斯坦斯瓦特

① 《巴陆军总部遇袭详情：武装分子穿迷彩服偷袭》，人民网，2009年10月12日。

山谷地区塔利班势力在领导人大毛拉法兹卢拉被捕后宣布投降。在斯瓦特地区的清剿行动中，多名塔利班高级领导人被打死或抓获，1800 余名塔利班武装分子被打死。在斯瓦特河谷清剿行动基本结束的同时，巴基斯坦军方从 6 月开始在南瓦济里斯坦地区开辟打击非法武装的第二战线。巴基斯坦政府说，80% 以上巴基斯坦国内和近期的恐怖袭击都是在南瓦济里斯坦策划的。2009 年 10 月 17 日，巴基斯坦军方发起了代号为“拯救之路”的军事行动，对塔利班和“基地”组织在南瓦济里斯坦的据点进行大规模地面清剿行动。

第三，俾路支民族分离势力让巴基斯坦政府不得安宁。

俾路支（Baluchistan）民族分离问题是巴基斯坦长期动乱的重要原因之一。俾路支省位于巴基斯坦西南部，北接阿富汗，西邻伊朗，南濒阿拉伯海，战略位置十分重要。俾路支是巴基斯坦面积最大的省份，总面积为 32 万平方公里，约占巴基斯坦面积的 43%。俾路支省是巴基斯坦恐怖活动较为频繁的地区之一，巴基斯坦警方经常指责俾路支省地方武装人员袭击安全部队和政府机构。他们的恐怖活动也经常殃及中国人，发生多起绑架和杀害中国支援巴基斯坦工程人员的恐怖事件。2006 年 4 月 9 日，巴基斯坦内政部发表声明称，有证据显示“俾路支解放军”卷入多起爆炸、袭击事件。政府根据 1997 年反恐法案将该组织定为恐怖组织。据称，现在发生在俾路支省的多数破坏活动都出自“俾路支解放军”之手。

（三）袭击目标有从象征性转向泛化、从特定人物转向普通大众的特点

当代国际恐怖主义的袭击范围和对象在不断地扩大，呈现从象征性转向泛化的特点，也就是既包括原来的具有政治象征意义的目标，也可能随意选择那些防范措施薄弱的一般民用目标。这是一个极为危险的趋势。如果说传统的恐怖活动是“要更多的人看，而不是让更多的人死”的话，现在的恐怖活动则是“既要更多的人死，也要更多的人看”，无辜人群成为恐怖分子大规模袭击的目标。一般来讲，恐怖活动的袭击目标都是经过精心选择的。这些目标之所以被选中，是因为他们的身份、所在的地点或者其活动，象征着恐怖分子要反对、破坏或报复的制度、政权或秩序。从历史情况看，恐怖袭击目标多为政府要员、重要机构、军事设施及飞机等重要目标，因为这些人物代表国家和政府，对这些人采取暗

杀、绑架等手段，能够产生强烈的国际影响。但是，9·11 事件的发生把恐怖活动提高到一个新的“境界”，当前的国际恐怖主义出现了一些令人担忧的现象。

第一，恐怖袭击的地点选择由攻击“硬目标”转向攻击防范薄弱的“软目标”。近期的很多恐怖事件多发生于一些普通交通工具、商业居民区、群众聚集地等民用设施。这是因为，9·11 事件后，各国政府普遍加强了对重要目标的保护，使得恐怖分子难以下手。而一些普通交通工具和民众活动场所目标多，不便防范，一般安保措施难以起到作用。

第二，他们抛弃了传统的恐怖活动尽量不伤及一般平民的顾忌，大规模杀伤愈演愈烈，企图以大规模屠杀平民来向政府施加压力，或以此打击政府威信，或破坏其国际形象。2009 年 10 月 9 日，巴基斯坦西北边境省首府白沙瓦遭自杀式汽车炸弹袭击，至少造成 49 人死亡，逾百人受伤。白沙瓦警方说，自杀式袭击者使用 100 多公斤炸药，经过一辆公共汽车时引爆炸药，袭击手段残忍。拆弹小组负责人沙夫卡特·马利克说，自杀式袭击者坐在汽车内，爆炸装置置于汽车门板上，内含机枪弹药，意在制造最大伤亡①。恐怖分子在向全世界表明，他们可能攻击世界上任何一个目标，所以有人说恐怖主义不仅是对美国的攻击，而且是对现代文明的攻击，是对全人类的挑战。恐怖主义已成为“21 世纪的政治瘟疫”，也有人把它和政治腐败、环境污染并称为 21 世纪人类面临的三大威胁。

（四）恐怖分子的袭击手法越来越多样化和肆无忌惮

从历史上看，恐怖组织历来较多采用四种极端手段：劫机、暗杀、绑架、爆炸。目前来看，这些传统手段仍然是恐怖组织主要的活动方式。但是在具体运用上，现在的恐怖攻击方式发生了一些重大变化，可谓五花八门，无所不用。恐怖活动从以前的小规模袭击，转化为大规模的进攻。

第一，自杀式炸弹袭击肆虐。

爆炸手段仍然是恐怖分子的“最爱”，其中的自杀式炸弹袭击因其难以防范而危害性极大。从近期发生的恐怖袭击案件看，汽车炸弹和人体炸弹成为伊斯兰极端分子制造大规模杀伤的最主要的进攻方式。更可怕的是，目前的人体炸弹已

① 《巴基斯坦爆炸事件死者增至 49 人》，新华网，2009 年 10 月 10 日。

经发展到出现了女性人体炸弹，甚至是儿童人体炸弹。《美国2008年度国家反恐报告》显示，女性自杀炸弹袭击者占到了全部自杀袭击的9%，而在伊拉克更是达到15%。

本·拉登就极力推崇自杀式炸弹。据英国《每日邮报》2009年10月12日报道，他的首任妻子纳吉瓦-加勒姆下个月将公开出版发行自己和四儿子奥玛尔共同写的一本新书，这本新书的名称是《与拉登一起成长》，详细披露她和拉登在一起生活的细节。拉登的前妻称，拉登在家中堪称暴君，他甚至训练自己的孩子充当自杀人弹。

2009年10月12日，巴基斯坦西北部斯瓦特山谷附近尚拉（Shangla）区发生一起自杀式爆炸袭击。袭击者是一名年仅12岁或13岁的少年，当一辆军车经过尚拉区阿尔普里市场时，这位少年引爆了身上的炸弹。此次自杀式袭击不但致使车内6名军人全部死亡，还造成周围39名平民死亡。英国《独立报》曾披露，为了让当地儿童执行类似的恐怖袭击任务，塔利班分子经常给他们洗脑，而且据悉该组织还在巴基斯坦西部的瓦齐里斯坦区及斯瓦特区开办了“自杀式袭击学校”。塔利班组织利用儿童发动自杀式袭击也非首次。2009年7月份，巴基斯坦军队在一次打击塔利班的行动中救出几名儿童，得知塔利班在巴基斯坦北部的斯瓦特山谷地区设有专门培训儿童的自杀式袭击学校。据当时获救的儿童介绍，塔利班在斯瓦特河谷开设的学校里共有超过1000名儿童接受训练。这些孩子有的是被塔利班强行绑架来的，有的是轻信朋友谎话被诱骗而来的。另外，当地的贫穷也成为塔利班征募儿童兵员的土壤，只要加入塔利班组织，除了这些儿童可以获得免费的食物，他们的家庭每月还可以领到一定数额的补助金。塔利班组织会对这些儿童进行严格的洗脑教育，灌输他们仇视西方国家和巴基斯坦的思想，并告诉他们是在“为正义而战”。这些儿童甚至被教导“在执行任务时若遭到父母阻拦，可以将父母杀死”。塔利班组织通常会根据儿童的年龄和智商给予不同的训练，比如一些聪明的小男孩会接受情报搜集训练，一些身体结实的儿童会被刻意培养为塔利班的未来战士，而那些不够聪明但易于操控的孩子则被选入自杀式袭击者的行列①。

沙特王子穆罕默德·本·纳伊夫是沙特阿拉伯内政部次大臣，由于他长期主

① 《巴基斯坦自杀袭击细节：人弹只有12岁》，2009年10月13日《环球时报》。

抓反恐安全事务，深遭恐怖组织怨恨。为了除掉纳伊夫王子，日前“基地”组织派出23岁的沙特恐怖分子达利·艾·阿西里充当“人肉炸弹”，要将纳伊夫炸死。让人目瞪口呆的是，当阿西里2009年8月27日晚执行这一自杀性任务时，为了不让暗藏在身上的炸弹被严密的安检措施发现，他竟将炸弹藏在了自己的肛门中。所幸的是，当阿西里的同伙通过打电话的方式远程遥控引爆他身上的“直肠炸弹”时，尽管纳伊夫王子距离人弹只有数米距离，但他奇迹般地仅仅双手受了点皮外伤，而发动自杀式袭击的阿西里则成了本次爆炸中的唯一身亡者①。

第二，恐怖分子公然用作战武器屠杀手无寸铁的无辜民众。

恐怖分子使用武器并不奇怪，但令人震撼的是，现在的恐怖分子把手中的冲锋枪、手榴弹等杀伤力巨大的作战武器对准了毫无防备、手无寸铁的平民，动辄造成大批无辜民众死伤。这种恶行充分暴露了恐怖分子丧失基本人性、反人类的本质。

2008年11月26日在印度的金融中心孟买爆发的恐怖血案再度震惊世界。10多名装备着冲锋枪和手榴弹的恐怖分子如入无人之境，在有着1300多万人的印度最大海港城市孟买对手无寸铁的平民大开杀戒。车站、酒店、犹太人会馆等10多个目标同时受到攻击。印度反恐部队29日打死最后3名据守在泰姬玛哈饭店的恐怖分子，持续3天的孟买恐怖袭击终于结束。长达59个小时的恐怖袭击事件，导致至少188人死亡，313人受伤，这是继美国9·11事件、俄罗斯“别斯兰事件”后又一次大规模的恐怖袭击，也让世人再次见证了恐怖主义的冷血、残忍和肆无忌惮。

第三，制造大规模打砸抢烧暴力事件。

恐怖组织或者民族分裂组织通过制造大规模暴力犯罪事件，破坏正常的社会秩序和社会稳定，向政府施压并引起国际社会的关注，以达到他们不可告人的政治目的。中国的西藏和新疆都出现了这种形式的恐怖暴力事件，对中国的发展和安全造成极大威胁，我们不能不给予足够的关注。

2008年3月14日，在“藏独”集团的操纵下，少数不法分子在拉萨制造了打砸抢烧严重暴力犯罪事件。穷凶极恶的暴徒甚至从被石块击昏的士兵臀部剜下

---

① 《恐怖分子肛门中藏炸弹欲暗杀沙特王子》，http：//www. chinadaily. com. cn/hqbl/2009 - 09/22/content_ 8721107. htm。

碗大的肉。更骇人听闻的是，暴徒还惨无人道地杀害群众，连孩子也不放过，对藏族群众同样毫不手软，个别暴徒甚至效仿旧西藏农奴主的“点天灯”酷刑，把无辜群众浇上汽油活活烧死。在这起事件中，共有 18 名无辜群众被残害致死，382 名群众受伤（其中重伤 58 人），公安民警和武警官兵中有 1 人牺牲、241 人受伤（其中重伤 23 人），被毁商铺、民房、汽车等直接财产损失达数亿元人民币。这是“藏独”分子升级恐怖暴力的开始。

2009 年 7 月 5 日，新疆维吾尔自治区首府乌鲁木齐市发生打砸抢烧严重暴力犯罪事件。从性质上说，这是由境内外恐怖主义势力、分裂主义势力、极端主义势力精心策划组织的恐怖暴力事件。乌鲁木齐 7·5 事件给各族人民的生命和财产造成了巨大损失。截至 2009 年 7 月 17 日，该事件造成 197 人死亡（其中绝大部分是无辜群众），1700 多人受伤，331 个店铺和 1325 辆汽车被砸烧，众多市政公共设施被损毁①。“东突”势力的恐怖犯罪严重干扰破坏了新疆的正常秩序、社会稳定和经济发展。

第四，通过制造虚假恐怖信息、炭疽书信、扎针等各种方式制造恐怖气氛。

网上流行一句很经典的话：“一颗将爆的炸弹比一颗已爆的炸弹恐怖得多。”这句话道出了恐怖分子实施恐怖袭击的心理学依据。反恐已经 8 年，世界并没有挥去 9·11 事件的阴影。本·拉登仍然时隐时现，“基地”组织也从看不见的角落不断向美国发射恐怖“信息炸弹”，让过惯了太平生活的美国人“谈恐色变”。美国军事实力强大，可以拉起一张“天网”，可仍然无法抵挡恐怖“信息炸弹”的袭击。恐怖袭击的消息到处传播，让美国和很多国家政府十分尴尬。一方面，恐怖消息满天飞，既扰乱民心，又干扰政府的正常运转；但另一方面，不发布恐怖警告，不喊“狼来了”，又害怕万一出了事情，没法交代。恐怖分子的丧心病狂，逼迫任何国家、任何人都只能“宁可信其有，不可信其无”，各国因虚假恐怖信息造成航班延误、疏散人群的情况时有发生。

2001 年 9 月 18 日开始的为期数周的美国炭疽攻击事件，是一起生物恐怖袭击。有人把含有炭疽杆菌的信件寄给数个新闻媒体办公室以及两名民主党参议员。这个事件导致 5 人死亡，17 人被感染。直到 2008 年才最终锁定嫌疑人，嫌

① 国务院新闻办公室：《新疆的发展与进步》，http://www.chinanews.com.cn/gn/news/2009/09-21/1877587.shtml。

犯畏罪自杀。虽然最后证明此事与“基地”组织无关，但以后偶尔还是有包含白色粉末的信件让人胆战心惊，造成社会恐慌。

就在新疆7·5事件后各项善后处理工作有序进行、总体形势继续向好、各族群众生活趋于平静、社会秩序已恢复正常的情况下，一小撮暴力恐怖分子在境内外敌对势力的策动下铤而走险，连续用针状物刺伤无辜群众，严重影响了社会稳定，引发了群众的恐慌和不满。新疆维吾尔自治区公安厅在新闻发布会上披露，截至9月15日，全区已抓获犯罪嫌疑人75名，打掉“针刺”团伙7个，破获“针刺”案件36起。

（五）“基地”组织呈现出意识形态“图腾化”和组织形式网络化特征

“基地”组织所倡导的多点自杀式同时袭击的攻击模式及频繁制造的具有大规模恐慌效应的恐怖攻击，因其巨大的破坏性和对西方世界的震撼而为世界各地的恐怖组织所膜拜和效仿。“基地”组织开始凌驾于众多恐怖组织之上，并使其逐渐成为全球恐怖主义的核心。因为其多年来所从事的“致力于教化伊斯兰世界，呼吁更多的穆斯林参与圣战”的努力使其在伊斯兰极端主义分子和恐怖主义分子中获得了巨大的声望，本·拉登已经成为全球恐怖主义的“精神导师”和“形象代言人”。本·拉登曾说过，“基地”组织最重要的任务并非战斗，而是鼓动穆斯林参加防御性“圣战”，帮助培训并领导那些挺身而出的人。因此他强调：“我必须说，我的职责只是唤醒穆斯林。”①

数年前，美国就有专家指出，“基地”组织已经超越了自己的组织形式，逐渐演变成一种意识形态。2007年12月4日，在沙特阿拉伯情报机构主持召开的信息技术与国家安全会议上，学者哈立德·阿尔－法拉姆（Khaled Al-Faram）表示，互联网上有5600多家网站在宣扬“基地”组织的意识形态。每年会新出现900家网站，尽管由“基地”组织运营的媒体在减少，但恐怖主义网站的数量在不断增长。他说，由于“行踪不定”，要跟踪这些恐怖主义网站非常困难。法拉姆表示，与“基地”组织的战斗已经不再是在陆地上，而是一场媒体战，这是对国家安全的真正威胁。对于“基地”组织而言，媒体的影响比实际的恐怖活

① 石刚：《“基地”风向标》，《世界知识》2007年第16期。

动更重要[1]。

本·拉登的前保镖，“基地”组织在也门恐怖网络的领导人纳西尔·艾尔·巴赫里因被指控参与策划实施2000年对在也门海域的美军军舰“科尔号”的袭击事件而被逮捕。他在接受伦敦的一家阿拉伯文报纸采访时透露了“基地”组织的斗争策略。他说道：“我们的职责包括为我们的信仰和我们的事业进行祈祷，唤起人们的觉醒，并且随时做好准备实施圣战行动。‘基地’组织从一开始就采取一种意识形态斗争的策略，那就是要在美国和伊斯兰世界之间制造一种对立。”[2]

德国《商报》2005年7月21日刊登《恐怖主义的基地》一文，该文指出，“基地”组织在全世界传播的意识形态基于“321”模式。这种可以解释所有袭击原因的基本思想就是：三个敌人要为伊斯兰世界的畸形发展、弱势地位和受压迫的状态负责。它们就是西方基督教国家、犹太人（以色列）和“傀儡”（伊斯兰国家的政府，它们被指责是协助西方压迫伊斯兰世界的帮凶）。这些敌人采取两种攻击形式：一方面出兵占领伊斯兰国家，压迫这些国家的人民；另一方面将自己的价值观和行为方式强加给伊斯兰国家并由此压迫本土文化。“基地”组织建议，必须一致努力以一种方式（圣战）打击敌人。战场则是被敌人占领的伊斯兰国家和敌国的心脏地带[3]。

如今，“基地”组织作为一种恐怖主义意识形态的象征意义和榜样作用比仅仅作为一个恐怖组织时更加强大，这种强大不但体现在“基地”组织自己经常策划大规模的恐怖袭击，更多的是表现在其对其他恐怖组织的鼓舞、指导和示范作用。所以，我们也就不难理解为什么在美国国务院《2008年度国家反恐报告》中，“基地”组织的恐怖袭击和致死人数都不是最多的，但美国仍然认为“基地”组织是当前西方国家面临的最大恐怖威胁。

恐怖组织必须具备适应生存和发展的组织结构和物质支持才可能策划和组织恐怖活动，并不断发展壮大。20世纪下半叶以来，网络型组织结构被现代企业广泛采用。目前，在全球合力反恐的高压下，传统的金字塔式垂直等级制恐怖

---

① 《5600个网站宣扬“基地”组织理念，网络成反恐战场》，CNET科技资讯网，2007年12月5日。

② 《拉登前保镖披露“基地”新策略：用意识形态斗垮美国》，中国新闻网，2004年8月23日。

③ http：//www.tfol.com/10026/10118/10119/2005/8/8/10010483.shtml.

组织变得难以生存。得益于高度发达的信息技术，当代国际恐怖组织的组织形式既保留了传统垂直等级结构的痕迹，又呈现向扁平化的网络型结构转变的趋势。网络型恐怖组织具有比传统的等级型恐怖组织更强的适应能力。有学者指出，当今恐怖组织一般有两大结构，即阶层式和网络式。某一恐怖组织可能是阶层模式或网络模式，也可能是两者的结合，但目前的恐怖组织更倾向于使用网络模式①。

“基地”组织经过不断整合，已经形成一个世界性的网络结构，又与本地恐怖组织结合，产生了难以统计的“细胞群”。“基地”组织的全球恐怖网络严格遵循细胞模型（也被称为串式模型），即由许多细胞小组组成，各组成员几乎没有横向联系，它们既可以按统一指令发动连环攻击，在一个恐怖小组被破获后又不影响其他小组的生存，因为它们相互之间根本不隶属，没有横向联系，也互不相识，不可能被一网打尽。许多大型的恐怖袭击行动是由多个互不熟悉的小组同步进行的，任何一个小组的失败不会妨碍整体计划的实施，这也是“基地”组织的恐怖袭击成功率甚高及多点连环的重要原因。拉登在这个世界性的恐怖组织中位于最高层面，负责精神层面的宣传。扎瓦西里则负责“基地”组织的全局统筹。他们向由独立小组和联盟组织构成的水平网络提供战略领导和策略支持②。

“基地”恐怖意识形态的“图腾化”加上其重视对外围组织和“细胞单元”的建设，两者的结合最终使“基地”组织呈现一种前所未有的规模和战略能力，也使其组织结构、行动方式与其他游击组织、恐怖组织的差别更大。正是这种组织理念和“基地”组织的成员严格遵守的行动安全原则，使它的全球网络得以一直存续。

（六）恐怖主义与民族分离主义和宗教极端主义呈现合流的趋势

恐怖主义势力与民族分离势力、宗教极端势力、邪教组织势力等敌对势力狼狈为奸，境内外恐怖主义势力相互勾结，共谋“发展”，恐怖主义组织间有进一

---

① 〔英〕韩亚伦：《恐怖主义网络与打击策略》，《公安学刊——浙江警察学院学报》2009 年第 1 期。

② 石刚：《“基地”风向标》，《世界知识》2007 年第 16 期。

步联合、合作的倾向。宗教问题和宗教矛盾经常与民族矛盾紧密交织在一起。宗教的强烈排他性和分离主义极端追求的结合，使得当今的民族问题更加错综复杂。宗教极端主义往往打着宗教和民族旗号，以民族遭到“文化侵略”和“宗教压迫”为借口，把宗教问题民族化、政治化、扩大化和暴力化，利用人们虔诚的信仰来达到其政治目的。民族分离主义也经常利用人们的宗教信仰，打着保卫宗教的旗号发动群众，以扩大民族分离主义的社会基础。意识形态上的宗教纷争和民族分离主义的嚣张，在当今的国际背景和国内政治秩序使他们无法达到自己的极端目标的情况卜，极易导致社会生活中的恐怖主义。

进入21世纪，宗教极端主义和民族分离主义的结合出现了加速发展的态势，很多国家的民族分离型恐怖主义都与宗教极端型的“基地”组织发生了紧密联系，给本已困难重重的相关国家政府造成了极大的困扰。

（七）恐怖组织的战略思维能力和执行能力在上升

“基地”组织高层长期以来奉行一种恐怖袭击的战略目标，即分化美欧同盟、孤立美国并战胜美国，最后推翻被美国支持的伊斯兰世俗政权，建立政教合一的伊斯兰国家。9·11事件后美国加大了防范力度，使恐怖组织改变了袭击的直接目标，采取以打击和分裂反恐怖联盟为主的新策略。“基地”组织把袭击目标的重点转向了积极追随美国的欧洲国家（主要是英国）和伊拉克、阿富汗以及巴基斯坦，并把触角伸向了南亚、东南亚、北非和东非地区。这不仅直接威胁到美国在世界各地的战略利益，而且给上述广大地区带来了持续不断的动荡和恐怖。经过几年的恐怖与反恐怖斗争，以“基地”组织为代表的恐怖组织的战略思维能力和执行能力得到明显提升。

一是实施的具体恐怖袭击为恐怖组织的整体战略服务，而不仅仅是简单的报复和泄愤。比如2008年11月的孟买袭击案，恐怖分子的目的是调动巴基斯坦的军队，减轻反恐压力；在伊拉克和印度，对宗教场所的恐怖袭击，意在挑动宗教派别之间的冲突，从而造成国内政局的动荡；2007年7月，阿富汗塔利班绑架23名韩国人质，其动机就是威胁韩国从阿富汗撤出军队。

二是大规模恐怖袭击屡见不鲜，对国际社会的危害呈几何级数增长。

三是对恐怖袭击的策划、组织、协调、步骤设计等更加精细复杂，经常是连环爆炸、系列袭击、炸弹与其他作战武器配合等。就孟买袭击案中袭击目标的选择来看，孟买在几乎同一时间遭到袭击的目标有 10 多处。一方面这些都是孟买当地乃至全印度的标志性建筑，也是西方人最集中的场所，在这些地方制造恐怖容易产生轰动效应；另一方面，同时发动多处袭击可以造成警方和反恐部队顾此失彼、措手不及。从恐怖分子的行为来看，手段相当毒辣，特别表现出对美国和英国人的仇恨。多处恐怖袭击目击者均表示，恐怖分子要求人质出示身份证明或者护照，然后挑出英国和美国公民当场枪决。从恐怖分子的袭击方式来看，区别于以往多数采用炸弹或者人体炸弹的做法，而是公然佩带冲锋枪和手榴弹对手无寸铁的平民展开杀戮和劫持人质，其情其景惨绝人寰。

四是心理战与恐怖袭击相结合，真假难辨，虚实难测，给国际社会造成持久性的不安和恐惧。

（八）高科技、大规模杀伤性武器与恐怖主义的结合对国际社会构成最严峻的挑战

国际社会越来越担心，高科技的发展像一柄双刃剑，在给人类带来好处的同时给恐怖分子提供了更有利的武器，也给人类带来了更大的灾难。实际上，这个挑战包括两个方面。

其一，恐怖活动和恐怖主义犯罪向高智能、高科技方向发展，以致在传统的暗杀、爆炸、绑架、劫机、施毒等手段不断被使用的同时，利用生物化学武器、核武器、计算机网络等进行恐怖活动的现象也渐露苗头，且有进一步发展之势。随着社会进步和科学技术的发展，恐怖活动暴力性增强，破坏能量增大。多数人认为，一旦恐怖组织和恐怖分子控制和掌握了城市生活的命脉以及毁灭性的武器和技术，形成能够对环境、人类、地球造成毁灭性破坏的能力和手段，其危害将无法估量。美国的《2008 年度国家反恐报告》指出，恐怖组织获得和使用大规模杀伤性武器的威胁，构成了对美国和国际社会最严峻的安全挑战。

其二，人们关于恐怖分子对核设施进行攻击的顾虑并不是杞人忧天。据英国《泰晤士报》消息，2009 年 10 月 9 日，法国秘密特工逮捕了一名在瑞士日内瓦的欧洲粒子物理研究所工作的科学家。这重新引起了人们对“基地”组织可能对欧洲核设施发动恐怖袭击的担忧。据法国警方透露，被捕的是一名 32 岁的核物理学家，是阿尔及利亚裔法国人，一同被捕的还有其 25 岁的弟弟。他们涉嫌

向伊斯兰马格里布"基地"组织提供了一系列可供恐怖袭击的核设施目标清单。2009 年 10 月 10 日晚，英国《每日邮报》又曝光了这名和"基地"组织有联系的核物理学家名叫阿德林－希丘，他曾经在英国顶级研究机构牛津郡鲁涉福德阿普顿实验室工作过一年，这对兄弟可能曾密谋将核原料从一个实验室偷运出去，用于制造并发动炸弹袭击，或者在敏感设施内放置炸弹。他还曾在全欧洲许多类似高度机密的科研机构工作过。2009 年 10 月 23 日，一名塔利班自杀式爆炸袭击者在巴基斯坦首都伊斯兰堡西北 75 公里的卡姆拉巴基斯坦航空工业公司外引爆炸弹，致使除袭击者外 6 人丧生。袭击者在公司外一座检查站遭到安保人员拦截后引爆了绑在身上的炸弹。该公司是巴基斯坦军用飞机维护和研发的重要基地。先前一些军事专家说，这里可能泊有能携带核弹头的飞机。外界担忧，巴基斯坦核武器有可能落入恐怖分子手中。

（九）"基地"组织的阴影正在笼罩索马里：又一个逼近的噩梦

索马里位于非洲大陆东部，北临亚丁湾，东濒印度洋，因扼守红海连接印度洋的通道，地缘战略地位十分重要。据统计，每年通过苏伊士运河的船只约有 1.8 万艘，其中大多数都要经过亚丁湾。目前，索马里沿海的海盗活动已经对国际航运、海上贸易和海上安全构成了严重威胁。

9·11 事件发生后，布什政府怀疑当时的索马里政府为国际恐怖分子提供支持和庇护。2006 年 10 月，美国政府支持埃塞俄比亚出兵入侵索马里，推翻了当时的索马里政权。在埃塞俄比亚军队的帮助下，在索马里组建了由美国支持的索马里过渡政府。但是，由于该政府能力有限，不能有效控制全国局势，仅能控制首都摩加迪沙，而全国大部分地区就陷入了无政府状态，形成武装割据，出现了几十支武装力量。一些海盗组织甚至得到了与临时政府有密切关系的军阀的支持，使得他们能成为"乱世枭雄"，使索马里 2880 公里的海岸线成为海盗们劫船生财的好去处。

目前，伊斯兰反政府武装"青年党"（Al-Shabaab）控制着索马里中南部的大部分地区，企图推翻索马里政府。2006 年，"青年党"因为积极抵抗美国支持的埃塞俄比亚入侵索马里行动，受到当地人欢迎，从而迅速崛起。该组织宣誓效忠"基地"组织和本·拉登，保证严格按照其所谓的"伊斯兰教法"统治索马里，但实际上，他们比塔利班更加极端。记者兼纪录片录制家艾丹·哈特利已经研究索马里20多年。他认为，世界忽略了索马里和“青年党”。“看看以前的阿富汗，就应该知道今天索马里的处境。西方似乎将索马里冲突遗忘，他们没有拿出有效的解决方案。而‘基地’组织却在不断渗透，试图最终掌控索马里。”① 一些美国官员称，他们最大的噩梦之一就是“基地”组织在索马里肆无忌惮地实施恐怖袭击。“青年党”的活动范围已经扩展到了北美和欧洲。在西方国家居住的索马里年轻人，正被吸引到祖国参加暴力活动，越来越多有西方教育背景的穆斯林出现在索马里的战场上。

2009年3月，本·拉登在发布的录像中明确表示，“基地”组织已经把目标瞄准了非洲之角的一个贫穷和不受法律约束的国家——索马里。他呼吁索马里人推翻新当选的伊斯兰温和派总统，支持阿富汗、巴基斯坦、巴勒斯坦和伊拉克的“圣战兄弟”。2009年6月2日，据美联社报道，有越来越多的证据表明，作战经验丰富的极端分子正在纷纷离开巴基斯坦与阿富汗边界两侧的藏匿地点，进入东非地区。他们带去了复杂的恐怖战术，其中包括自杀式袭击。美国的军事和反恐官员说，这种令人不安的变化加深了人们的忧虑，担心索马里会逐渐变成又一个阿富汗。在那里，与“基地”组织有关联的团伙可以训练和策划针对西方的恐怖袭击。近年来，有迹象表明“基地”组织尖端的恐怖技巧正逐渐在东非普及，其中包括2008年10月发生在索马里的一系列自杀式炸弹爆炸事件。2008年10月29日，自杀式袭击者对联合国驻地、埃塞俄比亚领事馆、总统官邸和邦特兰省的两处情报设施展开了5起袭击，导致20多人死亡。由于外国作战人员进入东非，该地区日益严重的恐怖威胁越发错综复杂。除了“青年党”，还有东非的“基地”组织。后者是一个小规模的顽固组织，简称EEAQ。尽管目前尚未被视作“基地”组织的正式分支，但EEAQ与“基地”组织的高级领导人有联系，与1998年8月发生的坦桑尼亚和肯尼亚大使馆爆炸案有牵连。

有消息说，索马里南部的伊斯兰恐怖组织正在和海盗勾结，通过分成得来的资金购买军火。长期下去，非洲之角将成为恐怖组织活动的“安全港”。不仅如此，如果索马里真的被恐怖组织控制，加上隔亚丁湾相对的恐怖主义肆虐的也门，亚丁湾将变成一个处于恐怖分子包围中的海上通道。几个小小的索马里海盗就让世界不得安宁，如果主角换成“基地”组织的分支、“青年党”，或者索马

---

① 沈姝华：《美国媒体称“基地”组织分支机构欲掌控索马里》，国际在线，2008年12月5日。

里海盗在国际联合打击下与恐怖组织联手，那么前景不堪设想。

在恐怖威胁有增无减的严峻形势下，各国为确保安全都在加大投入，调整策略，采取各种措施加强防范，同时也都在寻求有效的国际合作。尤其是美国奥巴马政府上台以来，正在努力通过一系列的外交努力和军事调整，力图获得更多的国际支持，同时逐渐将反恐重心从伊拉克转到以阿富汗和巴基斯坦边界为中心的恐怖核心地带。但是战略转变何其难也，可谓牵一发而动全身，目前美国从政府到国会、从军方到媒体还在激烈争论，这是奥巴马面对的最大的外交安全难题。即使美国历经磨难，完成了战略转移，但效果如何也未可知。

在笔者看来，任何单纯的反恐措施或策略的改变只能是“头痛医头，脚痛医脚”，或可解一时之急，但无法根本解决问题。反恐的根本出路在于：各国和国际社会应脚踏实地逐渐消除恐怖主义产生、发展的根源和土壤，切实加强国际反恐合作，摒弃一切反恐以外的私心杂念，同时帮助那些滋生、存在恐怖组织的国家建立有效的政府和治理模式，唯此无他。然而，做到这些谈何容易，恐怕国际社会反对恐怖主义的斗争还是“路漫漫其修远兮，吾将上下而求索”。

参考文献

胡联合：《当代世界恐怖主义与对策》，东方出版社，2001。

朱素梅：《恐怖主义：历史与现实》，世界知识出版社，2006。

〔美〕哈里·亨德森：《全球恐怖主义——完全参考指南》，贾伟等译，中国社会科学出版社，2003。

戴凤秀：《防恐怖战略与对策》，当代中国出版社，2003。

张家栋：《全球化时代的恐怖主义及其治理》，上海三联书店，2007。

李健和等：《当代恐怖主义的特征与发展趋势》，《中国人民公安大学学报（社会科学版）》2008 年第 3 期。

何茹：《论恐怖主义的发展与反恐趋势》，《江西公安专科学校学报》2009 年第 2 期。

Brynjar Lia, *Globalisation and the Future of Terrorism: Patterns and Predictions*, New York: Routledge, 2005.

Paul Wilkinson, *Terrorism versus Democracy: The Liberal State Response*, New York: Routledge, 2nd Edition, 2006.

Andrew H. Kydd and Barbara F. Walter, "The Strategies of Terrorism", *International Security*, Vol. 31, No. 1, Summer 2006.

Global Terrorism: Current Status and Development Trends

Shao Feng

Abstract: This report briefly combs and analyzes the current status of global terrorism in terms of the intensity of global terrorist attacks, the organization types, the number of terrorist organizations and personnel as well as the main problems that international society has encountered in its fight against terrorism. The development of terrorism in recent two years demonstrates some new trends and characteristics: the religious extremism and national separatism are most rampant; the center of international terrorism are located in Asia; the target is shifted from symbolization to generalization; terrorist attacks are in more diversified and reckless ways; Al-Qaeda becomes an ideological "totem" and more networking in organizations; terrorism began to emerge with national separatism and religious extremism; terrorist organizations have a growing strategic-thinking ability and implementation capacity; the combination of the high-tech, weapons of mass destruction and terorism has posed the most serious challenge for the international community; the ongoing "Afghanization" of Somalia is a potential major threat to the security of the international society.

Key Words: Terrorism; Tendency; Development Trends

【危机与管理】
全球突发灾害与管理

王鸣鸣*

摘　要：近年来，在相对和平的国际环境中，经济和科技的发展规模和速度在人类历史上十分罕见。而同样罕见的是各种突发灾害性事件也以意想不到的方式和频率向各国发出挑战。各种灾害表现出地域集中、多发性显著、突发性更强、破坏力更大、欠发达国家受灾严重等特点。灾害与对灾害的管理是相对应的。在某种意义上，人类也是由于成功应对各种自然和自身造成的灾难才得以存续和繁衍的。人类的文明程度越高，对突发灾难的管理水平也就越高。在全球历经2008年严重突发灾害的磨难后，“早预警、早行动”是今后全球防灾减灾工作的一个核心理念。防灾减灾是以联合国为主的多数政府间组织的重要工作，“公民社会减灾组织全球网络”的成立标志着非政府组织防灾减灾行动全球协调的开始，使联合国《兵库行动框架》的实施进入一个政府与非政府国际组织全面合作的新阶段。

关键词：突发灾害　应急管理　早预警　早行动　联合国　非政府组织

在漫长的历史进程中，突发灾害一直是人类社会面临的最大威胁。进入21世纪以来，频现的天灾人祸，使得各国政府和国际社会不断提高了对这类威胁的重视程度，并且把更大的精力与资源用到了突发灾害事件的应对与管理上。

2009年5月17日，联合国秘书长潘基文在巴林首都主持发布了联合国首份《减少灾害全球评估报告》。该报告指出，仅2008年，全球就有23.6万人在300多起自然灾害中丧生，2亿多人受到直接影响，经济损失超过1800亿美元①。

---

* 王鸣鸣，中国社会科学院世界经济与政治研究所副研究员，主要研究外交政策。

① http：//www. un. org/chinese/News/daily/pdf/2009/18052009. pdf.

2009 年，全球甲型 H1N1 病毒流感大流行，染病人数在 3 个月内从几百人上升到 16 万多人，世界卫生组织 40 年来第一次把传染病警戒级别升至最高级别六级。

事实表明，在全球化时代，突发灾害的风险也在全球化。人类所面对的自然界和自身所造成的威胁比以往任何时期都更复杂，要想战胜这些威胁，只有以全球合作的方式应对突发灾害，才可能在这个充满风险和变数的世界上生存和发展。

一　突发灾害的性质、分类和级别

本文所说的突发灾害在很多场合也被称为“突发事件”或“突发公共事件”。全国人大 2007 年颁布《中华人民共和国突发事件应对法》，其中第一章第三条的定义是：“本法所称突发事件，是指突然发生，造成或者可能造成严重社会危害，需要采取应急处置措施予以应对的自然灾害、事故灾难、公共卫生事件和社会安全事件。”这个定义有两个要点：第一是突然性，事件的发生令决策者感到震惊并且时间紧迫需要迅速应对；第二是危害造成的后果严重且涉及人员众多和地域广阔，这也是为何中国官方在事件前面加上“公共”两个字的原因。

中国的《国家突发事件总体应急预案》根据突发公共事件的发生过程、性质和机理，将突发公共事件分为 4 类：①自然灾害，主要包括水旱灾害、气象灾害、地震灾害、地质灾害、海洋灾害、生物灾害和森林草原火灾等。②事故灾难，主要包括工矿商贸等企业的各类安全事故、交通运输事故、公共设施和设备事故、环境污染和生态破坏事件等。③公共卫生事件，主要包括传染病疫情、群体性不明原因疾病、食品安全和职业危害、动物疫情，以及其他严重影响公众健康和生命安全的事件。④社会安全事件，主要包括恐怖袭击事件、经济安全事件和涉外突发事件等。

对于造成多少人员伤亡、经济损失多大或环境污染程度多大才属于突发灾害性事件，中国学者根据研究提出一种灾难性事件的范围及分类方法，即按照灾难性事件的严重程度及经济损失情况，可分为十级（见表 1）。这种分级无论是对自然灾害还是对人为事故均可运用。

表1　灾难性事件的分类

单位：人，万元

等　级	死亡人数	重伤人数	直接经济损失
一级(G1)	>100000	>150000	>10000000
二级(G2)	10001～100000	100001～150000	5000001～10000000
三级(G3)	5001～10000	10001～100000	1000001～5000000
四级(G4)	1001～5000	5001～10000	100001～1000000
五级(G5)	501～1000	1001～5000	10001～100000
六级(G6)	101～500	501～1000	1001～10000
七级(G7)	51～100	101～500	101～1000
八级(G8)	11～50	51～100	51～100
九级(G9)	1～10	10～50	10～50
十级(G10)	0	<10	<10

资料来源：吴穹、许开立主编《安全管理学》，煤炭工业出版社，2002，第205页。

需要指出的是，无论是灾度还是灾级，均是在相对稳定的时间与空间内确定的，即在不同的历史时期和不同的国家，衡量灾情轻重的标准会有差异。如在中国，历史上由于社会财富不多，即使是同量级灾害，其造成的直接经济损失亦会较当代社会低；而各种灾害事故造成的人员伤害又可能因防灾能力及国民减灾意识的不足要较当代社会严重。因此，随着时间的推移和社会经济的发展，灾度或灾级的划分标准亦应作相应的调整，调整的趋势可能是人员伤亡的要求标准会相对趋低，而直接经济损失的要求标准却会趋高。

国际灾害研究权威机构灾害流行病研究中心（CRED）① 认为，灾害是一种无法预见、突然发生、造成巨大人员和财产损失，且超出了当地处理能力的情势或事件。因此，灾害发生后急需国家或国际层次的外部援助。该机构将灾害（灾难）分为两类，即自然灾害和技术性灾害。自然灾害被分为5大类，涵盖12种灾害类型和32个分支。5大类包括：生物灾害、地质灾害、气候灾害（如旱灾）、水文灾害和气象灾害（如风暴潮）。技术性灾害分为3大类：工业事故

① 1973年由位于比利时布鲁塞尔的天主教鲁汶大学公共健康系设立的研究团体。该组织从研究突发流行疾病开始，逐渐发展为包括健康问题在内的自然灾害研究方面的专业学术机构。1980年，该组织成为国际卫生组织的一个研究中心。1988年建立全球自然灾害数据库，国际红十字与红新月联合会（IFRC）每年的自然灾害报告数据多出于此数据库。

（化学品泄露、设施垮塌、爆炸、火灾、有害气体泄露、毒害和辐射危害）、交通事故、其他事故。2007 年，CRED 与慕尼黑再保险公司、瑞士再保险公司、亚洲减灾中心和联合国开发计划署共同认定了一种新的灾害统计方法，其目的是统一全球性和地区性灾害统计标准。该方法提出，进入国际灾害数据库的自然灾害需要具备以下条件：因灾死亡人数为 10 人或以上，至少 100 人受到灾害影响，宣布进入紧急状态，呼吁给予国际援助①。

以上两种自然和技术灾害的分类和分级并不包括突发公共卫生事件和社会安全事件。

在中国的《国家突发公共卫生事件应急预案》中，突发公共卫生事件涵盖了七种情况：①肺鼠疫、肺炭疽在大、中城市发生并有扩散趋势，或肺鼠疫、肺炭疽疫情波及两个以上省份，并有进一步扩散的趋势。②发生传染性非典型肺炎、人感染高致病性禽流感病例，并有扩散趋势。③涉及多个省份的群体性不明原因疾病，并有扩散趋势。④新传染病或中国尚未发现的传染病发生或传入，并有扩散趋势，或发现中国已消灭的传染病重新流行。⑤发生烈性病菌株、毒株、致病因子等丢失事件。⑥周边以及与中国通航的国家和地区发生特大传染病疫情，并出现输入性病例，严重危及中国公共卫生安全的事件。⑦国务院卫生行政部门认定的其他特别重大突发公共卫生事件。在分级方面，该预案只是笼统确定为："根据突发公共卫生事件性质、危害程度、涉及范围，突发公共卫生事件划分为特别重大（Ⅰ级）、重大（Ⅱ级）、较大（Ⅲ级）和一般（Ⅳ级）四级。"但对如何细化4 个分级，尚无权威解释。迄今未见有国际组织使用与中国的"突发公共卫生事件"概念内涵相一致的概念，世界卫生组织仅对传染病依动物与动物之间、动物与人之间、人与人之间的传播程度给出 6 个警报级别。

中国的"突发社会安全事件"概念所包括的情况与其他国家和相关国际组织在反恐法和其他安全法规中的分类分级基本一致。

纵观人类的历史可以看出，灾害的发生原因主要有两个：一是自然变异，二是人为影响。因此，我们通常把以自然变异为主因的灾害称为自然灾害，如地震、风暴潮等；将人为影响为主因的灾害称为人为灾害，如人为引起的火灾和交通事故等。在中国《国家突发事件总体应急预案》中的四类灾害中，第一类以

① http：//www. ifrc. org/Docs/pubs/disasters/wdr2009/WDR2009 – full. pdf.

自然变异为主，后三类则以人为影响为主。但是，灾害的过程往往是很复杂的，有时候一种灾害可由几种灾因引起，比如山体滑坡源于人类对矿山的过度开采和一段时间的集中降水；或者一种灾因会同时引起好几种不同的灾害，比如洪水泛滥导致瘟疫流行、饥荒和社会动荡。这时，灾害类型的确定就要根据起主导作用的灾因和其主要表现形式而定。

二 2009 年全球突发灾害情况

进入 21 世纪以后，在相对和平的国际环境中经济和科技的发展规模和速度在人类历史上十分罕见。而同样罕见的是，各种突发灾害性事件也以意想不到的方式和频率向各国发出挑战，比如 9·11 事件、疯牛病、SARS、印度洋海啸等。在过去的一两年里，这些挑战不降反增，对整个世界构成了前所未有的威胁。

（一）突发自然灾害

2009 年 8 月 25 日，国际红十字与红新月联合会发布 2009 年度《世界灾害报告》称：2008 年，全球共发生 326 次自然灾害，因灾死亡 235736 人。这在过去十年中仅次于发生印度洋海啸的 2004 年的 241635 人。在 2008 年的因灾死亡人数中，“纳吉斯”飓风在缅甸造成 138366 人死亡；中国的四川汶川大地震造成 87476 人死亡。两者相加占全年因灾总死亡（失踪）人数的 93%。2008 年，全球受灾人口有 2.13 亿，其中中国冰冻灾害受灾 7700 万人，四川地震受灾 4600 万人，美国洪水受灾 1100 万人，泰国旱灾受灾 1000 万人。2008 年全球自然灾害造成损失 1810 亿美元，其中中国四川地震占了大约一半，为 850 亿美元（汶川地震专家组数据是 8451.4 亿元人民币①）。居第二位的是“艾克”飓风，在美国造成损失 315 亿美元。中国南方冻灾造成损失为 210 亿美元，居第三位。这些数据使得 2008 年成为全球范围的大灾之年②。

从过去十年的时间跨度来看，根据 2009 年《世界灾害报告》引用的 CRED 数据，1999~2008 年，全球共发生自然灾害 3950 次，其中水文气象灾害 3583

---

① http://news.xinhuanet.com/video/2008-09/04/content_9772489.htm.

② http://www.ifrc.org/Docs/pubs/disasters/wdr2009/WDR2009-full.pdf.

次、地质物理灾害367次；因灾死亡114.5万多人。造成人员死亡最多的三类灾害分别是地震海啸（47.3万人）、旱灾或食物短缺（30.7万人）和风灾（18.1万人）。受灾人口为26.95亿、造成受灾人口最多的三类灾害分别是旱灾或食物短缺（11.06亿人）、水灾（10.38亿人）和风灾（3.74亿人）。灾害造成的经济损失总计大约为10823亿美元①。

据中国民政部2009年上半年《全国自然灾害基本情况》报告，全国受灾人口达2.2亿人次，因灾死亡384人（含森林火灾致死35人），失踪24人；农作物受灾面积达5.254亿亩，倒塌房屋19.9万间，因灾造成的直接经济损失达391.4亿元②。

据国家减灾委统计，2009年1～10月全国共发生突发灾害1270次（见表2）。

表2　2009年1～10月中国发生的突发灾害

单位：次

灾害名称	发生次数	灾害名称	发生次数
洪　涝	489	地　震	73
旱　灾	205	山体滑坡	57
台　风	72	雪　灾	22
低温冷冻	30	雷　击	4
冰　雹	8	暴　雨	3
火　灾	4	垮　塌	1
沙尘暴	1	车　祸	1
虫　害	1	合　计	1270
风　雹	299		

资料来源：国家减灾委网站。

从全球情况看，2009年1～10月主要有如下自然灾害发生。

2008年12月底，澳大利亚新南威尔士州发生历史上最大的丛林火灾，造成181人死亡，数千栋房屋被烧毁，电力中断，高速公路和铁路交通瘫痪。大火持续近一个半月。

2009年3月，纳米比亚、安哥拉、赞比亚等南部非洲国家遭受44年来最严重

① http://www.ifrc.org/Docs/pubs/disasters/wdr2009/WDR2009 - full.pdf.

② http://www.mca.gov.cn/article/zwgk/mzyw/200907/20090700032981.shtml.

的洪灾。在受灾最严重的纳米比亚，有92人在洪水中丧生，受灾人数超过35万。

4月6日，意大利发生30年来最严重的地震，造成287人死亡，1万间建筑被毁，4万人无家可归。意大利总理贝卢斯科尼宣布全国进入紧急状态，宣布4月10日作为“全国哀悼日”，为遇难者举行国葬。

8月7日，“莫拉克”台风登陆台湾岛，狂风暴雨引发泥石流，造成700余人死亡，78.5万座房屋受到直接影响，仅农业、林业、渔业和畜牧业的直接经济损失就达4.5亿美元。

9月，土耳其最大城市伊斯坦布尔及邻近地区遭受数十年来罕见的洪水袭击，造成至少31人死亡。报道称这是80年来伊斯坦布尔市遭受到的最大一次暴雨袭击，而洪灾造成的损失可能达到7000万~8000万美元。

8~9月间，洛杉矶郊外山火横行，大火日夜冲天，烟尘呛人心肺，距主城区仅一步之遥。持续了20多天的山火过火面积达14万亩，近100栋建筑物被焚，两名消防员殉职，政府耗资1400多万美元。

9月26日，台风“凯萨娜”席卷菲律宾北部。台风和暴雨引发的洪灾造成246人死亡，187万人流离失所。该台风9月29日登陆越南中部，15个省份受灾，共造成30多万座房屋被淹，约7.3万公顷农作物受灾。截至10月2日，台风引发的洪水和山体滑坡造成至少122人死亡。该台风在柬埔寨和老挝境内也引起山洪爆发和滑坡，整个区域总计灾民人数达到200万。

9月29日6点48分，南太平洋岛国萨摩亚、美属萨摩亚和汤加发生8级强震，引发4道大海啸，高达9公尺，相当于3层楼的巨浪涌上陆地，最远达到1.5公里处，村落惨遭夷平，至少有183人死亡。

9月30日，印度尼西亚苏门答腊岛发生里氏7.6级地震，首府巴东市房屋损毁严重。10月1日，距巴东225公里的内陆地区发生强烈余震，震级为里氏6.8级。地震两天后发现至少1100人死亡，印度尼西亚官员预计，最终死亡人数将超过5000。

10月3日，菲律宾再遭台风“芭玛”的登陆袭击，洪水和泥石流导致至少225人死亡。

2009年夏季，印度大部分地区发生30多年来最严重的旱灾，白米、蔗糖和马铃薯等农作物歉收，粮食价格暴涨，穷人叫苦连天。10月初，印度南部又因连日暴雨导致洪水泛滥成灾，造成至少280人死亡，超过150万人无家可归。

（二）突发事故灾害

突发事故灾害是在人们生产、生活活动过程中突然发生的，违反人们意志并且造成大量的人员伤亡、经济损失或环境污染的意外事件。

2009 年 1 月 1 日凌晨，泰国首都曼谷市的“圣提卡”夜总会突然发生火灾，这场火灾造成 60 人死亡、243 人受伤。

1 月 11 日，印尼苏拉威西岸外一艘渡轮沉没，造成 335 人命丧大海。

1 月 17 日，三艘从索马里出发、共载有大约 400 名非洲移民的船只在也门附近海域倾覆，300 余人丧生。

1 月 31 日，肯尼亚发生运油车爆炸惨剧，造成至少 113 人死亡（包括 4 名阻止群众偷油的警察），另有逾 200 人受伤。运油车在首都内罗毕附近小镇莫洛遇上交通意外翻侧，群众蜂拥而上抢油时发生爆炸，许多人葬身火海，多数是妇孺。

3 月 27 日凌晨，印度尼西亚万丹省南唐格朗市发生蓄水湖大坝决堤事故，造成 100 人死亡，另有 132 人失踪。

6 月 1 日，法航的一架客机在从里约热内卢飞往巴黎途中遇上强烈风暴，飞机最终坠入大西洋，机上 228 名乘客全部遇难，成为法航 75 年历史上最严重的空难。

6 月 5 日，墨西哥西北部城市埃莫西约的幼儿园火灾事件造成至少 29 名儿童死亡，另有数十名儿童被送往医院救治。

7 月 7 日晚，印度尼西亚东部东努沙登加拉省科莫多岛附近水域发生一艘载有 86 名阿富汗人的木船沉没事故，导致 45 人死亡，41 人下落不明。

7 月 23 日，中国内蒙古自治区赤峰市的新城区，至少有 4300 多个居民因为饮用受污染的自来水而先后出现腹泻、呕吐、头晕、发热等症状。据查，这是当地自来水厂有关人员失职所致。

8 月 10 日，装有 176 个集装箱的重庆集装箱船下行至三峡大坝下游时有 62 个集装箱掉入长江，其中 12 个装有危险化学品，使沿岸 10 余万个居民饮水受到影响。

8 月 17 日，建造于俄罗斯西伯利亚地区叶尼塞河上的萨彦－舒申斯克水电站发生重大事故，机房进水，墙体坍塌，死亡 75 人，投入排险救援人员超过 2000 人次。

8 月 23 日，泰国能源巨头 PTTEP 澳洲分公司位于澳大利亚西部金伯利海岸以北约 250 公里的“西阿特拉斯”海上钻井平台发生原油泄漏事故，需要近两个月时间才能阻止泄漏，这意味着泄漏的原油将源源不断地注入帝汶海长达近两个月。环保人士强烈担忧附近海域生态环境可能遭严重污染。

9 月 23 日，印度中部一家热电厂的在建烟囱突然倒塌，造成约 40 人死亡，数十名工人失踪。事故发生时，当地正下着暴雨，并有雷电出现，大约有 300 人在电厂内工作。

10 月 9 日，尼日利亚东南部阿南布拉州发生一起油罐车爆炸事故，大火迅速吞噬了附近 10 余部车辆，包括一辆紧跟在油罐车之后的载有近 20 名学生的学校班车。事故造成 70 多人死亡。

2009 年上半年，中国大陆地区共发生各类事故 186775 起，死亡 36370 人。其中煤矿事故 749 起，死亡 1175 人，造成一次死亡 15 人以上的事故有 5 起。

（三）公共卫生灾害

如果评选 2009 年全球最具影响力事件，曾被称为猪流感的甲型 H1N1 流感必会当选。2009 年 4 月 25 日，世界卫生组织宣布在美国和墨西哥出现的猪流感疫情为“具有国际影响的公共卫生紧急事态”，并启动突发公共卫生事件控制中心程序。

到 5 月 4 日，全球 20 个国家和地区有甲型 H1N1 流感确诊病例 985 例，其中死亡病例 26 例。一个月后的 6 月 11 日，全球已在 74 个国家和地区中发现 27737 名 H1N1 新型流感患者，死亡 141 人。8 月 4 日公布的疫情统计数字显示，甲型 H1N1 流感病毒已扩散到世界各大洲的 168 个国家和地区，确诊病例为 16.24 万例，造成全球 1154 人死亡。9 月 18 日，世界卫生组织在每周通报中说，全球报告的甲型 H1N1 流感确诊病例总数超过 29.6 万例，已造成全球至少 3486 人死亡，但由于许多疫情严重的国家已不再统计新增病例，这个数字比实际感染数字低很多。截至 9 月 5 日，美洲地区报告的死亡人数最多，为 2625 人。非洲地区报告的死亡人数最少，为 40 人①。

世界卫生组织总干事陈冯富珍说，甲型 H1N1 流感“从受影响的国家和人数

① http：//www.who.int/csr/don/2009_ 09_ 18/en/index.html.

的角度而言已经成为最大的大流行”，创流行病毒传播速度的最快纪录，几乎是其他病毒传播速度的数倍。世界卫生组织认为，由于该病毒可以在病人没有任何症状的情况下传染给他人，再加上现代社会旅游、商务人员流动的频繁，根据目前的情况，已经没有任何方法可以阻止该流感病毒的传染。在 2009 年 9 月 21 日举行的西太平洋区域委员会会议上，世界卫生组织总干事陈冯富珍表示，甲型 H1N1 流感在全球迅速蔓延，第二波的传播已经开始。

在此次流感大传播中，中国的情况迄今尚好，这主要得益于从 2003 年非典型性肺炎病情中吸取了经验和教训。截至 10 月 9 日，中国内地 31 个省份共确诊甲型 H1N1 流感病例 22830 例，已经治愈 20194 例。其中 9 月份以来疫情发展比较快，9 月份一个月确诊病例 1.7 万多例。西藏报告了 1 个死亡病例[①]。

根据印度卫生部 9 月 28 日晚发布的消息，印度国内已发现有 9781 人感染甲型 H1N1 流感病毒。自 8 月 4 日出现第一例因感染甲型 H1N1 流感而死亡的病例后，在短短两个月的时间里死亡病例迅速超过了 300 例。据统计，在目前已经接受检测的约 4 万个病人的血样中，23.8% 呈阳性。仅 28 日当天，印度卫生部门就确诊了 177 例“甲流”新发病例，其中约 1/3 来自首都新德里。与同样感染“甲流”的其他一些国家或地区相比，印度患者的较高死亡率引起了人们的恐慌。医学界人士认为，印度相对落后的医疗条件以及人们的卫生习惯是造成高死亡率的主要原因[②]。

非洲的莫桑比克自 2008 年 8 月出现霍乱以来，全国 10 个省全部有疫情发现，总计有 3.5 万人染病，近 2000 人死亡。10 月 1 日，刚果（金）有关卫生部门发布消息说，位于该国东部的南基伍省 2009 年持续爆发霍乱疫情，已有 7079 人感染，82 人死亡。

据肯尼亚《旗帜报》6 月 23 日报道，肯尼亚等一些非洲国家正面临黑热病和昏睡病等热带病威胁。专家表示，在非洲，长期以来人们对艾滋病、疟疾和肺结核三大疾病的高度关注导致其他许多热带病未能获得足够重视。肯尼亚每年记录在案的黑热病病例至少有 4000 例，这一疾病给偏远地区民众带来了沉重负担。黑热病通过蚊虫叮咬传播，主要症状为长期不规律的高烧、皮肤长时间溃烂、肝

---

① http：//www. moh. gov. cn/publicfiles/business/htmlfiles/mohbgt/s3582/200910/43101. htm.

② http：//gb. cri. cn/27824/2009/09/29/1062s2636005. htm.

脾肿大等。全球每年有约 50 万人受到黑热病影响，非洲每年有约 5.1 万人死于黑热病①。

昏睡病，即非洲锥虫病，是一种寄生虫病，此病主要在非洲发生，主要症状有发烧、头疼、关节疼、瘙痒和睡眠周期紊乱等。

2008 年底到 2009 年 3 月初，在葡萄牙各地发生的严重急性流感，已经导致约 1500 人死亡。报道说，急性流感于 2008 年底开始在葡萄牙蔓延。葡萄牙全国有数万人感染急性流感。在这些患者中，因流感直接导致死亡的约有 1200 人，因流感引发其他并发症而死亡的约为 300 人②。

2008 年 9 月，中国“三鹿毒奶粉”事件曝光后，又查出 22 家品牌液态奶或奶制品含有三聚氰胺。截至 2008 年 12 月底，中国累计报告因三聚氰胺超标奶粉而患病的儿童 29.6 万人；因毒奶粉事件导致的经济损失，仅仅伊利和蒙牛两家就达到了上百亿元人民币。凡是使用了牛奶或者奶粉做辅料的出口食品全被殃及。据估计，因毒奶粉事件造成的总经济损失可能达上千亿元，是承办奥运会开销的两三倍，相当于四川大地震所造成的损失。

（四）社会安全事件

2009 年 4 月 30 日送交美国国会的《2008 年度各国反恐怖主义形势报告》战略评估部分指出：“‘基地’组织以及与其相关的网络在组织结构上继续受到打击，但它们仍是美国及其盟友在 2008 年面临的最严重的恐怖主义威胁。”根据国家反恐怖主义中心（National Counterterrorism Center）为编写这份报告提供的统计数字，2008 年全世界发生的恐怖主义袭击事件为 11770 起，与 2007 年的 14506 起相比减少了 19%。2008 年在恐怖主义袭击事件中丧生 15765 人，比 2007 年的 22508 人减少了 30%③。

2008 年 11 月 26 日，印度发生了持续 60 多个小时的孟买恐怖袭击事件。在这场震惊世界的杀戮事件中，共有 188 人丧生，其中包括 18 名外国人，另有 295 人受伤。更令人震惊的是，制造这一切的是 10 名配有冲锋枪和手雷的年轻武装

① http：//news.xinhuanet.com/world/2009-06/23/content_11589732.htm.

② http：//www1.china.com.cn/international/txt/2009-04/21/content_17639372.htm.

③ http：//www.state.gov/s/ct/rls/crt/2008/.

分子。这次袭击活动遍及孟买市内的10多个目标。由于这些武装分子训练有素，能熟练使用冲锋枪和手雷，前后共有20多名印度特种部队官兵在交火中丧生。

2009年2月7日，马达加斯加警方与反政府示威人群发生冲突，开枪打死至少28名反对派人士并造成数百人受伤。

3月3日，斯里兰卡板球队所乘坐的巴士在巴基斯坦城市拉哈尔遭到一伙蒙面武装分子的袭击，造成6名警察和2名平民死亡，6名斯里兰卡板球队员受伤。巴基斯坦警方称："总共有12名蒙面枪手，警方与之展开了约25分钟的枪战。"

3月11日，德国斯图加特市附近一所中学发生恶性校园枪击案，包括枪手在内有16人死亡。枪手进入校内的多间教室，用枪向正在上课的学生射击，打死了9名中学生、3名教师。9名遇难学生年龄为14~15岁，3名教师均为女性。这是德国历史上伤亡人数较多的枪击案之一。

6月9日，在巴基斯坦西北边境省首府白沙瓦的一个五星级酒店发生了炸弹袭击，联合国难民署一名官员，以及联合国儿童基金会和联合国人口基金会的4名工作人员以身殉职，事件还造成另外11人死亡，50多人受伤。

7月17日，印度尼西亚首都雅加达市中心两家豪华酒店接连发生炸弹爆炸事件，造成9人死亡，61人受伤。这是印度尼西亚数年来发生的首次重大爆炸袭击事件，警方认定是两名自杀式炸弹袭击者所为。

8月11日，俄罗斯印古什共和国首府纳兹兰市发生一起自杀式爆炸袭击，造成20多人丧生，100多人受伤。

8月15日，阿富汗一名自杀式袭击者驾驶满载炸药的汽车，在北约部队总部门口引爆了炸弹。爆炸导致附近数辆汽车损毁，大楼玻璃破碎，4人死亡，91人受伤。死伤者中多数为平民。塔利班武装已宣称对袭击事件负责。

8月19日，伊拉克首都巴格达发生恐怖爆炸，大爆炸造成95人死亡，560多人受伤。爆炸地点位于平时戒备较为严密的伊拉克外交部和财政部附近。电视台播放的爆炸现场画面显示，巨大的"蘑菇云"腾空而起，房屋浓烟滚滚化为废墟，民众头破血流四散奔逃，混乱不堪。这是自驻伊美军6月底从伊拉克城镇撤出后，伊拉克发生的最惨烈的暴力袭击事件。

9月9日，位于印度尼西亚雅加达市中心的澳大利亚使馆门前发生一起自杀式炸弹爆炸事件。爆炸造成9人死亡，近100人受伤，其中包括4名中国人。当地电视台称，这起爆炸的强度超过2008年针对万豪酒店的恐怖袭击。

10月9日，巴基斯坦西北边境省首府白沙瓦遭自杀式汽车炸弹袭击，至少49人死亡，包括3名女性和7名儿童；逾百人受伤，其中50人伤势严重。这是白沙瓦4个月来第六次遭遇武装人员袭击。巴基斯坦过去两年内有超过2100人死于爆炸袭击。

12月10日，因警察执法意外导致一名示威少年死亡事件触发雅典及希腊第二大城市塞萨洛尼基大规模骚乱。参加示威活动的青少年冲进多家广播电视台，强行播放反政府的节目。这场动荡还随着金融危机带来的不安情绪波及欧洲其他国家，甚至有欧洲“愤青”打出了“欧洲革命”口号。对希腊表示理解的人们纷纷站起来抗议，示威活动从俄罗斯蔓延到西班牙。数据显示，警方在雅典和其他爆发骚乱的至少12个希腊城市总共施放了4600多枚催泪弹。由于催泪弹被用光，希腊政府向以色列和德国要求紧急供应。

以下是2009年度全球发生的社会骚乱事件。

2009年3月初，尼泊尔塔鲁族等尼泊尔南部族群开始发动大罢工等示威活动，导致局部地区发生骚乱，全国社会经济生活受到严重影响。在约两个星期的混乱状态中，4名抗议者和1名警察死亡，数十人受伤。尼泊尔制宪会议2008年5月28日宣布尼泊尔为联邦民主共和国。由于民族区域是划分联邦的重要依据，尼泊尔民族矛盾日渐突出。

从3月26日起，支持泰国前总理他信的街头力量反独裁民主联盟，举行大规模示威和静坐抗议活动，要求总理辞职并重新举行议会选举。首都曼谷10多万人包围了国会，并大闹东盟系列峰会主会场，即泰国南部滨海城市帕塔亚。泰国总理阿披实在束手无策，一度宣布进入紧急状态，各国领袖纷纷撤离，会议被取消。4月12日，泰国警方以煽动抗议、制造社会动乱的罪名逮捕了反政府组织首领阿里斯曼。

6月15日，伊朗总统选举争议引发的街头示威抗议愈演愈烈，示威集会在接近尾声时演变成流血冲突。伊朗国营电视台说，有7名示威者遭到射杀，但据驻德黑兰西方媒体报道，死亡人数要更多。150万～200万名拥护前总理穆萨维的民众不顾当局禁令，在德黑兰街头集会示威。他们焚烧车胎、垃圾桶和电动自行车泄愤，上述情形令人想起1979年的伊斯兰革命。抗议选举舞弊示威的规模不断扩大，演变成德黑兰10年来最严重的骚乱。骚乱中，有人为了劫掠一个军

人哨站而对其施袭，其间至少有 7 人被杀。

7 月 5 日，中国乌鲁木齐市发生重大群体性骚乱，骚乱造成 1700 多人受伤、197 人死亡。其中，无辜死亡者为 156 人。事发不到两个月，乌鲁木齐市又连续发生犯罪分子用针状物刺伤市民、制造恐怖氛围的案件，引起群众恐慌和愤慨。无论是从事件的政治目的、受害对象、使用手段和造成的严重后果还是从所产生的恶劣影响来看，7·5 暴力事件和随后的针刺事件都完全符合暴力恐怖主义的典型特征，因此事件的实质是暴力恐怖主义犯罪。

9 月 10 日，乌干达首都坎帕拉开始发生大规模骚乱，持续 3 天的骚乱共造成 15 人死亡和 80 余人受伤。据乌干达《新视野》报道，负责安排乌干达传统王国布干达国王访问事务的该国总理在去卡永加的路上遭到逮捕的假消息，导致了布干达国王支持者的强烈不满，进而引发了该事件。骚乱发生后，不少外国驻乌干达使团纷纷发出警告，提醒本国公民不要赴乌干达旅游。

9 月 11 日，德国汉堡街头的一个 300 多人参加的音乐节庆典引发严重骚乱。右翼与左翼人士发生冲突，引发大规模斗殴，闹事者不仅毁坏公共设施，还与防暴警察发生冲突，场面一度失控，2000 名警察只好用高压水枪和防暴盾牌驱散。骚乱中有 12 名警察受伤。

三　近年突发灾害事件的特点

今天我们所面临的突发灾害，有许多是前所未有的，有些虽然古已有之，但其危害程度前所未有。各种灾害表现出地域集中、多发性显著、突发性更强、破坏力更大、危机全球化等特点。

（一）全球自然灾害损失上升且地域集中

过去 10 年中，全球各种自然灾害的发生频率增大，损失加大。表 3 是国际红十字与红新月联合会发布的 2009 年《世界灾害报告》对 20 世纪最后 10 年与 21 世纪第一个 10 年所作的对比。

从表 3 可以看出，最近 10 年比上一个 10 年，全球因灾死亡人数增加了 62%，受灾人数增加了 27%。在因灾死亡人数方面，非洲增加了 68%、美洲增加了 38%、亚洲增加了 52%、欧洲增加了 499%、大洋洲减少了 76%。

表3　全球各洲因自然灾害死亡和受灾人数对比
（1989～1998 年与 1999～2008 年相比）

单位：人

洲　别	因灾死亡人数		受灾人数	
	1989～1998 年	1999～2008 年	1989～1998 年	1999～2008 年
非　洲	27370	46026	194756608	316288517
美　洲	46706	64317	35969741	83536786
亚　洲	671024	1023081	1805458332	2278965214
欧　洲	18220	109170	55664542	16303910
大洋洲	3626	886	38924497	718462

资料来源：http：//www. ifrc. org/Docs/pubs/disasters/wdr2009/WDR2009 – full. pdf。

全球自然灾害主要集中在亚洲地区，特别是东亚和东南亚地区。1999～2008 年 10 年间，亚洲共发生自然灾害 2900 多次，占世界总数的 40% 多；10 年间，亚洲因自然灾害死亡达 102. 3 万人。其中东亚、东南亚国家近 83 万人。而欧洲、美洲、大洋洲和非洲加起来约为 22 万人。全球由洪水导致的死亡人数，75% 发生在孟加拉、中国和印度这 3 个国家。全球在灾害中丧生者数量最多的 10 个国家中，有 9 个是亚洲国家①。

自然灾害的这种分布情况，与亚洲地区的地理位置和自然环境有很大关系。就地震而言，其分布是受地质构造影响的。全球的地震带主要有两条，一条是环太平洋地震带，这是世界上地震最活跃的地带，全球地震的 80% 和释放能量的 75% 集中于这一区域；二是欧亚地震带，全球 15% 左右的地震发生在这一区域。东亚和东南亚正好处在环太平洋地震带上。中国作为多地震国家，不仅处在环太平洋地震带上，还受到欧亚地震带的影响。据统计，中国大陆 7 级以上地震占全球大陆 7 级以上地震的 1/3，因地震死亡人数占全球的 1/2；全国有 41% 的国土、一半以上的城市位于地震基本烈度 7 度或 7 度以上地区，6 度及 6 度以上地区占国土面积的 79% 。就气候灾害而言，东亚和东南亚因地处太平洋西岸和欧亚大陆东岸，海陆热力差异巨大，因此热带风暴、洪涝灾害、寒潮、干旱等灾害也十分频繁。

联合国副秘书长诺伊琳·海泽在 2009 年 10 月 1 日的声明中说：“过去一周

① http：//www. ifrc. org/Docs/pubs/disasters/wdr2009/WDR2009 – full. pdf.

提醒我们，亚太地区是全球灾害热点地区。亚太地区居民遭受自然灾害影响的几率是非洲居民的4倍，是欧洲和北美居民的25倍。"① 他所指涉的事实是：从9月26日开始，台风"凯萨娜"登陆菲律宾并连续袭击越南、老挝和柬埔寨，引发洪灾和地质灾害，造成300多人死亡，45万人无家可归；9月30日印度尼西亚西苏门答腊省发生里氏7.6级地震，上千人遇难；"凯萨娜"刚走一周，台风"芭玛"10月3日登陆菲律宾北部地区，又造成至少225人死亡，数千间房屋被毁。这种灾害发生的频繁程度在历史上未曾有过。

（二）欠发达国家和人口是自然灾害的主要受害者

2009年5月17日，联合国发布了首份《减少灾难风险的全球评估报告》（*Global Assessment Report on Disaster Risk Reduction*）。该报告指出，全球灾害风险的分布很不均匀，灾害风险与贫困之间存在密切联系，灾害造成的死亡及财产损失突出集中在贫困国家和贫困人口。例如，日本和菲律宾两国人口受到热带风暴威胁的程度相当，但菲律宾在热带风暴中丧生的人口数量却比日本高17倍。全球由洪水导致的死亡有75%发生在孟加拉、中国和印度这三个发展中国家②。

这份报告中附加了"死亡风险指数"表。这一指数将世界上200个国家和地区按照10个风险种类予以罗列，从程度极端到可以忽略不计。该指数涉及四大类灾害：热带风暴、地震、洪水和泥石流。20名一流科学家在两年时间里就灾害危险模型、受灾概率和受灾害影响程度进行了研究。为了提供准确的数据，研究人员对于过去30年的灾害发生情况进行了分析，了解人口规模和地理区域大体一样的人口在承受一种可比强度的自然灾害时为什么所遭受的损失不同，最终提出了一份特大自然灾害风险指数报告。

该报告指出，世界上四个人口大国：孟加拉、中国、印度和印度尼西亚属于国民平均面临风险最大的国家。其次的国家有哥伦比亚、缅甸和巴基斯坦；接下来是阿富汗、阿尔及利亚、刚果民主共和国、危地马拉、伊朗、日本、秘鲁、菲律宾、罗马尼亚和乌兹别克斯坦。然而，进一步分析之后，风险最高的国家又加入了哥伦比亚、科摩罗、多米尼加、危地马拉、缅甸和瓦努阿图。引人注意的

---

① http://news.xinhuanet.com/world/2009-10/02/content_12173481.htm.

② http://www.preventionweb.net/english/hyogo/gar/report/index.php?id=9413.

是，相对孤立、救援困难的小岛国，如斐济、所罗门群岛、东帝汶、圣多美和普林西比、圣基茨和尼维斯岛和圣卢西亚都是风险高的国家。

联合国助理秘书长、减灾问题特别代表玛加丽塔·瓦尔斯特伦（Margareta Wahlstrom）表示，中国和印度面临突如其来的重大自然灾害的风险人口最多，两国政府已经进行了坚实的减灾工作，这一工作一定要继续下去。让她感到担心的是中低收入国家和小岛屿国家。瓦尔斯特伦说："中低收入国家和小岛屿发展中国家越来越多的社区处于一种灾害风险与气候变化的连续统一体之中，使得越来越多的人受到突如其来的自然灾害的威胁。"①

"死亡风险指数"显示，海湾国家巴林、卡塔尔、阿联酋和丹麦、爱沙尼亚、格陵兰岛、拉脱维亚、卡塔尔、塞舌尔群岛，是世界上自然灾害风险方面最安全的国家。

中国自古以来就是一个自然灾害频发的国家，随着经济的发展，自然灾害给中国带来的损失也越来越大。频发的自然灾害成为地方政府面临的主要危机之一。2008 年，全球因灾损失 1811 亿美元，而当年中国的南方冰冻灾害和四川汶川地震灾害累计损失超过 1060 亿美元，占全球损失的 58%。作为世界上为数不多的自然灾害损失最为严重的国家之一，中国 70% 以上的大城市、半数以上人口、75% 的工农业产值，分布在气象、地征、地质和海洋等灾害严重的地区，灾害对社会经济发展的制约非常严重。国内外经验表明，随着经济社会快速发展，生产和生活设施密度持续升高，灾害造成的损失也会随之增大。有资料显示，从 20 世纪 90 年代开始，伴随着中国经济新一轮的高速增长，灾害造成的损失金额也逐步增加，平均损失比 80 年代高出 40%；年均直接经济损失超过 1000 亿元人民币，比 80 年代同期高 200%②。而 1999～2008 年，年均损失已经超过 2000 亿元人民币。

（三）饮用水污染成为最危险的人为灾害

在人为灾害中，环境污染成为一些发展中国家的突发灾害，它们正在重蹈发达国家 20 世纪 60～70 年代的覆辙。此外，许多其他自然灾害在相当程度上也是

---

① http://www.unmultimedia.org/radio/chinese/detail/129022.html.

② 谢耘耕等：《突发事件报道》，上海交通大学出版社，2009，第 201 页。

由人类大规模的生产活动直接导致的，比如对地下水、石油和天然气的开采，引发了地面沉降、地表坍陷。据统计，在全球的滑坡灾害中，70%以上与人类工程活动相关。而发展中国家的城市化进程加大了上述灾害的破坏性。

近几年，水污染所造成的饮用水危机在中国的人为事故灾害中占了相当比重。

早在2007年，中国有200万人由于太湖大规模蓝藻爆发而无缘清洁的饮用水，一场饮用水危机席卷江苏无锡。随后，滇池、巢湖蓝藻也相继爆发。

2009年2月20日，江苏省盐城市城西水源遭酚类化合物污染，数十万个市民饮水受到影响。5月28日，湖北省襄樊市南漳县自来水“泥水门”事件引发当地10万个居民数日的饮水、用水困难。7月23日，在内蒙古赤峰市的新城区，至少有4300多个居民因为饮用受污染的自来水而先后出现腹泻、呕吐、头晕、发热等症状。

国家环保总局发布的《中国环境状况公报》称，经对全国近14万公里河流进行的水质评价，近40%的河水受到了严重污染；全国七大江河水系中劣V类水质[①]占41%。而国家环保总局发布的另一项重要调查显示，在被统计的中国131条流经城市的河流中，严重污染的有36条，重度污染的有21条，中度污染的有38条[②]。

作为中国北方的重要水源，黄河在近十多年中被污染的情况在不断加重。黄河流域水资源保护局对黄河水污染的状况进行量化分析后发现，黄河干流近40%河段的水质为V类，基本丧失水体功能[③]。与黄河一样，长江的污染面积也在不断扩大。一项最新的调查显示，长江干流六成河水目前已遭污染，超过Ⅲ类水的断面已达38%，比8年前上升了20.5%。尽管淮河是中国投入最多、开展污染治理最早的大河，但如今仍是一条受污染最严重的河流。在2000公里的淮河河段中，78.7%的河段不符合饮用水标准，79.7%的河段不符合渔业用水标准，32%的河段不符合灌溉用水标准[④]。

---

① 依据国家环保总局2002年发布的《地表水环境质量标准》，国家将地表水由清洁到不清洁分为从I类到V类。劣V类水质比V类水质还要差，水体无使用功能。

② http://www.mep.gov.cn/xcjy/zwhb/200906/t20090605_152346.htm.

③ http://www.yrwr.com.cn/zdz/gb.htm.

④ http://www.china.com.cn/news/txt/2009-09/22/content_18580517_2.htm.

自2005年松花江发生重大苯污染事件以来，中国共发生140多起水污染事故，平均2～3天便发生一起与水有关的污染事故。水污染作为一个严重的公共危机正以超常的分量挑战着中国政府的决策水准与能力。

由"水援助"（Water Aid）和"泪水基金"（Tear Fund）这两家国际性慈善机构发表的最新调查报告指出，目前全球有9亿人没有洁净饮用水，25亿人没有上厕所的条件。全球每天有多达5000名少年儿童因饮用水卫生状况恶劣而死亡①。该报告还说，水污染问题在那些人口急剧增长的发展中国家尤为严重。比如，在20世纪70年代，孟加拉首都达卡市的人口只有25万左右。但是，30年后的今天，住在这座城市中的居民已经超过1000万人。该市的一位政府官员日前抱怨说："如今，达卡市的许多地区简直成了污水坑和化粪池，成千上万的市民长期喝不到清洁的卫生用水。而且，上述情况每分钟都在恶化。"该报告认为，农村人口大幅度地向城市集中，是导致全球水危机现象日益严重的主要原因。

据新华网2009年9月30日报道，南非水资源研究人员对媒体表示，他们在全国各地多处地下水源中发现甲基特丁基乙醚（MTBE）。这是一种可致癌的汽油助剂，且不易降解，要从地下水中予以清除将耗资巨大。南非水资源调查学者珍妮弗·比勒陀利亚斯对媒体表示，自己早在2003年参与一项"机密"项目研究时，就在南非许多地方的土壤中发现了甲基特丁基乙醚，而汽油存储罐泄漏或输油管道漏油都可能是导致甲基特丁基乙醚污染土壤和水源的因素②。

总之，对人类生存的最基本条件（水）的污染问题已经成为目前世界上最为紧迫的卫生危机之一③。

（四）新型传染病源接连出现

四五千年前，一种强烈传染性的疾病——感冒，开始在人群中蔓延，而感冒病毒最初是流行于马群当中的。当它们首次到人体中安营扎寨时，人群中的大多数个体对此没有免疫能力，因而感冒病毒对当时的人来说或许是致命的。此外，

① http：//www.wateraid.org/documents/plugin_ documents/wateraid_ annual_ report_ 0708.pdf.

② http：//news.xinhuanet.com/world/2009－09/30/content_ 12137607.htm.

③ http：//www.hwcc.com.cn/newsdisplay/newsdisplay.asp？Id＝31653.

伤寒、痢疾、霍乱等也曾是威胁人类生命的严重传染病。自 19 世纪开始，英国的一些医生和官员开始进行大面积调查，最终得出结论，这类传染病的爆发与肮脏的住所、受污染的水系及密集的人口有关。

传染病当今仍然是世界儿童和发展中国家成人死亡的首要致因，每年夺去 1000 多万条性命。造成发达国家与贫困国家人口预期寿命差异的因素 80% 源于传染病①。

由于人口的不断增长和资源的日益缺乏，人类正在不断蚕食野生动物的栖息地，所以人类与野生动物的接触越来越紧密，这就导致了传染病毒在动物与人之间的传播速度骤增。艾滋病毒、高致病性禽流感病毒、西尼罗河病毒和亨德拉病毒都是通过多个物种传递才最终传播到人类的。在这 4 种病毒中，艾滋病毒通过黑猩猩传染，禽流感病毒和西尼罗河病毒主要通过鸟类传播，而亨德拉病毒的主要宿主则是蝙蝠。此外，科学家相信，2003 年的非典型性肺炎和 2009 年的 H1N1 病毒大流行也源于动物。

据肯尼亚《旗帜报》报道，研究人员说，在过去 20 年里，非洲发现了 39 种新疾病，这些疾病导致该地区婴儿死亡率居高不下。据统计，非洲每年有 320 万个婴儿在出生后 3 个月内死亡②。病毒在不同物种之间的传播速度和变种速度日益加快，各种新型传染病层出不群，使人类疲于应付。

（五）全球气候变暖和过度城市化加剧了灾害的程度

大西洋上通常一年只有 8 场左右的飓风，而在 2005 年出现了 15 场，包括给美国新奥尔良市带来巨大灾难的飓风“卡特里娜”。虽然近年来飓风活动增加与千年一遇的飓风活动高峰有关，但全球变暖也起到了“推波助澜”的作用。从原理上讲，热带气旋活动与海洋表层水温有关，其生成不仅要求洋面海水表面温度要高于 26.5℃，而且在 60 米深的水温都要超过这个数值。而在海水温度低于 26.5℃的海洋面上，因热能不够，热带气旋很难维持。因此，如果全球持续变暖，洋面温度就会保持在一个高水平上，热带气旋活动就很有可能进一步增加。

全球持续变暖除了导致热带气旋增加外，还会导致严重干旱、酷暑等各种极

① http：//www.un.org/chinese/millenniumgoals/unsystem/goal8wb5.htm.

② http：//sci.ce.cn/kjsh/jk/jkxw/200805/10/t20080510_15415113.shtml.

端性天气。就最近全球频繁发生的山火来说，尽管导致这些山火发生的原因不尽相同，但一个不争的事实是，全球变暖导致的长时间干旱提高了山火发生的频率，伴生的干热风加重了山火的猛烈程度，也增加了扑灭的难度。这次加州大火发生前，洛杉矶及南加州其他地区气温上升，一些地方气温甚至高达 38 摄氏度，破了近 30 年来的最高纪录。希腊前年森林火灾发生时，热浪席卷了欧洲南部。澳大利亚 2009 年 2 月山火发生时，这个大洋洲国家遭遇了百年一遇的酷暑和干旱。英国《星期日独立报》报道说，在美国，20 年前蔓延范围超过 2000 公顷的大火较为罕见，而过去 10 年出现了 200 多起蔓延范围超过 2 万公顷的大火。美国科罗拉多大学地理学家韦布伦说，研究证明，自 20 世纪 90 年代以来，北大西洋表层水温上升与美国西部的干旱现象密切相关。如果未来 60 年这一趋势像过去一样继续，那么美国西部山火之频繁将是史无前例的①。

联合国政府间气候变化专门委员会 2007 年发布了第四份《气候变化评估报告》，以科学成果证明人们的担心并非杞人忧天。该报告预测，从现在起到 2080 年，全球平均气温将升高 2 ~4 摄氏度，其结果是：有 11 亿 ~32 亿人的饮用水可能遇到问题，2 亿 ~6 亿人将面临饥饿威胁，每年沿海地区有 2 亿 ~7 亿个居民可能遭受洪涝灾害②。

此外，全世界的农村人口向城市移民的规模，正在以每天 16 万人的速度增加。意大利和美国科学家在其回顾性报告中强调指出，人口增速过猛，大规模投资兴建基础设施造成巨大城市出现，使得人口和经济迅速向城市集中，使得巨大城市越来越脆弱。于是，一种被动受灾的局面也跟着出现了。洪水、破坏性地震、环境污染、火山喷发、物种灭绝与生物入侵等自然灾害事件以及战争、恐怖活动、新传染病流行等人为灾害，使巨大城市面临极大破坏的危险性增加了 2 ~3 倍。

同时，社会对自然和社会各领域尤其是科技的依赖性提高，社会脆弱性增加，导致突发事件存在着规模、频率和危害性加强的趋势。可以想象，如果一栋高层住宅楼因地质问题倒塌就可能造成数千人伤亡。在这种情况下，突发公共安全事件对人民群众的生命安全和社会经济的威胁就表现得日益突出。例如，2005 年北京小雪造成的交通瘫痪、2007 年济南的瞬间洪水灾害、2008 年初中国南方

① http：//www. weather. com. cn/static/html/article/20090917/79959. shtml.

② http：//www. un. org/chinese/climatechange/unchronicle3. shtml.

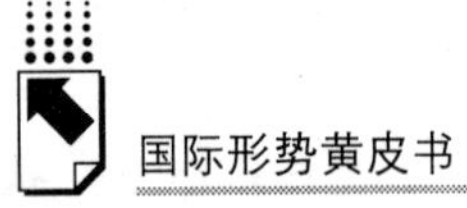

的大规模冰冻灾害都说明城市对于交通、电力、通信的依赖，以及抗御灾害方面的脆弱性。

四　突发灾害的管理

灾害与对灾害的管理是相对应的。在某种意义上，人类也是由于成功应对各种自然和自身造成的灾难才得以存续和繁衍的。人类的文明程度越高，对突发灾难的管理水平也就越高。

1979 年，由意大利、德国、法国、瑞士等国科学家组织的突发灾难讨论会，针对 20 世纪 50 年代到 70 年代末的约 40 余次全球重大突发事件，完成了记录描述、主要影响及政府应急处理效果分析，提出了公共政策报告。以此报告为基础，国际社会开始了应对突发灾害的研究和决策探索，逐步形成了一套比较完备的突发灾害管理的理论、理念和操作经验。

（一）突发灾害管理的内容

对突发灾害的管理包括减轻灾害损失的措施、灾难之前的准备、对灾难的反应（如救援、隔离、消毒等），以及灾后的重建等。所采取的具体行动取决于行为者对危险的认知。有效的突发灾难管理来自政府、非政府组织和个人在各个层次上的处置预案，一个层次上的行动会对其他层次产生影响。

国际上通用的突发灾害管理工作包括四个方面：减轻、准备、响应和恢复①。

减轻（Mitigation）就是防止危险或危害（Hazards）发展为灾害（Disasters），或者当灾害发生时降低其影响。减轻阶段的重点在于降低或消除风险的长期措施，可以是物质性的，也可以是非物质性的。前者如构筑防洪堤，后者如制定相关法律。减损措施通常被认为是最为经济有效的，但有时也可能起相反的作用，如破坏生态系统。一些学者研究减损的工作之一是用灾害模型确定危险度（Rh）。危险度由发生概率（Probability）和危害的破坏程度（Impact）组成。危害（Hazard-H）乘以受灾人群的脆弱性（Vulnerability-Vh）等于危险度（Rh = H × Vh）。危险度越高，针对人群脆弱性的减损和预防措施就越紧迫。

① http：//en. wikipedia. org/wiki/Emergency_ management.

准备（Preparedness）是指管理者制订灾害发生时的行动计划，一般包括便捷的通信技术和方法，建立和训练应急组织和人员，制订大众预警、避险和疏散方案，储备物资，在民众中发展训练有素的志愿者组织等。在大规模灾难中，专业救援人员会非常有限，所以有责任心的志愿人员非常重要。另一个应对准备是对各种情况下伤亡人数的预测，以便计划相应的医护资源供应。准备的方案应该是灵活全面的，为各种非常规手段的运用留有余地。

反应（Response）是指在灾害发生或即将发生时通知各个相关部门动员应急救助队伍，调用各种物资，发布相关信息，发出国际通报和求助等。当军队参与之后，通常被称为减灾行动（DRO）。属于准备阶段的定期演练可以为反应阶段的顺利行动提供保障。

恢复（Recovery）是将受损地区恢复到灾前状态，以满足该地区今后的生活、生产需求。恢复工作同时也是减轻阶段的一部分，受损人群此时更容易接受过去忽视的减损措施。恢复阶段还包括对犯罪、饥荒、污染和传染病等的应对工作①。

（二）突发灾害管理的理念与各国实践

国际红十字与红新月联合会2009年《世界灾害报告》的主题是“早预警、早行动”（Early Warning and Early Action）。在全球历经2008年严重突发灾害的磨难后，“早预警、早行动”是今后全球防灾减灾工作的一个核心理念。

该联合会秘书长比开利·格雷塔在报告的序言中说：“2004年的海啸把世界的目光都集中到早期预警系统上，因为在印度洋地区没有这样的系统。”② 然而，2008年的缅甸“纳吉斯”飓风又造成近14万个生灵涂炭，虽然缅甸气象部门在风暴登陆前6天已发布气象预警，但由于“纳吉斯”是40年来第一个在该国登陆的热带风暴，政府和民众缺乏行动经验。相反，在莫桑比克，2001年的洪灾中有100多人丧生；2008年洪水高于2001年，但5.5万人安全转移，无一人丧生。其原因就在于建立的早预警系统与社区层面的早行动联系在一起。

实践说明，“早预警系统本身不能阻止风险变成灾害，早行动是根本”③。实

① 参见陈安等《现代应急管理：理论与方法》，科学出版社，2009，第77页。

② http：//www.ifrc.org/Docs/pubs/disasters/wdr2009/WDR2009 – full.pdf.

③ http：//www.ifrc.org/Docs/pubs/disasters/wdr2009/WDR2009 – full.pdf.

际上，早行动不仅仅是对突发灾害的反应速度问题。它比紧急救灾涵盖的范围更广，几乎包含了减轻、准备、响应的全部内容和恢复阶段的一部分工作。在时间上，既指灾害来临期间的组织和联络、救援和转移，也包括准备阶段的预案编制、物资准备、救援和医护培训，甚至还有长期的机构设置、法律法规制定、基础设施建设、民众减灾意识的培养工作等。所以，“双早”理念基本蕴含了现代灾害管理的全部原则，即建立一个完整的突发灾害应急系统。

突发灾害管理是一个系统工程，涉及许多方面，总的来说包括制度和组织建设、物质和技术准备、公众和专业人员的教育和培训。

目前，发达国家在灾害管理方面的法律法规建设都已有几十年历史，形成了比较完整的法律门类。例如，日本拥有各类危机管理法律 40 余部，其中仅涉及地震灾害的法律就有 10 多部。

在组织建设上，除了国家和地方各级专业突发灾害管理机构外，美国等国还特别注意基层社区的灾害管理工作。“公民军团”（Citizen Corps）就是美国比较有特色的一支志愿者服务组织，由地方管理，国土安全部协调使用。其主要工作是减灾防灾救灾，同时对公民进行教育训练。社区突发灾害反应团队（Community Emergency Response Teams）是公民军团的基层组织，致力于灾害发生后对居民进行生存技巧培训。在澳大利亚，警察、消防队等政府抗灾人员仅有 64000 人，而应急响应志愿者组织却有大约 50 万个训练有素的志愿者，占澳大利亚人口的 2.5%。

灾害管理的物质和技术准备是防灾减灾的基础，而其中最重要的是资金投入。历史经验证明，备灾领域 1 美元的投入相当于救灾阶段的 4 美元①。1964 年，日本在灾害管理方面投入的国家预算约占国家总预算的 0.4%，而 1995 ~ 2004 年间则达到了 5%②。美国国家科学基金会向国会提出的 2010 年财政预算对地球科学部的拨款在所有学科中位居第二，这个科学部的重点是提高对影响人类活动和经济发展的自然灾害（如气候变化、飓风和地震）进行预测的能力。在发达国家的灾害预警、准备和应对阶段，政府投入扮演主要角色，而在恢复和减轻方面，用保险等市场手段的更多。市场手段与政府财政投入相比，成本更低、

① http://www.ifrc.org/Docs/pubs/disasters/wdr2009/WDR2009 - full.pdf.

② 姚国章：《日本灾害管理体系：研究与借鉴》，北京大学出版社，2009，第 17 页。

效率更高。每临大灾，由保险市场分担的灾后赔偿平均为损失的30%左右，部分国家可达60%以上①。

在公众和专业人员的教育培训方面，一些发达国家的专业突发灾害管理人员通常都经过专业化训练。政府和社会的灾害管理培训既包括大的灾害应对战略，也包括各种技能技术，如恐怖袭击现场的控制和处置。专业的灾害管理人员以前一般都有军警或急救背景；而现在他们的来源更趋多元化和专业化。西方许多大学本科和研究生教育都设置了相关课程。在美国，至少有8所大学能够授予与减灾有关的博士学位。英国还有专业的突发灾害管理者协会。为了培养公众应对灾害的意识，许多国家除了宣传和普及有关知识外，更注重演练。在日本，每年8月30日到9月5日是“灾害管理周”，政府及相关机构会协同进行全国范围内的灾害演练，检验各机构的应急能力，使公众熟悉应对各类突发事件的程序。

（三）国际组织与突发灾害管理

防灾减灾是以联合国为主的多数政府间组织的重要工作。联合国系统拥有许多人道救援专门机构，救灾架构完善，这是其他任何一个国际组织都不具备的。

1992年，联合国设立了“人道主义事务部”，并在1998年将其改组为“人道主义事务协调处”，主要协调国际上各人道主义救援机构的行动，促进灾害预防，寻求可持续的解决办法。此外，联合国还设有“国际减灾战略秘书处”，负责协调各方面的减灾活动，旨在为全球提供一个共商减灾战略的平台。

联合国人道主义事务协调处在“紧急救援司”之下设有灾害评估协调小组，由各国救灾专家组成，随时待命，一旦紧急情况发生，小组专家便可应有关国家要求在数小时内赶赴灾区，对救援工作进行协调。联合国减灾救灾方面的资金，全部来自会员国和其他方面的自愿捐助。联合国人道主义事务协调处建立了一项“中央应急基金”，以便对突发灾害作出快速反应。

2005年，在日本兵库世界减灾问题国际会议上，168个国家通过了《兵库宣

---

① 曲哲涵：《灾后补偿：还需发挥市场效能》，http：//www.gov.cn/jrzg/2008－02/25/content_899300.htm。

言》和《兵库行动框架》，确定了2005～2015年的世界减灾战略目标和行动重点。《兵库行动框架》进一步强调应使减灾观念纳入今后的可持续发展行动，加强减灾体系建设，建立应对灾害的早期预警系统，提高减灾能力，降低灾后重建阶段的风险。联合国希望："行动框架将会有助于降低未来10年全球蒙受自然灾害的风险，使10年后的世界更安全，并有可能使未来10年自然灾害导致的死亡人数比过去10年减少一半。"

除了政府间组织之外，以国际红十字与红新月联合会为代表的非政府组织在应对重大突发灾害中发挥着独特的作用。早在1995年，以国际红十字与红新月联合会为首的8个国际非政府组织联合发表《国际红十字与红新月运动和非政府组织灾害救济行为守则》，确定了一系列救援行动的人道、非歧视、非政府原则，并向受灾国、受援国和国际组织提出相关建议①。

2005年世界减灾大会召开之后，联合国认为有必要促进为数众多的非政府减灾组织的合作，进一步发挥其作用，以推进《兵库行动框架》的实施。2007年，由联合国国际减灾战略秘书处牵头，国际开发计划署南南合作特别机构配合发起成立了"公民社会减灾组织全球网络"。2008年12月，该网络发表《非政府组织减灾工作中的有益实践与教训》。该组织暂与设在英国伦敦的非政府组织"眼泪基金"一起办公，现已拥有90个国家的300个地方、国家和国际层次的非政府组织成员。其第一个减灾项目——"前线观察"（View from the Frontline），已经开始运作。总之，这一网络虽刚刚成立，但标志着非政府组织防灾减灾行动全球协调的开始，标志着联合国《兵库行动框架》的实施进入一个政府与非政府国际组织全面合作的新阶段②。

参考文献

谢耘耕等：《突发事件报道》，上海交通大学出版社，2009。

陈安等：《现代应急管理：理论与方法》，科学出版社，2009。

姚国章：《日本灾害管理体系：研究与借鉴》，北京大学出版社，2009。

---

① http://www.icrc.org/web/CHI/sitechi0.nsf/html/code-of-conduct-290296JHJa8.

② http://www.globalnetwork-dr.org/index.html.

World Disasters and Emergency Management

Wang Mingming

Abstract: Along with the world's rapid economic and technological development in a relatively peaceful environment, the various disasters have posed a challenge to countries in an unexpected way and with an unexpected frequency. The devastating disasters usually happened in certain regions, especially some under-developed countries. Emergency requires management. In a certain sense, people survive and develop through the successful management of numerous natural and man-made disasters. The higher the level of civilizationis, the more successfully people can handle the disasters. Early warning and early action is the principle for future disaster preparedness and reduction. Emergency and disaster management will be a major task for the UN and other international organizations in the long run. The establishment of Global Network of Civil Society Organizations for Disaster Reduction in 2008 not only signifies the beginning of global coordination of NGOs on disaster management, but also sets a new stage of comprehensive cooperation for interstate organizations and NGOs in implementing the UN *Hyogo Framework for Action*.

Key Words: Emergency Disasters; Emergency Management; Early Warning; Early Action; UN; NGO

【政党政治】

全球经济危机背景下的世界政党政治新动向

金　鑫*

摘　要：全球经济危机对世界政党政治的影响巨大，有的执政党应对不力，导致政权易位。有的执政党反危机措施得当，执政地位更加巩固。金融危机没有帮上欧洲左翼的忙，拉美左翼获得了更大的发展空间，一些国家的共产党力量略有发展，极端势力在一些国家影响力有所扩大。各类政党深刻反思危机产生的原因和影响，认为新自由主义是危机产生的根源，危机将加速世界从单极向多极格局转轨的进程，发展模式之争也将更为激烈，“中国模式”受到更多关注。着眼于后危机时代，许多国家的执政党积极调整国家发展战略，以便占据未来发展的制高点。中国应坚持开放心态，注意吸取外国不同发展模式的经验教训，不断发展和完善中国特色社会主义。

关键词：全球经济危机　政党政治　新自由主义　中国模式

2009年，肇始于美国的金融危机加速发酵，逐步发展为全球性的经济危机，在一些国家又由经济危机演变为社会危机，进而导致部分国家政局不稳。全球经济危机对世界政党政治产生了巨大影响，危机既促发多国政治力量的加速重组，又引发各国政党对发展模式和道路的反思。一些执政党应对危机乏术，影响力下降甚至丢失政权。一些执政党反危机举措得当，执政地位愈加稳固。危机在深刻

* 金鑫，供职于中共中央对外联络部，教授，主要研究领域为政党政治、国际政治思潮、中国外交等。

影响一些国家政治格局的同时，引起许多政党的自我调整和革新，世界政党政治酝酿新的变化。

一 全球经济危机对世界政党形势的影响

总体来看，2009 年，在全球经济危机的冲击下，世界政党形势呈现以下几个特点：经济危机考验各国执政党的执政能力，有的执政党应对不力，导致政权易位或支持率下滑。有的执政党反危机措施得当，执政地位更加巩固。左右翼政党在危机中损益不均，欧洲政坛“右强左弱”的政治格局没有发生根本改变，拉美地区政治生态进一步向左倾斜。一些国家的共产党重视金融危机带来的机遇，努力谋求发展。鼓吹排外思想的极端势力有所抬头，极左、极右势力和边缘小党借经济衰退和民众不满拉拢人心，在一些国家影响力有所扩大。

1. 经济危机考验各国执政党的执政能力，有的执政党应对不力，导致政权易位或支持率下滑。有的政党反危机措施得当，执政业绩受到肯定，地位更加巩固

（1）经济危机引发部分国家政局不稳，导致一些国家政治版图重组。与人们普遍预期的后果相同，在金融危机的持续肆虐下，伴随“经济衰退”的往往是“政局动荡”。2009 年初以来，金融危机的社会影响日益明显，企业倒闭、失业人数上升、购买力水平下降等现象在许多国家普遍存在，一些国家的执政党挽救经济的政策措施不力，民众悲观情绪蔓延，社会抗议风潮此起彼伏。反对党利用民众不满，向执政党频频施压，朝野相互攻讦、斗争激烈，因金融危机负面效应放大而导致政权更迭的现象在几大洲均有发生。

在欧洲，继比利时政府因金融危机冲击在 2008 年底垮台后，冰岛独立党政府是 2009 年最先垮台的政府。20 世纪 90 年代，冰岛奉行“借债发财”的理念，大力发展金融产业，冰岛银行业在过去的十几年间过度快速扩张，银行资产总额是该国经济总量的 9 倍，三大银行外债高达 1000 亿欧元。由于银行业在国民经济中所占比重过大，金融危机对冰岛产生巨大冲击，高负债、高风险的“借钱生钱”模式把冰岛银行拖入破产深渊，冰岛克朗对欧元汇率大幅下跌，通货膨胀率一路攀升，民众生活水平急剧下降。2009 年 1 月 24 日，冰岛首都雷克亚未克发生大规模群众示威游行，抗议者要求独立党领导的政府立即下台。同时，反对党社会民主联盟也向总理哈尔德施加压力，要求他撤换冰岛中央银行行长。迫于压力，1 月 26 日，哈尔德只好宣布下台，金融危机结束了独立党 10 多年的执政地位。社会民主联盟和左翼绿色运动随后组成过渡政府，并在 4 月提前举行的议会选举中以 51.5% 的得票率获胜，这是 1944 年冰岛共和国成立以来，左翼联盟首次在议会获得多数支持。

冰岛总理哈尔德被迫宣布下台近一个月后，拉脱维亚总理戈德马尼斯步其后尘。与冰岛相似，拉脱维亚经济近年来的高增长率得益于欧洲其他地区的大量投资、巨额外债、国民的高消费以及低储蓄率，金融危机给该国经济带来的打击极其沉重，由于经济结构失衡和外债型发展模式，实体经济在金融危机中遭受重创，引发政治动荡。2009 年 1 月 13 日，由拉脱维亚各反对党派和工会联合召集的近万人走上首都里加街头，举行抗议示威活动，要求总理和内阁在严重的经济危机下立即辞职并举行大选，部分抗议者企图冲进议会大楼并同警方发生大规模冲突，最终酿成拉脱维亚 1991 年独立后最严重的一次街头骚乱。2 月 20 日，没能顶住压力的戈德马尼斯只得选择下课，宣布他本人及内阁辞职。

在拉脱维亚之后，政权被迫更迭的是匈牙利。与拉脱维亚一样，匈牙利经济在冷战结束后借助西欧发达国家的投资发展迅速。国际金融危机发生后，西欧国家银行纷纷撤资，匈牙利损失惨重，经济从 2008 年第四季度起陷入衰退。匈牙利被迫向国际货币基金组织、世界银行和欧洲联盟申请并获得 250 多亿美元贷款，成为第一个申请国际金融援助的中东欧国家。在这种情况下，匈牙利总理、社会党主席久尔恰尼的支持率一路走低。青年民主者联盟、民主论坛等反对党以政府采取的应对措施不力、推行的紧缩政策不得人心为由，要求政府辞职并提前举行国会选举。由于得不到反对党的支持，政府的施政余地受到严重制约。2009 年 3 月 21 日，久尔恰尼总理只好宣布辞职。

继匈牙利之后，捷克最大的在野党社会民主党也借金融危机做文章，抨击由公民民主党、基督教民主联盟—人民党等组成的右翼联合政府在金融危机面前反应迟钝，反对政府通过削减福利将危机后果转嫁给民众的做法，并向议会提出对政府的不信任案，要求托波拉内克政府辞职。2009 年 3 月 24 日，捷克众议院通过了对政府的不信任案，总理托波拉内克被迫辞职。

希腊政权更替的原因也与执政的新民主党应对金融危机成效不彰有关。2009 年 10 月 4 日，希腊提前举行议会选举，最大反对党、中左翼的泛希腊社会主义运动以领先执政的新民主党约 10 个百分点的优势获得议会 300 席中的 160 席，

上台执政。新民主党议席数由上届的152席降到91席，为近35年来的最低点。泛希腊社会主义运动主席帕潘德里欧延续家族神话，成为继他祖父和父亲之后其家族的第三位总理。新民主党失败的原因除了该党多位政府部长涉嫌腐败落马外，应对经济危机不力也是主要原因。受金融危机冲击，希腊经济结构性问题凸显，海运、旅游等支柱产业盈利能力大幅下滑，先后出台的多个经济刺激计划实施成效不佳，失业率持续攀升。经济持续低迷使社会矛盾激化，全国性抗议活动不断。泛希腊社会主义运动能够在大选中获胜，主要是选民对该党寄予希望，期待新政府能推动经济发展，带来变化。

受金融危机和经济低迷等原因影响而导致政权加速易位的还有亚洲的日本。2009年8月30日，日本举行了第45届国会众议院选举，在众议院全部480个议席中，民主党获得308个席位，自民党仅获得119个席位。民主党以压倒性优势击败自民党，打破自民党50多年几乎不间断的垄断性执政地位。自民党从众院第一大党地位上跌落，是1955年自民党成立以来的首次。1993年该党虽一度短暂下野，但也维持了在众议院的第一大党地位，并在不久后即恢复成为执政党。

日本自民党在大选中惨败，原因是多方面的，既有远因，也有近因。远因是躺在第二次世界大战后建立世界第二经济大国的功劳簿上，未能与时俱进地制定造福于民的战略和政策。冷战前，自民党为日本经济发展作出过巨大贡献，实现了跨越式发展，成为第二经济大国。冷战结束后，日本经济泡沫破裂，陷入长期衰退，社会面临转型，但没有顺应时代变化提出有效的经济对策。一是固守凯恩斯主义，连续采取财政扩张政策和大型减税政策，导致财政支出攀升，税收减少，债台高筑。二是没有及时转变经济发展战略，单纯强调出口导向，错过信息技术革命良机。在美国和西欧借新技术革命重新崛起时，日本仍然深陷衰退困局。

近因是2001年小泉纯一郎上台后推行的结构改革，过分强调“市场功能”，造成地区之间、国民之间贫富差距加大，社会各阶层矛盾激化。小泉当政期间处理了银行不良债权，使日本经济一度摆脱长期停滞局面，但因为过于强调新自由主义，造成贫富差距加大，引发国民不满，削弱了自民党的传统支持基础。麻生太郎就任首相后公开宣布“告别市场原教旨主义”，意欲改革积弊，但是内阁丑闻频生，党内派系争斗不止，内阁支持率长期低迷。百年一遇的全球金融危机使日本经济再度陷入严重衰退，企业减产裁员，就业状况恶化，经济危机最终引发了政治危机。

因经济危机而促发政权更迭的现象除了在欧亚地区发生外，在非洲、拉美等地也有发生。非洲多数国家长期处于国际产业链低端，对国际市场依赖性强，抗击风险能力和自主发展能力比较弱。受金融危机影响，许多非洲国家已经持续10多年的经济增长势头中断，特别是那些严重依赖单一产品出口的国家，遭受打击最重，政权非正常更迭现象增多，非洲政治中传统的军人干预政治的现象有所抬头。拉美国家萨尔瓦多右翼执政党民族主义共和联盟在2009年3月的大选中失去政权，也与其长期推行新自由主义经济政策、此次全球金融危机使萨尔瓦多经济受到重创有关。

（2）一些政党执政业绩良好，反危机措施得当，执政地位得到巩固。金融危机对执政党而言，既是挑战也是机遇。一些国家的执政党由于在危机爆发前执政业绩良好，并且在危机爆发后善于化危为机，采取的反危机措施得当，在2009年的大选中，继续得到选民的支持，执政地位更加稳固。典型的例子可以通过亚洲的印度、欧洲的德国和非洲的南非等三个大国的大选来说明。

在亚洲，2009年6月，印度举行了第15届人民院选举，国大党表现出色，一举夺得人民院543席中的206席，以较大优势战胜对手印度人民党，取得近20年来的最好成绩。以国大党为主体的团结进步联盟获得的总席位达到262席，得以继续执政。印度经济改革总设计师辛格也顺利将第二个总理任期拿下，成为继开国总理尼赫鲁之后首位在5年完整任期结束后仍留在台上的总理。

国大党之所以获胜，除了采取有效的选举策略外，执政期间政绩不俗和反金融危机举措卓有成效是主要原因。2004～2009年，国大党领导的团结进步联盟政府在经济、社会发展等方面取得了不错的成绩，经济保持了快速发展，执政前四年内GDP年均增速达到9%，超过印度人民党执政时期。国大党上台后还汲取了人民党因实施重经济发展轻民生改善的政策而下台的教训，通过了《农村就业保障法》等一系列向弱势群体倾斜的法案。《农村就业保障法》保证每年农村无就业人口家庭至少获得100天工作日以及相应报酬，被世界银行驻印度代表称为"印度最进步的法案之一"。国大党政府还加大在农村基础设施、教育、医疗等方面的资金投入，为低种姓的弱势群体创造了就业和教育机会，社会效果良好，使穷人从做大的经济蛋糕中分享到了实惠。因金融危机印度经济增长速度虽然下降，但受冲击程度比许多国家轻。辛格政府在金融危机爆发后及时采取三轮刺激措施，减弱了金融危机的影响，执政能力受到民众的肯定。

在欧洲，2009 年 9 月，德国举行了第 17 届联邦议院选举，以默克尔为总理候选人的联盟党（基民盟、基社盟）继续保持联邦议院第一大党的地位，其主要竞争对手社民党得票率继续下滑。联盟党在选举中占上风的主要原因之一是：默克尔政府自 2005 年主政以来，在发展经济、降低失业率等方面取得良好成绩。特别是国际金融危机爆发后，默克尔以两个一揽子方案积极应对，维护金融市场稳定，加强基础设施建设收效明显，应对危机的能力得到选民认可。同时，在选举过程中竞选策略得当，借用了社民党主张社会公正的政策主张，部分摒弃了带有新自由主义色彩的政策措施，既获得民众更多支持，又挤压了社民党的政策空间，达到了一箭双雕的目的。

在非洲，2009 年 4 月，南非举行第四次全民大选，南非非洲人国民大会（非国大）以 65.9% 的得票率获得新一届国民议会 400 个议席中的 264 席，保持议会第一大党和执政党地位，开始第四个执政期。新国民议会选举非国大主席祖马为总统，南非进入祖马时代。非国大胜选的主要原因是执政业绩突出、应对危机效果明显。非国大执政期间，南非宏观经济稳定，经济实力保持非洲首强。非国大在照顾白人合法权益的同时，特别重视改善占人口 80% 的黑人的处境，出台了多个帮助黑人发展的政策措施。广大民众特别是黑人在住房、交通、上学、医疗、就业等方面得到了实实在在的好处，生活条件明显改善。金融危机发生后，非国大政府及时投入巨资发展能源、交通和住房等基础设施项目，以刺激经济增长和创造就业机会，缓解了金融危机对南非的不利影响，南非经济受金融危机的冲击程度比国际社会原先预测的要轻，其执政水平得到多数民众的肯定。

除了以上三个大国外，北欧的挪威和南部非洲的博茨瓦纳这两个中小国家的执政党连选连任也与其治国理政策略得当有关。

2009 年 9 月 14 日，挪威举行四年一度的议会选举，以工党为主体的左翼党派联盟再度获胜。2005 年以来，在由工党、社会主义左翼党和中间党组成的“红绿联盟”治理下，挪威的失业率控制在 3% 以下，执政成绩可圈可点。危机发生后，“红绿联盟”政府以强有力的“危机处理者”的姿态应对，不惜动用靠油气资源出口而积累的国家养老储备资金，改变“只会存钱不会花钱”的形象。选举结果显示，在全球经济衰退的背景下，选民对于政府的反危机政策大多持赞同态度。

南部非洲小国博茨瓦纳民主党在2009年10月16日举行的大选中再次以绝对优势胜选，也与其治国理政策略得当有关。该党自2004年以来，实施积极的财政政策和谨慎的货币政策，针对博茨瓦纳主要依赖钻石生产的单一经济结构，推动实施经济多元化发展战略，大力发展旅游等产业，经济平稳较快发展。金融危机爆发后，民主党政府采取了多项促进经济发展的措施，通过对农业、基础设施建设等领域的投入，实施“借款替代”战略，较好地应对了冲击，2009年第二季度经济止跌回升，增强了民众对其执政能力的信心。

2. 左翼政党在危机中受益程度不均，欧洲左翼未能把危机带来的有利形势转化为政治现实，拉美左翼获得更大发展空间，一些非执政的共产党力量有所回升

（1）金融危机没有帮上欧洲左翼的忙，欧洲政坛继续维持“右强左弱”的政治格局。金融危机爆发后，自由资本主义广受抨击，为左翼政党反击奉行新自由主义政策的右翼政党提供了一个难得的契机。不少人认为，主张社会公正与福利的左翼政党将迎来重大发展机遇。但是，事情并没有向人们预料的方向发展，2009年6月欧洲议会选举结果和随后的一些国家的选举表明，左翼在欧洲政坛的力量并没有改观，“右强左弱”的政党格局没有出现根本变化。

欧洲议会是通过直接选举产生的跨国议会，也是欧盟的一个超国家机构，议席根据各成员国人口比例分配。欧洲议会议员不是以国家代表团的形式，而是以跨国党团为单位在议会开展活动，来自不同成员国但意识形态和政治倾向相同的议员组成一个党团。在2009年6月举行的欧洲议会选举中，左翼政党遭受大面积失败。在新一届议会736个议席中，右翼的人民党党团以267席独占鳌头，左翼的社会党党团则以159席位居第二，席位较上届大幅减少。此次选举没有改变欧洲议会中原有的政治平衡，其传统格局基本得到了维持，右翼政党在大部分国家获胜，包括英国、法国、德国、西班牙和意大利等欧盟大国，右翼政党大幅领先。

左翼政党不仅在欧洲议会选举中遭受败绩，在欧盟一些成员国的全国性大选和地方性选举中，其成绩也不尽如人意。保加利亚执政的社会党在2009年7月举行的议会大选中只得到17.7%的选票，在野的中右翼政党欧洲发展公民党以近40%的得票率获胜。德国社民党在2009年9月的联邦议院选举中遭受重挫，得票率创第二次世界大战后的最低纪录，告别了连续11年执政参政的地位。当前仍在执政的英国工党的民意支持率也在下降，在2009年的英格兰地方选举中，在野的保守党控制了34个地方议会中的30个，成为该地方政权中的第一大党，工党则居自民党之后列第三。英国媒体所作的多次民意调查显示，保守党的支持率均高于工党。出现这种变化的主要原因在于工党长期执政达12年，此次金融危机重创英国经济，加上受议员滥报津贴“报销门”事件的负面影响，民众不满情绪加剧，并归咎于工党长期政策失误，求新求变愿望迫切。法国社会党由于内部派别众多，难以形成权威领导核心，力量有所削弱。在2009年9月份举行的葡萄牙第11届议会选举中，执政的社会党虽然取得胜利，获得了组阁权，但是失去在议会中占绝对多数席位的优势。舆论认为，葡萄牙深陷经济衰退，经济低迷是社会党在本届选举中失去议会绝对多数席位的重要原因。

欧洲左翼政党没有把经济危机带来的有利形势转化为政治现实，其主要原因有二：一是由于左翼政党面对诸如金融监管与自由市场等问题没有自身的明确看法，在应对危机、解决就业等问题上未能说服选民。虽然加大了对右翼政党奉行的新自由主义的批判力度，但是左翼政党政策替代性不足，其关于社会公正、国家干预的理论优势没有转化为政策优势，左翼政党没有能够针对当前经济形势拿出比右翼政党更加好的反危机政策建议。加之左翼政党大多在野，话语权局限在对自由资本主义的批判和指责上，在民众关心的切身利益问题上难以有实际作为。

二是危机爆发后，执政的右翼政党亡羊补牢，政策“向左转”，在反危机举措中吸收了左翼政党的政策主张，进一步侵蚀了左翼政党的政治空间。金融危机爆发后，法国总统萨科齐、德国总理默克尔在坚持传统市场经济、自由竞争等基本理念的同时，顺应形势变化，吸纳左翼政党关于加强金融监管、扩大国家对经济生活干预等政策主张，选民对其政策纲领总体上持认同态度。中右政党这一转变，一方面挤压左翼政党的发展空间；另一方面，也是出于实用主义考虑，面对经济衰退而不得不作出的选择。

（2）拉美左翼力量获得更大发展空间，拉美地区政治生态进一步向左倾斜。国际金融危机再度引发拉美反对新自由主义的高潮，一贯强调政府调控作用的左翼政党赢得更多民众的支持，为该地区左翼政党的进一步发展提供了更加有利的舆论氛围。

2009年3月，萨尔瓦多举行总统选举，左翼反对党法拉本多·马蒂民族解放阵线击败右翼执政党民族主义共和联盟，结束右翼政党连续执政20年的历史，左翼政党再下一城，使拉美左翼政党执政国家的人口和面积占到拉美总人口和总面积的80%左右。右翼执政党民族主义共和联盟失去政权的原因，在于未能实现经济持续快速发展，特别是萨尔瓦多对美国市场严重依赖并且实行货币美元化，2008年以来萨尔瓦多经济遭受金融危机重创陷入低迷。

4月，厄瓜多尔左翼政党主权祖国联盟运动领导人、总统科雷亚再次赢得全国大选。科雷亚自2007年上台以来，旗帜鲜明地反对新自由主义，提出建设有本国特色的"21世纪社会主义"，强调发展经济与兼顾民生并重。科雷亚借助国际金融危机爆发、新自由主义弊端凸显之机，大力宣传其民族主义经济主张，并继续推行现行福利政策，这使其获得了中下层选民的广泛支持。科雷亚再次赢得全国大选有力地巩固了拉美左翼阵营。

除了在萨尔瓦多、厄瓜多尔的大选中获得胜利外，左翼政党在智利、阿根廷、委内瑞拉的地方选举中总体上保持优势地位。在野的墨西哥革命制度党总结前几次选举失利的教训，在2009年的议会中期选举中，制定了切合实际的选举策略，集中抨击执政的国家行动党在应对国际金融危机和甲型H1N1流感方面政策乏力，从而赢得了第一大党的地位。委内瑞拉民选公职人员可以无限期连任的宪法修正案在全民公投中顺利通过，为查韦斯总统实现长期执政扫除了法律障碍，公投结果有利于拉美左翼政党保持发展势头。

在金融危机持续蔓延的大背景下，拉美左翼政党提出的反思新自由主义、加强国家干预、重视社会公正等政策主张，顺应民心民意。从总体上看，拉美左翼政党仍然处于发展壮大的阶段。但是，金融危机也是一把双刃剑，对拉美左翼执政党也有挑战的一面。危机导致全球市场需求低迷，初级产品价格暴跌，各国财政收入锐减，严重削弱左翼政府的社会政策执行能力。左翼政党如果不能有效应对危机，或对形势估计不足，盲目乐观，在政治改革上冒险突进，就有可能给右翼政党提供可乘之机。

（3）一些非执政的共产党重视金融危机带来的机遇，努力谋求发展。

金融危机使世界社会主义力量受到鼓舞，为非执政的共产党的发展创造了良好的舆论环境。在许多资本主义国家出现了马克思主义著作热销的现象，许多民众通过重读马克思主义著作，增强了对共产党理论的认同。金融危机拉大社会贫富差距，贫困阶层增多，有利于共产党扩大群众基础。许多发达国家和发展中国家非执政的共产党，纷纷通过集会、游行、发表宣言等形式，分析金融危机爆发的原因，揭露资本主义的弊端，表达自己的政策主张，引起了不少中下层民众尤其是年轻人的共鸣。共产党不仅在德国、法国、葡萄牙、希腊、日本等发达国家略有发展，在独联体和东欧转轨国家和南非、巴西等发展中国家，共产党的影响也有所扩展。日本媒体报道称，日本共产党在金融危机蔓延后每月接纳大约1000名新党员。南非共产党在2009年大选后有多名党员在南非新一届政府和议会中担任部长和议员职务。

3. 鼓吹排外思想的极端势力有所抬头，极左、极右势力和边缘小党借经济衰退和民众不满拉拢人心，扩大影响

经济低迷为极端主义提供了“温床”。金融危机和经济衰退，激起部分欧洲民众的反全球化、反移民的极端情绪，使极右势力影响力有所上升。金融危机导致欧洲经济衰退、失业率攀升，欧洲多国民众走上街头表示不满，法国、德国甚至出现严重暴力事件。极右势力利用部分欧洲民众的反全球化、反移民的情绪，乘机活跃起来，把经济衰退和失业率上升归咎于欧洲一体化和外来移民，引起不少中下层民众的共鸣，赢得了部分激进失业者和底层民众的支持。从欧洲议会和欧洲有关国家的选举可以看出，极右政党在荷兰、奥地利、英国、丹麦、芬兰、希腊、匈牙利、意大利、罗马尼亚等国取得了进展，特别是在荷兰、奥地利、英国和匈牙利。主张反对外来移民的荷兰自由党在欧洲议会选举中的得票率高达17%，一跃成为荷兰第二大党，赢得4个欧洲议会席位。奥地利的两个极右政党——自由党与未来联盟——分别获得13.1%和4.7%的选票，自由党还赢得2个欧洲议会席位。英国民族党赢得2个席位，成为英国首个进入欧洲议会的极右翼政党，该党是一个以本土白人为主的极端党派，被许多人看作“种族主义”或“法西斯”政党①。匈牙利极右的“为了更好的匈牙利运动”在匈牙利欧洲议会选举中，不仅获得了欧洲议会的席位，而且得到了15%的支持率。被一些西方媒体称为极右民族主义党的罗马尼亚“大罗马尼亚党”也首次入选欧洲议会。在2009年7月举行的保加利亚议会选举中，极右翼的民族主义政党“阿塔卡”联盟获得9.36%的选票，得以进入有240个议席的新一届议会。

一些极左政党由于长期以来反对金融资本和资本主义体制，在金融危机后有较大发展。例如，由法国人贝桑斯诺领导的极左翼新反资本主义党在欧洲议会选举中获得5%的选票。该党成立于2008年6月29日，其目的是统一法国分散的

① 《英国民族党党首遭到抗议者“鸡蛋袭击”》，新华网，2009年6月10日。

激进“左派”力量。贝桑斯诺的政见包括：资方不得裁员；破产的银行与其国有化，不如交给人民经营①。拜金融海啸所赐，贝桑斯诺一度成了法国政坛的明星。

其他一些边缘小党也借金融危机有所斩获。成立于2006年1月的瑞典盗版党就是一个典型的例子。该党本是一个致力于引起人们对互联网用户权益重视的政坛边缘小党，在2009年6月欧洲议会选举中，拥有大约4.5万名党员的盗版党最终获得7.1%的选票，获得瑞典18个欧洲议会席位中的1个，引来了无数目光。盗版党以反版权、反专利、爱盗版、爱生活为建党宗旨，从一个不被大众认知的新兴小党派，摇身一变成为瑞典第三大党，这让传统党派着实吃了一惊。

分析家认为，极端势力和边缘小党影响力扩大，明显与金融危机有关，完全是金融危机引发社会动荡的结果。反对欧洲一体化和外来移民的一些极端政党进入欧洲议会和欧盟成员国议会，将给欧洲一体化带来新的不确定因素。

二　国外政党对金融危机的反思

自全球金融危机爆发以来，由危机引发的“反思热”持续升温，国外许多政党政要纷纷对危机产生的深层次原因、对世界政治经济的影响提出自己的看法和主张。

1. 关于危机爆发的深层次原因

（1）在发展理论层面，多数政党认为新自由主义经济政策是危机的根源。新自由主义作为一种推崇极端自由化的意识形态，鼓吹竞争至上的原则，在一定条件下能够提升效率，但其弊端是忽视社会公正、法律监督等道德和法治层面的内容。金融危机爆发后，左翼政党均普遍遣责新自由主义经济政策，认为右翼政党奉行的新自由主义经济政策是危机的根源。

金融危机爆发后，社会党国际先后在维也纳、墨西哥等地召开会议，欧洲社会党及许多成员党也纷纷召开会议，专题讨论金融危机问题。左翼政党批评金融危机是新自由主义走向极致的恶果，认为引发金融危机的根源在于长期缺乏对资本的监控和管制，导致利润至上和投机行为恶性膨胀。例如，德国社民党认为，

① 《法国向左走　新反资本主义崛起》，联合早报网，2009年2月7日。

柏林墙倒塌后，新自由主义一度盛行，他们鼓吹“市场万能论”和“小国家论”，认为市场具有自我约束和自我调整能力，能够解决一切问题，国家不用对市场进行调控和监管，应尽可能从所有经济领域撤出。在新自由主义政策的指导下，金融市场的规模不断扩大，金融资产迅速膨胀，金融业的贪婪、投机以及追逐短期利润盛行，然而在这一过程中缺乏对市场的规范和监管，从而导致了危机的爆发。危机表明，新自由主义政策已经失败。澳大利亚总理、工党领袖陆克文多次在报刊撰文批判新自由主义，认为长期秉持“放任市场和让其自动调节”的新自由主义经济政策是民致此次危机爆发的祸首。此次危机说明，过去主要依靠高额借债的经济增长方式大限已到，新自由主义模式已经过时。瑞典社会民主党主席勒夫拉特也严厉批评自由市场经济理论，认为这次金融危机的根源，是一些国家的政府过度迷信市场，放弃对金融市场的有效监管。

对新自由主义抨击最猛烈的是发达国家的共产党。西班牙共产党认为，危机意味着“新自由主义之墙”倒塌，美国史无前例的大规模救市标志着“市场原教旨主义”破产。葡萄牙共产党认为，金融危机是世界经济越来越金融化、大资本投机行为的结果。这场危机表明，“非干预主义国家”、“市场是看不见的手”、“可以调节的市场”等新自由主义的教条是错误的。美国共产党主席韦伯认为，这场金融危机是大量的没有充足准备金的借款、掠夺性的贷款、存在问题和风险的产品、违规操作、不透明的金融市场和泡沫经济等一系列因素交织所致，是新自由主义资本积累和治理模式的产物。其源头可以追溯到里根时代实行的新自由主义政策，这一政策的主要表现是“掠夺性的借贷、取消监管和永远不知道满足的贪婪”。日本共产党前主席不破哲三称，由于商业资本、金融资本存在，产生虚拟需要，虚拟需要被当成现实需求指导生产时就会产生泡沫经济，经济泡沫遇到金融泡沫就会引发危机。国际金融危机是金融危机和生产过剩的结合，其根源是新自由主义的泛滥。

（2）在根本制度层面，一些政党认为危机是资本主义固有矛盾决定的。持这种观点的主要是一些国家的左翼政党尤其是共产党。例如，法国共产党认为，这场危机是资本主义制度的危机，不是资本主义的一次失控，而是资本主义制度缺陷和唯利是图的本质造成的不可避免的结果。希腊共产党中央委员会发表声明指出，危机现象是资本主义不可避免的经济命运，任何管理性政策都不可以解决其固有的腐朽性。爱尔兰共产党认为，金融危机表面上是“信用崩溃”，实际上是资本主义固有的结构性矛盾和问题的表现，是资本主义周期性危机在金融领域的表现。美国共产党经济委员会委员瓦蒂·哈拉比认为，金融危机是日益尖锐的资本主义制度矛盾的集中爆发，核心矛盾是生产关系不能容纳生产力的发展，在美国表现为增长悖论：一方面 GDP 持续增长，另一方面产能过剩加剧（美国产能闲置率约为 35%），大量闲置资本转向金融和房地产市场投机逐利，造成市场的不稳定。

2009 年 6 月，巴西劳工党和共产党联合举办“世界危机和左翼替代方案”国际研讨会，世界 11 个国家的 15 个政党和组织出席会议。会议认为，此次危机不只是金融层面的危机，而是资本主义全面、深刻、严重的制度性危机，是资本主义固有矛盾的发展，特别是近几十年来发达国家推行新自由主义和全球化的必然结果。投机金融资本繁荣的后果是实体经济空心化。全球化实质上是帝国主义利用全球流动性，实现对发展中国家经济殖民的工具。会议认为，社会主义是开启人类经济社会进步的替代方案，社会主义必然超越资本主义。

但是，右翼政党并不承认这次危机是资本主义的失败。法国总统、人民运动联盟领导人萨科齐认为，这次危机本质上不是资本主义危机，而恰恰是背离了资本主义根本价值观，“市场万能、放任自由、反对干预”不是资本主义的本意。资本主义要求长期积累，要求企业家和劳动者优先，而非投机者优先。澳大利亚自由党前领袖、前总理霍华德力挺自由资本主义，认为自由资本主义是历史上最有效的发展模式，目前只是暂时陷入低潮。还有一些右翼政党甚至辩称：资本主义本来就是危机与繁荣的循环，危机中的资本主义也要好于现实社会主义，危机过后，资本主义会更好。

2. 关于全球金融危机对世界政治经济的影响

（1）在国际政治方面，一些政党认为危机将导致单极独霸与多元共治激烈博弈，加速世界从单极向多极格局转轨的进程。2009 年 6 月，在巴西举办的“世界危机和左翼替代方案”国际研讨会上，不少发展中国家的左翼政党认为，此次危机将使美国的软硬实力受到削弱，随着其他国家尤其是新兴国家实力的上升，美国全球领导能力有所下降，单边主义将受到遏制，多边主义受到更多的关注。会议认为，二十国集团领导人峰会、“金砖四国”领导人峰会等机制为发展中国家协调立场提供了良好的平台，为国际政治经济新秩序的建立创造了条件。葡萄牙共产党认为，此次危机的影响将超过经济领域，对美国而言，危机可能意味着因为削弱美元作为世界主要货币的作用而削弱其世界霸主的地位。对世界而言，可能进一步深化发达国家之间以及发达国家和新兴经济强国之间的矛盾，新兴大国通过参与危机解决有利于提高其在未来世界秩序中的发言权和分量。南非共产党副总书记克罗宁称，此次危机将加速美国超强地位的衰落，多极化趋势会加强。一些西欧国家的左翼政党认为，国际权力结构调整在危机过程中已经展开，美国、欧盟、日本的经济实力在未来一段时间将有所削弱，中国、印度、巴西等新兴经济体因受危机冲击较小，复苏后将保持强劲的增长势头，实力进一步增强，影响力将进一步上升。美国实力因为金融危机虽然受损，但并不致命，“一超多强”的国际格局并没有终结。

（2）在世界经济方面，一些政党认为危机将推动国际金融体系和机制的改革，但改革将是一个渐进的过程。这场波及全球的金融危机使许多政党认识到，危机是全球化无序发展的产物，暴露出全球化的全球管理与制度的缺失，纷纷主张以危机为契机，改革国际金融、经济秩序。社会党国际呼吁建立一套治理世界经济的新规则，确保市场服务于人民的需求；主张改革全球金融体系，建立类似于安理会的联合国可持续发展理事会作为全球协调机构；主张在国际货币基金组织、国际清算银行、国际金融稳定论坛等基础上建立世界金融组织，监管整个国际金融市场的运作。英国首相、工党领导人布朗认为，国际社会必须重建全球金融体系，放弃布雷顿森林体系，秉持“透明、诚信、负责、良好的内部管理、跨界合作”五大原则，改革国际金融体系。以色列利库德集团主席内塔尼亚胡认为，在全球性金融危机面前没有赢家，改革国际金融新体制势在必行。法国人民运动联盟主张重塑国际金融与货币体系，加大透明度，健全对金融机构的监控和惩处体系，打击避税天堂，赞同增加新兴经济体和发展中国家在国际金融机构中的份额，反对贸易保护主义。德国联盟党领导人、总理默克尔建议增设联合国经济理事会，设计真正反映全球现状的 21 世纪制度框架。南非非国大呼吁改革当前的国际金融体系，让发展中国家扮演更重要的角色；认为目前正是国际社会集中精力改革布雷顿森林体系等国际金融体系的时刻，应该在联合国等最高层面重新审视过去的金融体系安排，有关组织不仅要倾听发达国家的声音，还要考虑发展中国家的意见。许多政党认为，危机拉开了国际金融体系改革的序幕，但改革将是一个渐进的过程。仅从国际货币体系而言，虽然国际货币多元化是发展趋势，但美国不会放弃美元的主导地位，改革不可能一蹴而就。

（3）在发展模式方面，一些政党认为危机将导致发展模式之争，美国模式吸引力下降，“中国模式”受到更多关注。金融危机引发了全球范围内的发展理念之争，即什么样的经济发展模式既能促进经济发展又能兼顾社会公平。

近年来，在发达资本主义国家内部，主要有两种发展模式之争，一种是主张“小政府、大市场”的美国模式，也称作自由市场经济模式，这种模式强调效率优先而忽视社会公平，虽然能够刺激经济发展，但会产生两极分化，导致经济与社会发展失衡。另一种是主张“大政府、小市场”的欧洲大陆模式。欧洲大陆模式又包括以德国、法国为代表的莱茵模式，以瑞典为代表的北欧模式，这些模式因国情不同而各有特点，但可以统称为社会市场经济模式。这种模式重公平轻效率，虽然有利于维护社会公正，但社会福利开支过大也会造成国家经济发展动力不足、国际竞争力下降等问题。欧洲一些国家的左翼政党，如法国社会党、德国社民党执政期间，主要推行这种模式。

金融危机爆发后，许多左翼政党反思自由市场经济理论，批判美国模式，认为金融危机标志着美国共和党实施的放任市场作用、听任市场决定社会命运和发展方向的自由市场经济模式的失败，主张加强国家在经济社会生活中的干预、调控和服务职能。2009 年 2 月，澳大利亚工党领袖、总理陆克文在澳大利亚《月刊》杂志上撰文批评自由资本主义的发展模式，认为现在是到了社会民主主义帮助资本主义的时刻了。当前社会民主党人的任务，是将社会民主主义政治经济学说发展成为一个面向未来的、全面的理论框架，使该学说不仅适用于危机时期，而且适用于繁荣时期。不仅要从凯恩斯主义那里吸收养分，也要超越凯恩斯主义，要结合国际形势进行理论创新。社会民主主义不仅要让人们有效渡过危机，也要在危机过后为构建更加公平、更有活力的长期秩序作贡献①。德国社民党主张复兴社会市场经济模式，认为这种模式是德国曾经有过的最成功的模式，应该得到复兴；主张国家应加强调节功能和干预能力，要建设一个以人为中心，而不是以利润为中心的经济秩序。

金融危机发生后，中国迅速反应，及时调控，将危机负面影响降到最低，成为复苏亮点，引起了外国政党的高度关注。在新中国成立 60 周年之际，很多政党政要以举行集会、撰写文章、发送贺电等多种形式，盛赞中国共产党领导的中

① Kevin Rudd, “The Global Financial Crisis”, *The Monthly*, February 2009.

国特色社会主义取得的巨大成就，表示要借鉴和参考“中国模式”。一些发展中国家的政党认为，中国的发展模式提供了有别于西方道路的另外一种选择，“中国模式”是世界发展经验和中国国情的创新性结合，该模式发挥了“市场机制”和“国家干预”的双重优势，中国走渐进式改革道路，避免了发展的大起大落。巴基斯坦执政党人民党联合主席扎尔达里总统、秘鲁阿普拉党主席加西亚总统等均表示，中国成功的模式值得发展中国家借鉴，希望加强与中国共产党的治国理政经验交流。

发达国家的一些政党对“中国模式”的肯定程度也在上升，认可这种模式的有效性、务实性和独特性，他们关注未来“中国模式”与西方自由市场经济模式的消长，认为金融危机进一步提升了“中国模式”的影响力，对西方自由市场经济模式构成挑战。西方政党对“中国模式”主要有两种态度。其一是唱赞歌，夸大“中国模式”的影响，认为金融危机进一步提升了“中国模式”的影响力。“中国模式”与美欧模式一样，可以成为学习的范例。他们进而提出“中国责任论”，敦促中国在拯救金融危机和全球气候变暖等方面承担更大的国际责任。其二是刻意贬低“中国模式”，有的称之为“专制资本主义”模式，有的认为该模式在政治体制、经济结构等方面存在根本性问题。

对于国外热议的“中国模式”，我们应客观看待，既不能被“捧杀”也不要怕“棒杀”，要坚持走自己的道路，不断完善自己，不夸大其对发展中国家的借鉴意义，警惕别有用心的人渲染“中国模式威胁论”。“中国模式”是中国共产党带领人民为解决中国自己的问题而探索出来的，不存在普世和推广的问题，“中国模式”不能简单复制，各国应根据本国国情探索适合本国的发展道路。

三 国外政党注重加强党的自身建设

在全球化和信息社会迅速发展的背景下，各国社会结构和社会思想向多元化方向发展。新兴社会阶层崛起和现代传媒影响力上升使政党政治发生了深刻变革。近年来，一些政党顺应时代潮流，结合本国国情，在政策纲领、组织建设、党群关系等方面进行了各具特色的探索。全球经济危机爆发后，着眼于提高自身能力、扩大影响，不少政党在党的建设方面进行革新和调整的步伐进一步加快。

1. 适应形势变化，及时调整和创新党的理论纲领和政策路线

理论纲领是凝聚党心和民心的旗帜。一个政党要保持旺盛的生命力，其理论纲领和指导思想，必须在保持基本价值观稳定的前提下，切合时代主题，顺应民心民意。金融危机爆发后，许多政党认真反思这场危机给本地区和本国政治、经济和社会带来的影响，对本党的理论纲领和政策主张进行调整和变革，力求体现出更多的灵活性、包容性、开放性和时代性，通过理论创新增强党的政治影响力。

西欧一些国家在野的社会党在继承传统的公正、自由、民主等社会民主主义基本价值观的基础上，对可持续发展、全球治理等民众关心的、具有时代特点的理论进行研究并形成新的政策主张，强调在经济危机和欧洲社会改革过程中，要维护和加强欧洲传统福利国家体系，不能让工薪阶层担负金融危机的损失，主张欧洲应该回归传统的社会民主主义，把欧洲建设成为“繁荣、公正、包容、可持续发展”的社会，希望唤起民众对社会民主主义的信心，使欧洲政坛力量对比向有利于中左翼的方向转变。英国保守党等欧洲右翼政党针对金融危机，也大胆引入“社会公正”等中左翼理念，认识到过于偏重效率不利于社会均衡发展，强调要创造更多的机会平等，以彰显变革精神和责任感。金融危机使主张小政府、放松市场监管、为富人减税的美国共和党失去话语权，美国民主党上台后，总统奥巴马反思小布什领导的共和党政府发展虚拟经济、放任资本投机，最终导致波及全球的经济危机的教训，加大了对经济社会的干预力度，美国经济政策朝着凯恩斯主义的方向回摆。

金融危机爆发进一步激发拉美左翼政党寻求自主发展道路和模式的探索热情，思潮、理论与实践探索进一步活跃。2009 年 1 月，在巴西召开的第八届世界社会论坛上，与会拉美左翼政党号召对新自由主义发动新的攻势，强调国家在经济社会发展中的作用。委内瑞拉、玻利维亚等左翼政府对社会主义理论和实践的探索更加主动，它们利用应对金融危机之机，结合本国经济结构和特点，加快推进国有化经济改革进程。越南共产党在 2009 年 10 月召开十届十一中全会，在分析国内外形势以及当前的挑战和机遇的基础上，提出要进一步完善社会主义定向的市场经济体制。古巴共产党为推进古巴社会主义现代化建设，启动分配体系改革计划，改变国家主导消费的模式，转而提倡个人选择，加快向“社会主义新模式”转变。金融危机发生后，日本共产党在对资本主义进行批判的同时，根据日本当前的政治现实，提出日本共产党愿意在日本现有体制内运转，不主张直接革命或暴力革命，以争取赢得更多民众支持。油价暴跌使俄罗斯感受了切肤之痛，统一俄罗斯党对俄罗斯过度依赖能源出口的经济增长方式进行了反思，提出要改变发展路径，利用危机打造健康的经济。

除了在理论纲领层面进行革新外，在具体的政策层面，危机发生后，许多国家的执政党积极调整国家发展战略，希望在后危机时代占领先机。一些政党倡导发展低碳经济，主张绿色革命，重视制造业在经济中的重要地位，推动发展模式的新一轮改革和创新。法国人民运动联盟努力将危机治理与结构性改革相结合，推出新的发展思路和战略构想，强调“战略国家”的概念，突出国家对经济的调控和干预作用，主张通过扩大投资来刺激经济发展，提倡回归实体经济，重拾发展工业的理念，强调增强核心竞争力。美国民主党政府认为，依靠超前消费的模式已经失灵，视清洁能源和环保产业为经济发展新引擎，计划未来 10 年投资 1500 亿美元，创造 500 万个“绿色就业机会”。日本自民党在金融危机发生后提出“低碳社会”、“绿色变革”口号，努力将环保节能科技优势全面转换为产业优势，计划 5 年内将国内环保产业市场规模扩大到 1 万亿美元。日本还将电动汽车和机器人制造等确定为主攻方向。希腊泛希腊社会主义运动在大选中大打经济牌，推出“绿色新政”理念，倡导建立以环境保护、新能源、无污染交通运输和旅游为支柱产业的“绿色经济发展模式”。新加坡人民行动党借金融危机展开经济结构调整，2009 年 4 月公布了未来 10～20 年经济可持续发展蓝图，并于 6 月成立了经济战略委员会，研究国家长期经济发展战略，意欲抢占未来发展的制高点。

2. 注重吸纳社会各阶层精英和年轻人入党，巩固和扩大党员队伍

近年来，面对日益多元的社会结构，许多国家的政党及时调整自己所依靠的社会基础和成员构成，大力吸纳各阶层的新生力量和精英入党，努力塑造大众政党的形象，以寻求跨阶级的支持，巩固和扩大自己的群众基础。印度国大党在 2009 年的大选时宣称代表社会各阶层利益，意识形态温和包容，没有过左或过右的倾向。许多西欧左翼政党提出，党不仅要代表蓝领阶层的利益，也要代表中产阶级的利益。一些发展中国家的民族民主政党也以全民党的姿态出现。

针对党员年龄结构老化的现象，一些政党重视吸引年青一代尤其是青年优秀人才的加盟。面对印度 25 岁以下人口占全国总人口 54%、18～35 岁选民占全体选民的 40% 的现实，为了争取青年选民，国大党推出以拉胡尔·甘地为首的一批年轻领导人，成为2009年竞选的主力军。拉胡尔·甘地之妹以“你们看我老吗？我哥哥老吗？”的回答，使反对的印度人民党对国大党党员老化的批评不攻自破。国大党还买断奥斯卡大奖影片《贫民窟的百万富翁》主题歌“走向胜利”作为竞选音乐，以迎合年轻人的情绪和心理，大选前加盟入党的年轻人增多，最终一大批年轻候选人被选进议会，其中包括27岁的议员，多个30多岁的议员被委以部长之职。德国社会民主党加快对年轻政治家的培养，面向未来，提出联邦议会党团中40岁以下的年轻议员至少要达到10%的目标。该党还启动了“青年攻势行动”计划，通过提出吸引青年的题目和项目，提高青年对政治的兴趣。法国社会党抓住年轻人对一些具体社会问题较为关注的特点来设计党的工作，引导其入党。金融危机爆发后，民众更加看重执政党领导经济发展的能力，许多政党推选懂经济的年轻政治家入阁。匈牙利社会党推出的新总理鲍伊瑙伊年仅41岁，曾任国家发展与经济政策部部长，是经济专家。网络技术也为政党吸纳新党员开辟了广阔的空间，美国的共和党和民主党、意大利左翼民主党、澳大利亚工党等都将党员登记表张贴到网上，对党感兴趣的公民可随时在网上办理入党手续。由于入党程序简单，因而能吸引更多的年轻人加入党组织。

3. 重视加强党的基层组织建设，提升党的行动能力

党的基层组织是政党深入基层的触角，是宣传党的政治理念、教育管理党员、加强党内团结、联系和动员群众的基本力量，是提升党的行动能力的关键要素。近年来，党的基层组织软弱无力、党的活动方式单一、党员政治参与热情不高的情况，在很多政党身上均有体现。

为了进一步增强党的吸引力，调动广大基层党员的积极性，提升党的行动能力，国外一些政党纷纷采取措施加强基层组织建设。据不完全统计，在西方传统政党中，有30%～40%的基层组织处于涣散状态。为改变这一状况，西方社会党面对党员流动性大、基层党员对党的事务淡漠或不同支部对关注点不同的情况，尝试通过建立“主题支部”、“主题俱乐部”以及“专题类基层组织”等方式激发党员的参与热情。西方一些保守党以增强党员的政治归属感为目标，通过代表会议、书报阅读、联谊聚餐等活动，来丰富基层党组织活动。一些政党适应社会结构和产业布局的变迁，注重扩大基层组织的覆盖面。例如，印度国大党注重在城市移民和新兴行业中发展党员，建立基层支部。国大党在2009年的大选中获胜，与其基层组织覆盖面广、基层党员动员民众的能力较强有很大关系。法

国社会党努力改变生产领域力量薄弱的现状，加强企业基层组织建设。一些政党还在党务干部配备、经费划拨上向基层组织倾斜，如纳米比亚人组党近年来持续增加基层组织专职干部数量，适当提高专职党务工作者的工资待遇，使其安心基层党务工作。日本自民党、民主党等政党在2009年大选前，均向基层组织划拨大量活动经费，保证基层组织有足够资金开展选民动员工作。

4. 加强与群众的联系，争取赢得最广大民众的支持

民众是政党的权力基础和力量源泉，政党的权力来源于民众，同时必须服务于民众。世界各国政党普遍注意构建良好的党群关系，重视倾听民众的呼声，回应他们的诉求。

金融危机给俄罗斯统一俄罗斯党加强与民众联系、扩大影响提供了机会。针对失业人口不断增加的局面，该党联合俄罗斯最大的零售连锁企业，逆势招聘员工，调动媒介资源进行宣传，产生了良好的社会影响，同时该党成立了“储户与购房者权益保护小组”、“退休者和老战士工作小组”、“公司员工工作小组”、“劳动者与工会组织工作小组”等4个反危机小组，对易受危机冲击的弱势群体，开展失业救济、再就业辅导和心理治疗等援助活动，该党推行的一系列贴近民众的反危机措施得到了选民的支持。在2009年的俄罗斯地方选举中，该党注意根据不同地区民众关注的问题提出不同的主张，如在经济发达地区强调解决贫富差别和增加就业率等，在北高加索地区强调民族和睦和保障社会安全等，这些都有助于密切与当地群众的联系。德国社民党将企业、国家行政部门以及工会中的党员按照地区以“工作组”的形式统一起来，通过“劳工问题工作组”、“妇女问题工作组”、“老年人工作组”等向普通党员和民众宣传党的政策主张，同时了解不同群体的利益需求。

金融危机对新加坡的冲击很大，经济衰退程度为该国建国以来首见。危机发生后，执政的人民行动党要求党支部的活动紧紧围绕民众的日常生活开展，该党议员经常深入自己的选区，与这些地区的居民交流，负责向政府转达民众的呼声。人民行动党对各方诉求反应积极，推动政府通过“助企业、保工作”的计划。人民行动党政府积极帮助中小企业缓解生存和发展困境，实行特别风险分担计划，鼓励银行放贷，政府提供担保，为企业提供各种补贴和税收优惠。人民行动党政府还推出“雇用补贴计划”，协助雇主支付员工部分工资。有的党注重贴近民众生活，营造轻松氛围，增强联系效果。例如，2009年9月，法国共产党、葡萄牙共产党分别利用召开党报节的机会，通过举办报告会、讨论会、图片展、文艺表演等活动，吸引了几十万人参加。南非非国大在2009年1月12日党的生日前后，在全国各地召开群众集会，共同庆祝，党的领导人与民众近距离交流，以巩固党群关系。

以上对全球经济危机背景下世界政党政治发展的新动向进行了概貌性的介绍和分析，主要涉及危机对世界政党形势和各国政局的影响、各类政党对危机产生原因和影响的思考、危机前后各类政党加强自身变革和调整等三个方面，力求反映政党政治新变化的全貌。这场发生在新世纪的全球性经济危机，无疑将成为世界政治经济发展史上的重要分水岭之一，危机不仅深刻影响了世界经济发展进程和国际格局力量对比，也促使各国政党认真思考未来经济社会发展的方向。国外主流政党创新发展理念、调整政策纲领、加强自身建设的一些做法，值得我们认真研究和借鉴。在发展模式上，中国应坚持开放心态，注意吸取外国不同发展模式的经验教训，紧密结合自身发展实际和发展阶段，妥善处理好国家与市场、内需与外需、虚拟经济与实体经济、效率与公平的关系，着眼于后金融危机时代，加快经济结构调整，抢占未来发展的制高点，不断发展和完善中国特色社会主义。在党的自身建设上，要因应世情、国情、党情和民情的发展变化，站在时代新发展、实践新变化和人民新期待的基点上，借鉴国外政党兴衰成败的经验教训，不断提高党的执政能力和领导水平，以化解来自国内外的各种风险和挑战。

New Trends in World Party Politics in the Context of Global Economic Crisis

Jin Xin

Abstract: The global economic crisis has a strong impact on world party politics. Some ruling parties lost power due to the lack of effective responses while others consolidated their positions by taking proper anti-crisis measures; the European left-wings failed to seize the opportunities in the crisis while the Latin American left-wings gained greater development space; some communist parties and extremist forces both achieved modest development and influences. The various political parties have deeply reflected the causes and effects of the crisis. They argued that neo-liberalism was the root of the crisis and the crisis would accelerate the world's transformation from a unipolar to a multipolar structure; that the debate on development mode would be more intense than ever with the "Chinese Mode" subjected to more attention. In the post-crisis era, the ruling parties in many countries have actively adjusted their national development strategies in order to occupy the high ground for future development. China should keep an open mind, learn from foreign lessons and experiences of different development modes, and constantly develop and improve socialism with Chinese characteristics.

Key Words: Global Economic Crisis; Party Politics; Neo-liberalism; Chinese Mode

【难民问题】
全球难民状态评估

李小丽*

摘　要：随着国际反恐战争进入新的阶段，巴基斯坦反恐清剿与塔利班恐怖袭击对抗升级，伊拉克、阿富汗等反恐“热点”地区出现大面积难民和流离失所的人口。中东加沙爆发战事，非洲索马里、也门武装冲突升级，亚洲斯里兰卡、缅甸民族冲突重燃战火，世界多个地区和国家出现新的难民和流离失所高峰。国际金融危机使难民处境进一步恶化，发展中国家难民负担沉重，发达国家庇护壁垒政策与国际责任形成反差，全球难民积淀和大范围平民流离失所对地区稳定和国际安全构成日渐严重的挑战。加强国家和区域合作、妥善解决世界难民和流离失所问题仍是国际社会继续努力的目标。

关键词：难民　流离失所　局势　评估

2008年以来，全球难民局势随着国际反恐战争和世界各地冲突跌宕起伏，亚非多个国家出现新的难民潮和大范围平民流离失所，旷日持久的难民问题对世界政治稳定和国际安全的影响依然十分突出。

一　世界难民的总体情况

环顾全球，难民局势的发展总体情况不容乐观。全球难民和流离失所者等类似难民人口总数呈现高位震荡发展，并有继续攀高的趋势。据联合国难民署

---

* 李小丽，中国社会科学院世界经济与政治研究所正处级调研员，近年来主要跟踪世界难民、移民问题的动态发展。

2009 年 6 月 10 日发布的统计报告，国际难民机构关注的人口在 2008 年底略有下降。全球现有难民和类似难民近 4200 万人，其中包括联合国难民署授权管理的难民 1047.86 万人、联合国近东救济工程署管理的难民 470 万人、正在申请难民身份的请求庇护者 80 万人、冲突造成的国内流离失所者 2600 万人。与上一年度相比，总人口下降了 70 万人。

进入 2009 年，中东、西南亚和非洲等地区的一些国家受到反恐战争、民族和政治派别冲突的影响，出现大批国内流离失所者，仅在巴基斯坦就有上百万人出逃躲避战火，带动全球难民人口总体向上攀升。

从地区人口分布来看，亚洲和非洲目前仍是难民和国内流离失所者比较集中的区域（见表 1）。

表 1　联合国难民署关注的难民人口分布情况

单位：万人

类　别	亚　洲	非　洲	欧　洲	拉丁美洲和加勒比地区	北美洲	大洋洲	总　计
难民	570.64	233.29	160.22	35.03	45.32	3.36	1047.86
返回的难民	30.63	29.45	0.30	—	—	—	60.38
寻求庇护者	6.73	32.66	25.77	5.00	12.34	0.23	82.73
国内流离失所者	461.80	634.30	44.44	300.00	—	—	1440.54
返回的国内流离失所者	32.59	103.28	0.27	—	—	—	136.14
无国籍者	580.88	10.01	66.33	—	—	—	657.22
其他	6.34	—	10.35	—	—	—	16.69
合　计	1689.61	1042.99	307.68	340.03	57.66	3.59	3441.56

（一）亚洲：难民形势令人担忧

亚洲的难民人口已连续多年位于世界各地区的首位，2008 年继续名列前茅，区域内难民人口多达 1689.61 万人。除巴勒斯坦地区之外，亚洲难民和流离失所情况最为严重的国家仍然是伊拉克。伊拉克战争已经结束 6 年，国家在政治安全、国家重建和全国和解等各领域仍然面临严峻的挑战，恐怖袭击爆炸事件至今仍频繁发生，是世界上最不安全的国家之一。在叙利亚、约旦和其他邻国生活的近 150 万个伊拉克难民对局势普遍持观望态度，境内的流离失所者人数继续增加，2008 年底已经增至 284 万人。

受国际大环境的影响，西南亚地区变得更加不稳定。在阿富汗，国家政治生态愈发复杂，塔利班武装活动加剧，驻阿富汗北约部队损失惨重，频繁的军事行动造成平民伤亡和流离失所。联合国难民署从巴基斯坦等地大规模遣返阿富汗难民的活动被迫向后推延。在斯里兰卡，政府军与泰米尔猛虎组织进行了最后决战，近 30 万泰米尔人被迫流离失所。在与阿富汗接壤的巴基斯坦西部边境地区，政府军清剿塔利班的战斗大规模升级，陆续逃离家园的难民和流离失所者已达上百万人。阿富汗不稳定的局势也直接影响到难民的遣返。在巴基斯坦境内的阿富汗难民曾经达到数百万人，陆续遣返的已达到 300 万人以上。目前巴基斯坦尚有 170 余万名历次战争和冲突遗留的阿富汗难民。阿富汗战事的恶化及对前景发展的不良预期，使得国际社会帮助阿富汗难民返乡成为更艰难的工作。联合国难民署与巴基斯坦政府在 2009 年 3 月 13 日签署意向书，延长在巴基斯坦的阿富汗难民登记证件的有效期至 2012 年底，放缓自愿遣返的安置步伐。

在东南亚地区，缅甸政府军在边境地区与少数民族爆发新的武装冲突，与缅甸接壤的泰国和中国受到难民潮的冲击。菲律宾国内的棉兰老岛出现 30 万个流离失所者，在地区和平发展方面仍然存在难民等非传统不安全因素。

（二）非洲：难民局势依然严峻

近年来，非洲各国展现出求和平、谋发展的强烈愿望，整个非洲大陆政治安全形势总体上趋于稳定。在联合国和国际社会的帮助下，布隆迪、苏丹和安哥拉等多个国家成功实施了难民遣返工作，非洲难民总数连续 8 年呈现下降趋势，非洲难民人数从 2008 年初的 249.83 万人减少到年底的 233.29 万人，降幅为 6.6%。非洲西部的难民情况有所改善，塞拉利昂国内局势多年实现稳定，联合国在 2008 年宣布取消了塞拉利昂人的难民地位。整个地区现在只有 15 万个难民和寻求避难者（大部分是利比里亚、毛里塔尼亚和塞内加尔的难民）。

非洲利比里亚、塞拉利昂、布隆迪、乌干达、苏丹、乍得、卢旺达、中非共和国、莫桑比克及安哥拉等国家都处于“冲突后”社会，局部地区安全形势仍很脆弱，部分国家仍未彻底摆脱冲突和动乱的阴霾，旷日持久的难民和国内流离失所问题尚未得到有效的解决。尽管近年来非洲的难民数量在下降，但内部流离失所的人数仍在上升。联合国难民署的资料显示，截至 2009 年 3 月底，非洲中部和东部16个国家的难民和国内流离失所者已超过1160万人，约占世界总数的45%，其中苏丹有400万人，刚果（金）和索马里各有130万人，难民和寻求庇护者也增加到276万人①。

2009年，非洲局部地区冲突和动乱又出现反弹，索马里、刚果民主共和国等国家又出现新的难民“热点”，乌干达、刚果民主共和国和南部苏丹三方发起了联合军事行动，打击圣灵抵抗军，和平进程陷入停滞。中非共和国东北部地区政府军与反政府武装暴力冲突升级，造成大量平民流离失所，引起国际社会高度关注。

（三）欧洲：难民困扰依旧不断

欧盟国家在过去的一年中主要面临来自难民的两大困扰：内部庇护申请上升和外部偷渡持续不断。欧盟国家在2008年通过了《欧盟移民难民庇护公约》，全面收紧移民政策，大批非法移民为了生存转而申请难民庇护，2008年寻求庇护者达到了25.77万人，比上一年度上升10%。2009年上升趋势还在发展，在欧盟38个国家申请难民庇护的人数与上年同期相比上升了13%。

欧盟地中海沿岸国家偷渡事件持续不断，海难悲剧层出不穷，仅在2008年就有6.7万人渡过地中海试图进入欧洲。2009年，继续有寻求庇护者不顾生命危险，采取偷渡方式进入欧盟地区。意大利、马耳他、西班牙和希腊四国不愿独自承担接纳偷渡申请避难者的压力，多次要求欧盟均衡安置渡海而来的申请避难者。

受东欧地区地缘政治的变化影响，2008年8月俄罗斯与格鲁吉亚爆发短暂军事冲突，难民和流离失所者增至41.35万人，欧洲当年难民人数增加2.1%。由于区域内难民和流离失所者安置取得一定进展，联合国难民署关注的流离失所者则下降了21.4%。

在美国金融危机的冲击下，欧洲发达国家普遍出现经济衰退，社会矛盾和利益冲突日显增加。欧盟各国政府面临沉重的财政压力，许多国家政府纷纷采取严格的庇护审查措施抑制难民的流入，进入欧盟国家申请避难越来越难。欧盟统计局2009年5月8日公布的报告显示，欧盟各国在2008年审查了近24万个避难

① http：//www. un. org/chinese/News/fullstorynews. asp？ newsID = 12437.

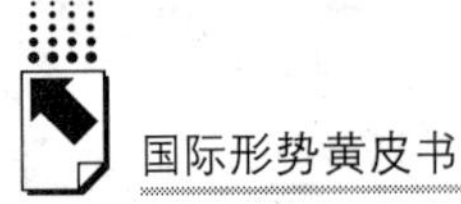

申请案卷，对19.87万个申请作出了答复，其中14.17万个申请被拒绝，未通过比例为71.3%。

二 2009年发生的重大难民事件

（一）加沙难民再受战争之苦，巴以和平难见曙光

加沙在战火中迎来了2009年元旦。在这个只有360平方公里的狭长地带，第一次中东战争爆发时，只有8万人口的加沙涌入了20万个巴勒斯坦难民。目前加沙地区150万人口中有3/4登记为难民，约占联合国近东巴勒斯坦难民救济和工程处登记难民的22.42%。加沙地区设有8个巴勒斯坦难民营[①]。2008年6月，在埃及的斡旋下，控制加沙地区政权的哈马斯与以色列达成为期6个月的停火协议。协议到期后，哈马斯再度向以色列发射火箭弹，招致以色列报复空袭。2009年1月3日，以色列实施“铸铅行动”，对加沙发起地面进攻，波及加沙的平民、民用设施、医院、学校，人道主义状况迅速恶化。根据巴勒斯坦统计局和联合国机构的统计，22天的军事行动，造成加沙平民1314人死亡，5300人受伤，2.7万间私人住宅被摧毁，9万多人流离失所，经济损失达40亿美元。联合国近东巴勒斯坦难民救济和工程处以及世界粮食署等机构也有9名工作人员不幸遇难，11人受伤。

以色列发动“铸铅行动”，重拳打击哈马斯有着深刻的国际大背景。美国首任黑人总统奥巴马在2008年大选中胜出，竞选期间提出了支持“阿拉伯和平倡议”的新中东政策，这直接触动了以色列民族和国家的核心利益。该倡议的主要内容是以土地换和平和支持巴勒斯坦难民的回归权，这是执政的以色列右翼政党绝对不能接受的。强力的军事行动显示了以色列的政治态度，也对美国表达了强硬的政治信号。

加沙巴勒斯坦难民再次遭受战火，使巴以矛盾雪上加霜，国际社会期待中东和平的愿望更加渺茫。持续3个星期的非对称打击使加沙难民遭受惨重损失，对加沙民众的心理情感带来剧烈震荡，极端主义情绪广为蔓延，进一步加剧了中东

---

① http：//www. un. org/unrwa/refugees/gaza. html.

局势恶化，不仅增加了解决中东问题的难度和复杂性，以色列也陷入被动的国际舆论之中。联合国启动了对加沙冲突的调查。南非法官主持起草的调查报告认为，有证据表明以色列军队对加沙发动的军事打击构成战争罪，同时可能构成反人类罪。该报告同时认为，巴勒斯坦武装组织向以色列南部地区发射火箭弹的行为也构成战争罪，并可能构成反人类罪。联合国人权理事会通过决议支持加沙冲突调查报告的建议，联合国秘书长潘基文呼吁巴以双方按照调查组的建议调查严重违反国际法和侵犯人权的行为，美、英、法等国也要求以色列对加沙战争罪行作出可信的调查。

巴勒斯坦难民问题是巴以冲突遗留的历史问题，长达60多年得不到解决，逐渐演变为影响中东和平乃至全球稳定的根源。巴勒斯坦难民遭遇的不公正待遇已经成为国际恐怖主义成长壮大的政治基础，宗教因素的介入和大国的政治偏袒像一双无形的手，把巴勒斯坦难民推向深渊，严重影响了世界的和平和稳定。

（二）斯里兰卡结束内战，难民安置事关国家稳定

斯里兰卡国内政府军与泰米尔伊拉姆猛虎解放组织的冲突已长达26年，2009年初，斯里兰卡政府军逐渐取得了军事上压倒性的优势，陆续攻克猛虎组织盘踞多年的多处重要城镇。2009年5月18日，猛虎组织的最后据点被攻占，其最高领导人普拉巴卡兰被政府军打死。斯里兰卡总统拉贾帕克萨在国会正式宣告击败泰米尔猛虎组织，宣布内战彻底结束。

斯里兰卡消灭泰米尔伊拉姆猛虎解放组织，重新获得国家统一，也付出了沉重的代价。在长达26年的战争中，全部死亡人数高达7.5万人①。猛虎组织在最后抵抗过程中裹挟大批泰米尔平民和支持者，用以组成人体盾牌，激烈的冲突造成大量平民伤亡。仅在2009年，就有6000多名平民死于战火，1万多人受伤。

长期冲突造成大批平民逃离家园，至2008年12月31日，斯里兰卡历年冲突产生的难民有13.78万人，国内流离失所者有50.48万人②。2009年，在战争结束前的几个月里，随着政府军的推进，成千上万的平民从陆地和乘船逃离猛虎

---

① 陈婧：《斯里兰卡军队打败“猛虎”的秘密》，2009年5月27日《中国青年报》。

② UNHCR, *2008 Global Trends Refugees, Asylum-seekers, Returnees, Internally Displaced and Stateless Persons*, 16 June 2009.

组织控制的地区，大部分被暂时安置在瓦武尼亚和马纳尔的24座难民营内。联合国难民署、世界粮食计划署等机构估计，在战事的最后阶段有8万人从冲突地区逃出。有孟加拉湾卫星照片显示，10余万个斯里兰卡难民正在同时迁移，仅在各个收留营地登记注册躲避战火的流离失所者就有22万人。

斯里兰卡为消灭猛虎组织，防止人道主义灾难，采取了积极主动的政治措施。政府利用国际反恐斗争的大形势，成功地将泰米尔猛虎组织定义为恐怖组织，取得了政治上的主动权，最大限度地获得了国际社会的广泛支持和声援，同时采取多种方法减低人道灾难。在进行最后清剿军事行动时，斯里兰卡政府在国家东北部的瓦尼（Vanni）地区设立了一块面积为14平方公里“非交火区”，提供给平民躲避战火。军队对逃难的平民发放饮用水和食品，联合国难民署及合作伙伴在斯里兰卡政府指定的地点修建了多处新的紧急庇护场所，搭建了5000多顶帐篷，其中一个营地可以容纳2.7万人。在一些需要甄别恐怖分子的封闭难民营，政府管理采取了人性化的措施，包括允许亲友短暂地探访营地中的民众，以及提供电话、电报和邮递服务等，1800多名有特殊需要的流离失所者，特别是老年人，得到斯里兰卡政府的准许，离开营地，还有1345个失散的家庭获得重新团聚。

冲突平息后，妥善安置难民和流离失所者成为一个敏感的政治问题，事关斯里兰卡长期稳定和发展。

斯里兰卡内战产生的难民和流离失所者大部分是泰米尔人，数十万个被临时安置在难民营内的泰米尔人如果不能尽快返回家园和得到妥善的安置，势必影响泰米尔人的国家归属感，甚至会进一步激化民族矛盾，引发新的恐怖袭击和流血冲突。泰米尔人的民族主体在印度，人口6000多万，是斯里兰卡泰米尔人的20多倍。移居海外的斯里兰卡泰米尔侨民多是20世纪80年代因内战而出逃的难民，也有不满斯里兰卡政府民族政策而远走他乡的移民，这些人在政治态度上普遍同情泰米尔伊拉姆猛虎组织，对斯里兰卡政府构成强大的海外政治压力。移民海外的泰米尔人频繁举行政治活动，向居住国政府施加压力。加拿大的泰米尔人为迫使政府对斯里兰卡采取行动，围堵多伦多市中心的高速公路，致使交通中断；美国的泰米尔人在白宫外集会，请求美国总统奥巴马提供帮助；英国的泰米尔人在议会门前举行集会，与警察发生冲突；印度、法国、荷兰、瑞士、挪威等国家也出现声援泰米尔人的集会。

平民伤亡和流离失所使斯里兰卡不惜一切代价彻底铲除分裂国家根源的军事行动承受了来自国际社会，特别是西方国家的巨大政治压力。冲突期间，英国外交大臣戴维·米利班德、法国外长贝尔纳·库什内作为欧盟的代表亲赴斯里兰卡进行外交斡旋。戴维·米利班德在联合国明确表示，斯里兰卡局势危及平民生命安全，对整个地区的稳定会造成影响，明显违背政府承诺，并代表安理会中的欧洲国家要求安理会出面干预。冲突平息后，美国政府公布了一份报告，列举了斯里兰卡北部武装冲突最后阶段政府军和猛虎组织战斗人员违反国际法的具体事件；联合国人权事务高级专员办公室也发表声明，对斯里兰卡政府在安置泰米尔流离失所者的营地甄别猛虎组织成员表示关切，要求尽快采取行动落实开放营地、妥善处置流离失所者和其他战争受害者的承诺。英国外交大臣戴维·米利班德不满斯里兰卡在难民营实施的管理措施，威胁将撤回基本生活保障以外的所有资金，显示英国的关注。

斯里兰卡政府高度重视难民和流离失所者的善后问题，总统顾问巴希尔·拉贾帕克萨在战后第一时间承诺依靠政府的力量为泰米尔人实施大规模重建工程，3个月内优先安排基里诺奇和穆莱蒂武地区的难民和国内流离失所者返回故土，2009年底之前让80%逃避战乱的泰米尔人重返家园。政府在2010年将动用国家GDP的0.75%支持北部和东部的重建工作。

（三）缅甸再现民族冲突，难民波及中国境内

缅甸北部少数民族地区在2009年下半年出现局势动荡，缅甸军政府与缅北少数民族特区为期20年的和平协议到期，冲突和动乱再次回到了人们的视野。2009年8月8日，缅甸政府出动30名警察到“掸邦北部第一特区”果敢枪械修理厂查禁毒品、收缴武器。双方因不同意见形成武力对峙。缅甸军方在强大军力的支持下进占果敢老街以及通缉特区领导人和收编同盟军的举措致使矛盾激化，最终酿成武装冲突。缅军调集重炮、装甲战车及2个师的兵力从多个方向展开进攻，果敢特区同盟军寡不敌众，被迫退入其他特区和丛林地带。战事一度推进到距离中国边境5公里的观音山，缅军3发炮弹落入中国境内，造成中国边民1死2伤，另有14名中国边民在境外躲避战火中伤亡。

果敢冲突的形势和对战乱的恐慌促使大批缅甸果敢人和经商的中国边民涌入中国的边境城市南伞，高峰时期守在边境等待进入中国的边民绵延9公里。据中

国云南省公安厅对外通报，冲突期间，有3.7万余个当地边民涌入中国境内，接受中国救助安置的有13000多人。中国地方政府启动了突发事件应急机制，提供了数千顶帐篷，在与果敢毗邻的云南省镇康县等地利用尚未完工的住宅楼和帐篷等设施设置了7个人道主义安置点，云南省政府追加了1000万元救助资金，用于购买食品、饮用水、药品和生活用品等，确保躲避战火的边民能够妥善得到人道主义救助。战事平息之后，按照完全自愿的原则，妥善组织缅甸入境边民有序离境回国，至2009年9月底，已有6000人返回了自己的家园。

缅北地区重现难民潮，与缅甸国家政治的发展有着直接的关联。缅甸军政府在2009年5月通过新宪法之后，力图按照新的目标建设中央统一集权的新缅甸，对边境地区的少数民族武装和拥兵自重的特区在政治态度上开始调整。斯里兰卡使用军事手段取得剿灭泰米尔猛虎组织的胜利，坚定了缅甸军政府的治国方略和使用军事力量的决心。2009年6月，缅甸对泰缅边境克伦民族解放军实施新的军事清剿，4000多个难民进入泰国境内。缅甸靠近中国边境有果敢、佤邦、勐拉、克钦4个自治特区，境内有13支民族武装，缅甸国家主体意志与特区少数民族的利益出现了尖锐对立，果敢冲突绝不可能就此彻底平息。目前在缅甸清水河，政府军与佤邦互设了严密的军事禁区，双方隔区对峙，机枪和火炮清晰可见，佤邦联军甚至做好了游击战和丛林战的准备，战事再次爆发的危险随时都可能出现。

果敢难民潮对中国西南边境地区产生了一定的冲击，区域稳定和已经形成的边贸格局受到很大影响。中国和缅甸有长达2186公里的陆地边界，当地居住的景颇、哈尼、佤族、傈僳、拉祜、独龙、布朗、傣族等民族均是跨国而居的同一民族，果敢人更是中国明朝汉族的后裔，与中国血缘关系和经济联系十分密切。冲突造成大批居于少数民族地位的果敢人跨境逃难，不仅会激起果敢人的对立情绪，也会引起具有相同文化背景的中国普通民众的同情。报复和“东山再起”甚至会滋生跨国恐怖主义，使中缅边境地区沦为动乱的发源地。缅甸果敢特区的经济基本靠中国边贸维持，在缅甸果敢经商、打工的中国内地人多达数万人，老街商业店铺90%以上由中国人投资，受到冲突的影响，大多数华商被迫回国避难，许多店面被掠夺一空，经济损失惨重，果敢地区的边境贸易和经济往来一度完全停滞。果敢事件平息后，老街商业仅恢复了30%，完全恢复到昔日繁荣的水平需要一定的时间。缅甸果敢地区突发军事冲突，致使缅甸3万余个当地边民到中国境内避难，这是继20世纪70年代越南难民大批进入中国以来最大的难民涌入事件，给中缅关系发展和地方合作增添了不确定的因素。这一事件固然是缅甸国家内部统治阶层与少数民族矛盾的爆发，但国际社会更多的解读是缅甸政府调整对外关系走向和地缘政治发生变化的信号。多年来，缅甸军政府受到西方国家强烈的人权压力和制裁，一直与中国保持良好关系，以获得中国的经济支持与帮助。贸然打破20年的民族和解协定，在与中国有着血缘关系和千丝万缕联系的少的数民族特区采取军事行动强化中央集权，有可能使缅甸陷入更加混乱的局面。

（四）索马里局势失控，难民潮殃及邻国

相对于索马里海盗，索马里的难民危机一直被国际社会所忽视。索马里自1991年以来一直战乱不断，难民遍布世界各地，是非洲少数几个持续动乱的国家之一。2006年12月24日，埃塞俄比亚出兵帮助现索马里过渡政府击溃了反政府武装，控制了首都摩加迪沙及索马里大部分地区。2009年1月底，国内局势有所缓和，埃塞俄比亚军队撤出了索马里，4个月内有近6万个索马里人返回了首都摩加迪沙。脆弱的安全局势在2009年5月又被打破，反政府武装“伊斯兰青年运动”对政府军频繁发动军事攻势，反政府武装在摩加迪沙与政府军持续交战，曾一度占领首都大部分地区。努力避免直接卷入索马里武装冲突的非盟维和部队也受到攻击，出现人员伤亡，与索马里反政府武装也发生直接交火。2009年6月，索马里过渡政府宣布全国进入紧急状态，并呼吁邻国向索马里派兵抵御反政府武装的进攻。时起时伏的战火已造成数以千计的人员伤亡和大批难民，其中一些人已是多次流离失所。不少平民一贫如洗，甚至无法逃往比较安全的地区，出现了18年来最为严重的人道主义危机。据联合国难民署统计，新的冲突已造成23万个平民出逃。在摩加迪沙西南部的阿夫戈耶地区及两地之间的公路沿途聚集了数十万个陆续逃到当地的流离失所者。据美国非政府组织“难民国际”调查，多年的冲突已造成40多万个索马里人沦为难民，130万人流离失所，平均每10个索马里人中就有1人被迫离开家园①。

邻国肯尼亚受索马里难民潮冲击最为严重。肯尼亚自2007年1月以来以国家安全为理由关闭了与索马里接壤的关卡，但并未能有效遏止源源不断的难民潮

---

① http：//www. refugeesinternational. org/where-we-work/africa/somalia.

流。在肯尼亚东北部、距索马里边界90公里处的达达布市（Dadaab），有3个1991年建立的难民营，容纳能力为9万人。2009年2月以来，随着索马里危机的扩大，高峰时期每天平均有150~200个难民逃往难民营。截至2009年6月中旬，登记的难民人口为28.14万人，超出接纳能力3倍以上，预计2009年底将超过30万人。供水、环卫和医疗等方面的基础设施严重缺乏，新到来的难民中只有1/3能够获得简易住所，营地基本服务已经无法有效开展。国际救援组织呼吁重新开放2008年5月被肯尼亚当局关闭的索马里利博伊（Liboi）难民接待中心，确保人道救援对象的筛选和登记工作有序进行，减少跨境难民对肯尼亚政府的安全威胁和压力。

（五）巴基斯坦反恐清剿升级，平民大量流离失所

巴基斯坦长期以来一直是阿富汗难民的主要庇护国，近两年来随着巴基斯坦打击塔利班行动的扩大，国内陆续出现不同数量的流离失所者。进入2009年，战事愈发激烈，形成了巴基斯坦历史上更大的流离失所者群体。

由于历史、宗教和地理等方面的原因，巴基斯坦和阿富汗边境部落地区长期处于部族长老“半自治”状态，形成了独特的人文环境。特殊的地理位置和政治生态使这一地区成为宗教派别和极端势力的据点，甚至被“基地”组织和塔利班当作避难的藏身之地。出于国内安全稳定的需要，巴基斯坦长期以来一直对国内支持阿富汗塔利班的伊斯兰极端保守势力采取打击与容留的怀柔政策。2008年7月下旬，巴基斯坦政府在与阿富汗接壤的边境部落地区采取军事行动打击塔利班武装分子，塔利班则不断采取恐怖袭击进行报复，陆续造成50万人流离失所。2009年2月，巴基斯坦政府与伊斯兰神职人员兼武装组织领导人苏非·穆罕默德共同签署和平协议，同意在与阿富汗接壤的斯瓦特河谷西北边境省等地区实行伊斯兰法，换取塔利班停火，引起美国和北约的强烈反对。盘踞在斯瓦特河谷地区的塔利班武装势力借机发动攻势，迅速向东、向南扩张，一度占领距巴基斯坦首都100余公里的布内尔。在国内局势和美国政府的压力下，巴基斯坦政府对西北边境省等地的塔利班势力开始进行大规模军事清剿，甚至出动了飞机进行轰炸。在素有“东方瑞士”之称的旅游胜地斯瓦特河谷地区，当地居民为了逃避战火，只能举家迁移，形成了一股巨大的平民出逃浪潮。高峰时期国内流离失所者达到了200万人，其中有20多万人住在流离失所者营地中，其余则散居在

学校等公共建筑和社区的居民家中。联合国难民署公布的数字显示，2009 年 5 月 2～18 日，已有 145 万个巴基斯坦人正式登记成为难民和“受关注”的流离失所者。

2009 年 7 月中旬，由于局部地区形势出现好转，巴基斯坦政府在联合国的帮助下启动了流离失所者返乡计划，为那些自愿返乡的人提供帮助。局势比较平稳的西北部地区已经有 76.5 万个流离失所者返回家园，约占总数的 33%，有 9 个流离失所者营地被关闭。

清剿塔利班的军事行动造成上百万个群众流离失所，对巴基斯坦国家的安全和稳定产生了巨大的冲击。

第一，国家直接承受安置难民和流离失所者的经济压力。在阿富汗发生的历次战争中，巴基斯坦接收了 500 万个阿富汗难民，至今还有 170 多万个滞留未归，承担着巨大的经济负担。清剿塔利班的军事行动造成巴基斯坦历史上最大的难民危机，通过政府和军方转移的流离失所者只有 20 多万人，90% 被家庭和社会吸纳。安置和遣返难民所需的巨大经济开支使巴基斯坦不堪重负，经济发展更是雪上加霜，受到严重影响，巴基斯坦政府不得不公开呼吁国际社会进行援助。

第二，政府必须面对来自国内外的政治压力。巴基斯坦国民议会女议长米尔扎在呼吁国际社会提供紧急援助时强调，数十万人无家可归，如安置不当，不仅将形成新的严重社会问题，还会给进一步反恐带来巨大的阻力。现阶段，巴基斯坦民众和多数政党支持军事打击行动，但也存在很大的担忧和疑虑，大范围的平民流离失所严重冲击了民众对政府决策的支持度。

第三，大量的平民在军队的军事行动中流离失所，扩大了与政府对立的群体，无形当中巩固了塔利班等宗教极端势力的政治基础。巴基斯坦总理优素福·拉扎·吉拉尼在国民议会发表讲话时说：“如果流离失所的平民得不到及时救援，政府取得军事胜利的同时可能失去民心。”

第四，打击塔利班引发恐怖袭击在全国蔓延并产生大量的平民流离失所，增大了国内政治分裂的可能性。塔利班诞生于巴基斯坦，顺应美国反恐战争的需要，巴基斯坦政府才放弃了对塔利班的支持。对于塔利班，巴基斯坦民众的情感十分复杂。美国国际共和研究所 2009 年 3 月在巴基斯坦进行了一次民意调查，报告显示，81% 的受访者认为巴基斯坦正走向错误的方向，绝大多数受访者认为发展经济才是巴基斯坦的当务之急。80%的受访者支持巴基斯坦政府和塔利班在斯瓦特地区达成的和平协议，74%的受访者相信协议会给斯瓦特地区带去真正的和平。

为了尽量避免平民伤亡和应对出现的大规模难民潮，巴基斯坦政府采取了许多积极的措施。军方在进攻斯瓦特河谷前，发出通告，放松宵禁限制，敦促当地平民离开，避免无辜伤亡；配合国际救援组织在周边安全区域设立了7个难民营，接纳战火涉及的难民和流离失所者。巴基斯坦国家和政府首脑对外积极争取国际援助，总统扎尔达里在外访问期间呼吁世界关注巴基斯坦正在发生的人道主义灾难，向巴基斯坦提供援助；国民议会议长米尔扎也动员社会各界行动起来，为难民提供援助；巴基斯坦总理吉拉尼在内阁紧急会议上要求内阁成员捐出1个月工资，同时拨款2亿卢比（约合250万美元）成立用于安置难民的总理特别基金，承诺向被迫离开家园的数十万个难民提供现金补偿，并为他们重建家园。在政府的号召下，巴基斯坦全国范围内掀起了广泛的募捐活动。

巴基斯坦新的难民危机引起了全世界广泛关注，国际社会已承诺向巴基斯坦提供总额为2.24亿美元的紧急人道主义援助，以帮助巴基斯坦安置难民和恢复生产。其中，美国1.1亿美元、英国1200万美元、日本4350万美元、法国1632万美元、德国1776万美元、加拿大482万美元、欧盟925万美元、挪威275万美元、丹麦和中国各100万美元。2009年6月15日，中国国家主席胡锦涛在叶卡捷琳堡出席上海合作组织峰会时会见了巴基斯坦总统扎尔达里，宣布中方再次向巴基斯坦政府提供6000万元人民币的人道主义援助，用于安置流离失所的平民。

（六）也门冲突重燃战火，国家深受难民困扰

也门难民危机是长期被国际社会注意的危机之一。也门政府军同胡塞家族领导的什叶派反政府武装的冲突已延续5年，双方曾经发生5轮大规模冲突，战火时断时续。2008年初，也门政府和胡塞反政府武装代表在卡塔尔首都多哈签署了停火协议，维持了短暂的和平。2009年8月11日，胡塞反政府武装与政府军再次爆发大规模冲突，也门政府随后宣布中止多哈停火协议，并开始展开军事围剿行动。北部城市萨达城的境况极其令人担忧，武装冲突导致该城与外界隔绝长达一个星期。据初步统计，冲突已造成数百人死亡，约15万人流离失所。联合

国难民署高级专员古特雷斯呼吁交战双方开放人道救援通道，以便平民逃离和国际社会实施人道主义救援。也门红新月会在萨达市修建了4所难民营，收留新近逃离家园的人，其中1所营地遭到反政府武装攻击，收容所的流离失所者不得不逃往另一个营地，还有大量平民向北部和西部沙特阿拉伯边境逃亡。也门总统萨利赫2009年9月26日在参加1962年革命纪念活动时表示，也门政府已经做好同什叶派反政府武装长期作战的准备，如果反政府武装不同意政府提出的6项停火条件，“我们将继续战斗5年或6年”。

也门在国内爆发人道主义危机的同时，也深受非洲难民潮的冲击和影响。也门与非洲索马里隔海相望，长期以来一直成为非洲难民逃难的目的地和绕道进入欧洲和世界其他各国的中转站。2008年约有5万个索马里和埃塞俄比亚人抵达也门海岸，比2007年增加70%。2009年，偷渡到也门的索马里人激增，前6个月，已有大约3万个索马里人偷渡到也门。

三　世界难民局势的发展趋势

（一）难民人口长期积淀，潜在因素影响世界和平

目前世界上庞大的难民群体，大多数是历次战争和冲突积淀形成的。由于难民起因的复杂性、国家和民族利益的冲突以及难民自身的要求，难民的遣返和安置一直是十分艰巨的工作，大规模难民群体返回家园的道路十分漫长。在黎巴嫩、约旦河西岸和加沙地带，60年前第一次中东战争产生的巴勒斯坦难民有210.61万人至今还生活在难民营和散居在定居点里；41年前第三次中东战争逃亡至约旦、沙特阿拉伯、埃及和科威特等海湾国家的巴勒斯坦难民也有53.64万人。苏联占领阿富汗距今已有近30年，在巴基斯坦和伊朗遗留的阿富汗难民还有279.09万人（见表2）。据不完全统计，至2008年12月31日，规模在5万人以上、现仍居住在难民营和定居点中的难民群体，超过30年的有5个，超过20年的有6个，超过10年的有8个，总数近800万人①。

---

① *World Refugee Survey 2009*, http://www.refugees.org/FTP/WRS09PDFS/WarehousingMap.pdf.

表 2　5 万人以上至今未返回家园的难民群体

单位：万人，年

起源地	难民人数	距今时间	庇护国或地区
巴勒斯坦	210.61	60	加沙、黎巴嫩等
巴勒斯坦	53.64	41	约旦、沙特阿拉伯、埃及、科威特
厄立特里亚	20.75	40	苏丹、埃塞俄比亚
菲律宾	7.24	35	马来西亚
撒哈拉	9.00	33	阿尔及利亚
阿富汗	279.09	29	伊朗、巴基斯坦
伊拉克	5.81	29	伊朗
斯里兰卡	12.00	25	印度
苏丹	14.52	25	乌干达、肯尼亚、埃塞俄比亚等
缅甸	11.11	24	泰国
缅甸	10.00	20	印度
利比里亚	7.11	19	科特迪瓦、加纳等
阿富汗	9.20	17	俄罗斯、印度
不丹	10.10	17	尼泊尔
缅甸	19.30	17	孟加拉国
索马里	46.03	17	肯尼亚、埃塞俄比亚、也门
布隆迪	24.05	15	坦桑尼亚
刚果(金)	30.02	12	坦桑尼亚、赞比亚、乌干达
缅甸	20.00	12	泰国
总　计	799.58	—	—

资料来源：USCRI 网站。

近年来，国内流离失所者不断增多引起了国际社会广泛关注，这一群体也有不少已存在多年。据挪威流离失所监测中心统计，2009 年欧洲大约还有 250 万个国内流离失所者①，主要是苏联解体、亚美尼亚与阿塞拜疆冲突、波黑冲突、塞浦路斯与土耳其的领土争端和科索沃战争时遗留下来的。随着时间的推移，许多国内流离失所者仍然不被国家主流社会接纳，长期处于社会的底层，无法改善贫困的处境。

世界范围内大批难民数十年回不到家乡，长期被主流社会边缘化，成为国际

① http：//www.internal-displacement.org/8025708F004CE90B//3C3FBCB4672624E6802570A600559209?

社会关注的人道主义弱势群体和潜在的不稳定因素。随着时间的推移，弱势群体积聚的政治力量不可低估。拉登和塔利班等宗教极端主义分子在世界范围内发动恐怖主义袭击，其公开的理由集中反映了巴勒斯坦难民的政治诉求。

（二）难民人道主义需求大幅增长，救援资金严重短缺

2009 年，受自然灾害加剧、冲突升级、全球爆发粮食和金融危机等因素影响，全球的人道主义需求持续增多，达到了创纪录的 95 亿美元，比上一年度增加了 50.8%。其中主要覆盖叙利亚、约旦、埃及等 7 个相关国家，苏丹是 2009 年人道援助最大的需求国，相关行动需要超过 20 亿美元。同时，武装冲突在一些国家和地区持续升级，导致世界难民和流离失所者大量增加，这是人道主义需求大幅度上升的主要原因。巴基斯坦政府军清剿塔利班的武装冲突使 200 多万人流离失所，人道主义需求增长了 10 倍，达到 5.42 亿美元；斯里兰卡政府军同伊拉姆泰米尔猛虎组织内战最后阶段导致近 30 万人流离失所，使该国的人道主义需求增长了 1 亿多美元；巴勒斯坦的人道主义需求增长了 3.41 亿美元；在肯尼亚，缺粮以及索马里难民的涌入使该国的人道主义需求增长了近 2 亿美元；索马里援助行动需要 9 亿多美元；刚果民主共和国的行动经费也从 6 亿美元上升到了 8.3 亿美元。此外，需要经费支持的援助地区还包括津巴布韦、伊拉克、巴勒斯坦被占领土、肯尼亚、乍得、西非地区、乌干达、中非共和国和科特迪瓦。

受到政治因素和全球经济萧条的影响，救助难民和流离失所者的实际到位资金普遍与需求之间存在相当大的差距。2009 年前 10 个月，联合国共发出了 22 项联合或紧急募捐呼吁，实际接收资金为 47 亿美元。虽然迄今为止这已是联合国人道募捐倡议得到的最好响应，但距满足需求尚有 48 亿美元的缺口。

美国金融危机引发全球经济衰退、国际粮食价格暴涨和汇率的变化直接或间接地波及了人道主义援助的成本，不同程度地影响到国际社会对难民的救助。

联合国为救助斯里兰卡受冲突影响的民众，发出了总额为 1.55 亿美元的募捐倡议，目前只接收 6000 万美元捐助。联合国在 2009 年 5 月 22 日为救援巴基斯坦内部流离失所者发起了总额达 5.43 亿美元的紧急募捐呼吁，在两个月的时间里，得到国际承诺的资金只有 42%。安置也门的战争受害者需要 2350 万美

元，但到2009年9月初仅收到380万美元。

联合国近东巴勒斯坦难民救济和工程处也遇到了前所未有的财政危机。2008年该机构一直是赤字运行。2009年第一季度，支持该机构核心服务的普通基金（General Fund）出现8700万美元的缺口，加上前几年因资金短缺而被搁置的7600万美元建设项目，该机构的资金缺口将高达1.6亿美元。至2009年8月，该机构本年度捐赠资金已基本耗尽，不得不临时发起“加沙斋月募捐呼吁”，以便使援助行动能够持续到冬季。

联合国难民署面对数字庞大的难民群体，一直存在救助资金短缺的问题，而国际金融危机使其面临更大的资金压力。联合国难民署的总开支在2008年创下新的纪录，突破了16亿美元。2009年的预算经费为12.75亿美元，其他补充项目为5350万美元，联合国难民署不得不通过精编简政降低运作成本。日内瓦联合国难民署总部的工作人员已从2006年初的1000多人削减为2008年的747人，预算支出占总预算比例也从14%下降到9%①。联合国难民署的资金50%是美元，汇率影响十分巨大。2009年初，在难民署的募捐会议上，各国政府对该机构的捐助资金与上年度相比下降了6%。联合国难民署发言人彼特·凯斯勒（Peter Kessler）说：“这很让人担忧。我们担心到2009年底，仅因货币汇率波动就可能损失1亿美元。同时我们意识到，一些国家政府、个人和私有基金都在削减对我们的捐助。”

截至2009年9月中旬，世界粮食计划署只收到了全年所需资金的40%。由于资金不足，库存无粮，索马里的粮食分发站不得不关闭，背井离乡的国内流离失所者面临忍饥挨饿的处境。

（三）发展中国家面临的难民人口和经济压力越来越大

分析当前全球难民的发展状况，绝大多数难民和国内流离失所者产生于亚非拉等地区的发展中国家或欠发达国家。按照地理区域划分，亚太地区产生的难民最多，约有398.86万人，其次为中东和北非地区，有246.48万人，东非和非洲之角也有124.85万人，这三个区域产生的难民占到全球难民总数的73.5%。从亚洲西南部延伸到非洲大湖地区，是难民集中的地带，联合国难民署关注的流离

① http：//www.unmultimedia.org/radio/.

失所者有3/4也集中在这个区域①。2009年，世界上几乎所有较大的国内流离失所者事件也都出现在那里，地理上构成了一个半圆形分布，联合国难民署高级专员古特雷斯形容其为“一条危机弧线”。

虽然发达国家对全球难民提供了大部分资金和物资援助，但发展中国家接纳了世界难民的绝大部分。联合国难民署2009年的统计数字表明，全球80%的难民和绝大多数国内流离失所者在发展中国家，其中伊拉克有260万人，苏丹达尔富尔地区有200万人，刚果（金）有150万人，索马里有130万人。接收难民人数前三位的国家依次是巴基斯坦、叙利亚和伊朗，分别接收180万人、110万人和98万人。同一时期欧盟国家安置的难民只占安置总数的6.7%②。

美国难民移民委员会对世界上30个国家近年来接纳难民的情况进行了统计分析，结果表明，世界上50%的难民是国内生产总值在2000美元以下的国家接纳的，国内生产总值超过10000美元的发达国家接纳的难民只占9%。2008年，美国、瑞典、加拿大等19个发达国家和欧盟共向联合难民署和近东巴勒斯坦难民救济和工程处捐款20.63亿美元，其中美国捐款6.06亿美元，捐款总数位列第一，但人均捐款只有1.99美元；瑞典捐款1.57亿美元，人均捐款17.06美元；加拿大捐款7080万美元，人均为2.13美元。

如果按照人口密度指标衡量，发展中国家承担的难民压力远远大于发达国家。目前，中东地区是难民人口最为密集的地区，也是最为动荡的区域。2008年，约旦河西岸和加沙地带有难民182.81万人，难民与当地居民的人口比率达到了1∶2；约旦收容了62.16万个伊拉克难民，人口比率为1∶9（见表3）。多数中东国家受到难民人口的拖累，经济发展缓慢，人民生活水平提高受到很大影响，救助难民也处于心有余而力不足的境地。

同期，美国、加拿大、澳大利亚等16个发达国家共重新安置86460名难民，接收难民与国家人口的比率全部在1∶2400以上③。

2008年，世界粮食价格出现大幅上涨的局面，这使接收大量难民和流离失所者的发展中国家面临更大的经济压力。

---

① http：//www.unhcr.org/4ac077429.html.

② http：//www.stnn.cc/euro_ asia/200909/t20090903_ 1114100.html.

③ 2009 World refugee survey，http：//www.refugees.org/FTP/WRS09PDFS/Ratios.pdf.

表 3　2008 年难民人口与当地居民人口比率前 10 位的国家和地区

单位：人

难民收容国或地区	难民与收容国总人口的比率	难民数
约旦河西岸和加沙	1:2	1828100
约旦	1:9	621600
叙利亚	1:11	1763900
黎巴嫩	1:12	333500
乍得	1:31	330500
伊朗	1:73	993600
沙特阿拉伯	1:97	291100
巴基斯坦	1:97	1775600
肯尼亚	1:101	377400
厄瓜多尔	1:102	135000
利比亚	1:111	66600
总　　计	—	8516900

资料来源：美国难民委员会。

（四）反恐军事行动与恐怖袭击对抗升级，新的流离失所高峰正在形成

美国在世界范围内展开的反恐战争，导致伊拉克爆发大规模难民潮，并导致阿富汗难民长期无法返回家园，这是当今世界难民和国内流离失所者人数长期高居不下的重要原因之一。2009 年 1 月，奥巴马主政白宫之后，美国政府重新调整了对外政策和反恐战略，确定反恐战争的首要目标是瓦解、清除和击败巴基斯坦和阿富汗的“基地”组织，反恐重心从伊拉克东移到阿富汗和巴基斯坦。美国一改布什直接军事干预的单边主义做法，强调使用“软实力”，将政治、经济、外交和文化等手段整合成一种“全新且更为有效的办法”。在这一战略的指导下，美国采用了两种不同的策略。在阿富汗，奥巴马 2009 年 3 月下令增派 2.1 万名美军，使驻阿富汗美军 2009 年底前增至 6.8 万人，全面加强在阿富汗的军事行动，力图彻底击败塔利班。在巴基斯坦，美国政府批准 10 年内向巴基斯坦提供 75 亿美元的综合援助，利用增加经济、军事援助和施加政治压力的手法，推动巴基斯坦打击塔利班。2009 年 4 月，巴基斯坦军队在西北部部落地区斯瓦特山谷展开清剿塔利班的军事行动，标志着巴基斯坦正式扩大为国际反恐战争的

另一战场。

2009 年下半年，为报复巴基斯坦的清剿行动，塔利班在伊拉克、阿富汗和巴基斯坦展开了疯狂的恐怖袭击，三地的安全形势空前严峻。美军和多国部队在阿富汗与塔利班的战斗频繁发生，清剿和轰炸殃及平民，不断有流离失所人口出现。在巴基斯坦，军队军事清剿与塔利班的反清剿战斗日益激烈。2009 年 10 月，塔利班对巴基斯坦陆军总部和负责反恐事务的联邦社会调查部等军警、政府和大学等民用目标连续发动 10 余次自杀性恐怖袭击，巴基斯坦军队随即发起“拯救之路”军事行动，增派 3 万人的部队进入南瓦齐里斯坦塔利班大本营展开清剿，大规模围剿行动将会在更大的范围内牵连平民。随着塔利班势力被进一步压缩，恐怖袭击更加成为报复和转移军事压力的出路和手段，新一轮的对抗正在孕育下一波难民和流离失所者浪潮。

（五）非洲联盟通过保护公约，加强区域合作以应对难民挑战

非洲是目前世界上受到难民和流离失所问题影响最为严重、范围最广的地区。大量难民和流离失所者使本来就不富裕的非洲各国背上了沉重的经济负担，滋生了许多社会和政治问题。特别是在“冲突后”非洲国家，难民和流离失所者返乡安置及重新融入十分困难，非洲经济发展和国家社会稳定都受到巨大的影响，成为阻碍非洲大陆社会进步与和平发展的障碍。近年来，非洲国家积极寻找政治解决难民危机和流离失所问题的有效办法，加强区域合作以应对难民和流离失所带来的挑战逐渐成为非洲大多数国家的共识。

2009 年 10 月 22 日，非洲联盟 46 个国家在乌干达首都坎帕拉以“非盟应对难民问题的挑战”为主题举行特别首脑会议，研究加强非洲国家间合作应对难民和流离失所问题的政策原则、方向和方法，探讨建立难民保护和减少难民产生的长效机制。具体议题包括：

——探讨难民和流离失所的深层次根源和持久解决办法；

——防止被迫流离失所现象的发生；

——改善难民和流离失所者的保护措施；

——强化措施，满足流离失所妇女和儿童的特殊需求；

——制定战略，减少流离失所和自然灾害交织产生的影响，并找到解决问题的方法；

——制定冲突与自然灾害发生后社区重建与恢复的发展战略；

——加强非洲国家在解决被迫流离失所问题上的伙伴关系。

会议的另一项成果是通过了《关于保护和救助非洲流离失所者公约》（以下称《公约》），其内容涉及武装冲突、自然环境和人为灾害等诸多因素导致的流离失所，列出了非洲民众在流离失所之前、期间以及之后所应享有的各项权利，强调政府有责任为民众提供保护和救助，对各国政府及其他相关方在武装冲突等情况下保护和救助流离失所者的责任作出了具有法律约束力的规定。

《公约》明确要求各国制止和预防发生人口流离失所，尊重人的尊严以及国际上关于保护国内流离失所法律方面的原则；制定预警系统和建立减少灾害风险长效机制，保护和尊重流离失所的人的个人权利，确保援助国内流离失所者。根据《公约》规定的义务，协调国内流离失所者，向其提供保护和援助，尊重非盟和联合国以及国际人道主义组织的作用，对武装团伙采取必要行动，有效地组织人道主义救济和保证安全，保护人道主义工作人员或设备不受到攻击，并确保符合规定的义务。

《公约》规定了禁止性条款：禁止武装团体任意阻碍保护和援助国内流离失所者的行动和限制国内流离失所者行动自由，禁止强行招募、绑架、性奴役和贩运活动，禁止攻击人道主义工作人员和设施。

《公约》赋予非盟三项基本权利：干预涉及战争罪和危害人类罪方面的严重情况，尊重各成员国要求干预和保护国内流离失所者的权利，协调保护和援助国内流离失所者的行动。

根据会议的决定，《公约》将在获得非盟15个国家批准之后30天正式生效。非盟有17个国家在会议结束时签署了宣言，呼吁非洲国家按照民主宪章选举和治理国家，共同谴责战争、强奸、性虐待等一切形式的暴力行为，要求有关各方排除助长非洲冲突的外来因素，结束对雇佣军和武装派别集团的支持和赞助，承诺要确保妇女、儿童获得基础和专业教育的权利，保证向流离失所者提供法律咨询援助和医疗照顾，创造有利于流离失所者自愿返回、当地融合或重新安置定居的有利条件。

非盟召开特别首脑会议专门研讨难民和流离失所问题，是世界区域组织首次专门举行类似的会议。这不仅反映了难民和流离失所问题在非洲的严峻性和紧迫性，也显示了非洲为合作应对难民和流离失所问题所作出的努力。联合国难民事务高级专员古特雷斯代表联合国秘书长潘基文参加会议并发言。他认为，非盟特别首脑会议的召开充分显示了非洲国家在解决这一问题上的政治意愿和坚定决心，战乱和自然灾害是导致非洲大量难民产生的重要原因，国际社会有责任伸出援助之手帮助非洲解决难民问题。

综观2009年全球难民局势的发展，可以看到一个比较显著的现象：反恐战争、民族和政治派别冲突依旧是当今世界难民和国内流离失所者大量增加的主要原因。处于弱势地位的难民和流离失所者群体在国际金融危机和世界经济不景气的环境下日趋边缘化，旷日持久的难民问题和频繁出现的流离失所现象对国家、地区稳定，以及全球经济、政治和社会的和谐发展构成了严峻挑战。这是21世纪国际政治发展的一个现实，也是当前国际社会需要联手应对的紧迫问题。

Review of Refugee Situations around the World

Li Xiaoli

Abstract: As the international war on terror entered a new phase in 2009, a large-scale refugees and displaced population occur in those anti-terrorism "hot-spot" regions such as Pakistan, Iraq and Afghanistan. A new wave of refugees and the displaced has emerged due to the outbreak of war in Gaza, the escalation of armed conflicts in Somalia and Yemen, and the resumption of ethnic conflicts in Sri Lanka and Myanmar. The international financial crisis further worsened the plight of refugees. The developing countries have a heavy burden of refugees while the developed countries hold a barrier policy in contrast to their international responsibilities. The accumulation of global refugees and large-scale displaced population has posed an increasingly serious challenge to international security and regional stability. It remains the target of the international society to strengthen national and regional cooperation and properly deal with the world's refugees and displaced population.

Key Words: Refugees; The Displaced People; Review; Situation

【能源政治】

油价巨幅波动与国家间关系变化

薛　力*

摘　要： 过去一年多，国际油价经历了巨幅波动，同时，金融危机的影响波及全球。这两种因素对大国关系产生了什么影响？本文抽取代表性的产油国与能源进口国，分析了六对国家间关系在过去一年多里所发生的变化。得出的基本结论是：对主要的能源出口国来说，金融危机加上油价暴跌所带来的后果不亚于一场经济危机，但没有导致产油国大幅度调整对能源消费国的外交政策；进口国的地位没有大幅度提升，出口国的地位也没有被明显削弱；油价波动对经济的影响是一时性的，全球金融危机对世界经济的影响没有原先估计的那么严重；全球经济已经大致走出了低谷；新兴大国获得了一些喝彩与掌声，但并没有实质性提高地位；中国在全球经济中的相对地位有所上升，是油价下跌的受益者与应对金融危机的赢家。

关键词： 油价波动　国家间关系　变化

如果说2008年9月雷曼兄弟的破产标志着全球金融危机的爆发，那么2008年3月大致上可以看作次贷危机蔓延全球的一个转折点：该月美国官方首次预测经济衰退，贝尔斯登向摩根大通和纽约联储寻求紧急融资，美国联邦住房金融委员会允许美国联邦住房贷款银行系统增持超过1000亿美元房地美和房利美发行的抵押支持债券（MBS）。欧洲方面，欧洲货币市场流动性再度告急，英国央行和瑞士央行联袂注资；英国首相布朗和法国总统萨科齐举行会晤，讨论如何提高

* 薛力，中国社会科学院世界经济与政治研究所国际战略室研究人员，主要研究兴趣为能源政治、东亚整合。

金融市场透明度和敦促国际主要金融机构改革。

在过去一年多的时间里，全球经济经受了一场严重的冲击，舆论普遍认为，世界经济受损害的程度为过去80年所仅见。英国《金融时报》首席经济学家马丁·沃尔夫认为，英国等发达经济体要好几年时间才能恢复经济增长[①]。以新加坡李光耀公共政策学院院长纪凯硕、新加坡国立大学东亚研究所所长郑永年为代表的一批学者认为，现有的国际体系面临调整，欧美国家主导全球政治经济的时代将过去，美国的霸权地位将被根本动摇，世界政治经济的重心将向东方转移，以“金砖四国”为代表的新兴经济体将成为全球的新重心[②]。一些证据似乎也在证明上述观点：发展中国家在意大利G8峰会上的作用空前突出，媒体甚至认为中国的风头已经盖过了美国，胡锦涛主席提早回国意味着主角的离席，峰会顿时失色[③]；G8受关注的程度下降，G8曾经发挥的作用正在被G20取代[④]，这个过程可能在两年内完成[⑤]，2010年的加拿大G8峰会将同时举办G20峰会是这一转变的过渡[⑥]；汇丰银行把行政总裁的办公地点从伦敦移到香港[⑦]。

这场经济冲击波果真导致了——或正在导致——国际关系格局的变迁？大国关系大致代表了国际关系格局，因此，问题也可以理解为：这场经济冲击波是否正在改变大国关系？

经济是政治的基础，分析经济对政治的影响可以选取不同的经济视角：金融、工业、房地产、贸易等。我们认为，石油是一个同样有力的视角。原因在

---

① 2008年12月17日，在北京国际饭店召开的“中国经验——纪念改革开放30周年高端学术论坛”上，回答笔者的提问时提及。

② 郑永年：《外交和战略压力将困扰中国崛起》，2009年9月17日《参考消息》；《全球主义者杂志：21世纪全球格局猜想》，中国网，2009年8月12日。

③ 《中国元首缺席　八国峰会失色》，2009年7月10日《环球时报》。

④ 在2009年9月24~25日召开的匹兹堡二十国峰会上，“各国一致决定，G20将正式取代由八大工业国组成的G8，成为讨论全球经济的主要架构”。同时，“奥巴马和其他与会领导人称，从现在开始，二十国集团进入了一个新的阶段，将成为协调全球经济政策的一个基本平台。英国首相布朗则表示，旧的国际经济合作体系已经结束，新的经济合作体系则从现在开始”。如果二十国集团成了协调全球经济的一个基本平台，那离取代G8的政治功能也就不远了。参见 http://news.sohu.com/20090926/n267009309.shtml；http://www.zaobao.com/photoweb/pages1/fenghui090926.shtml。

⑤ 《顺应时代 G20或将取代G8　两年内完成更具代表性》，搜狐网，2009年9月26日。

⑥ 《G8成G20“配角”：日本媒体担忧日本“存在感”》，搜狐网，2009年9月26日。

⑦ 《分析：汇丰行政总裁缘何搬家?》，联合早报网，2009年9月29日。

于，能源是现代经济的动力，而石油又是能源中的主角：在全球能源消费结构中石油所占比重为35.8%，天然气为23.7%，而天然气的价格通常随着油价波动。也就是说，石油和天然气在全球能源消费中占了59.5%，足以影响全球经济活动，并进而对以国际政治关系为代表的国际关系产生重大的影响。影响是否大到足以改变大国关系？许多人认为可以，甚至把2008年7月以后的油价大幅下挫视作美国打压俄罗斯、委内瑞拉、伊朗等石油集团（Petroleum Bloc）的利器，坚信没有了石油美元支撑的石油集团国家，就像是被拔了牙齿的老虎，想咬人就没有了武器。

与全球金融危机相伴随的是国际石油价格的巨幅波动。从绝对数额看，这种波动是空前的：WTI期货价从2008年7月11日的每桶147.27美元跌到2008年12月23日的32.4美元，不到半年跌去了114.87美元；其后在2009年8月23日上升到74.72美元，8个月时间增长了42.32美元。这远远超出了年初大多数机构的估计①。巨幅的油价波动无疑大大影响着供需双方的利益分配，从而导致双方相对实力地位的变化：主要是供给方地位明显削弱然后略有恢复，需求方地位大大增强但势头受挫。

并没有关于大国的公认定义，但是，估计大部分人都会同意：中国、美国、日本、俄罗斯、印度、巴西、德国、法国、英国等9个国家是世界主要大国，其中俄罗斯、巴西2个是石油出口国，英国从2007年起转为净进口国。如果从石油供给角度，年产量超过1.5亿吨的有沙特阿拉伯、俄罗斯、美国、伊朗、中国、加拿大与墨西哥7国，其中前3个国家的年产量都超过了2.0亿吨，除美国、中国外的5国为出口国②。如果分为出口国与进口国两个部分，出口国有沙特阿拉伯、伊朗、加拿大、墨西哥与巴西5个，进口国有中国、美国、日本、印度、德国、英国、法国等7个，进行逐一配对组成的国家间关系有很多对。限于篇幅，本文要全部分析这些国家间关系显然有困难。因此，抽取具有代表性的国家进行分析为可行之举。就出口国来说，沙特阿拉伯与西方关系密切，而且其在国际政治体系中的作用较小，加拿大与墨西哥主要是对美国出口，而巴西的出口量很小。

① 2009年1月，摩根大通、美林、高盛、巴黎银行、日本能源经济研究所等大多数机构预测2009年油价的区间为25~52美元。世界银行、国际能源署、巴克莱投资银行等少数机构则预测可到70~80美元，参见《各机构预测2009年国际市场原油价格最高达80美元》，股市360网，2009年1月5日。

② *BP Statistical Review of World Energy*, June 2009. p. 9.

因此，从出口国中抽取俄罗斯与伊朗。在进口国中，中国的代表性显然强于印度，美国强于德国，日本也比英国更具有代表性，因此，从进口国中抽取美国、中国、日本。从每一个供方分别与每一个需方进行配对的角度，可以组成俄美、俄中、俄日、伊美、伊中、伊日等6组国家间关系。分析这6组国家间关系的变迁，可以大致看出过去一年多石油价格的大动荡是否导致了国际关系的大变化。

并没有全球统一的原油价格，因为全球各地所产原油质量相差很大，其API比重从28度到44度。但通常以纽约商品交易所（MYMEX）交易的原油价格为准，此外还有伦敦国际石油交易所（IPE）的布伦特原油价、欧佩克一揽子平均价等。MYMEX则在美国各地所产原油中选用API比重为38度的西德克萨斯中质油（WTI）为现货与期货交易的衡量标准品种，虽然就绝对交易量而言，WTI仅占全球原油的很小比例。与现货相比，期货具有价格发现功能，可以体现一段时期内的市场预期，而交易次月25号之前的第三个交易日交割的原油期货数量最多，因而这一品种的原油期货价成为通常所说的WTI期货价，也就是所谓的“国际油价”。期货合约的交割地点并不在纽约，而是在一些储油地点，主要是在俄克拉何马州小镇库欣（Cushing）。美国能源部能源信息署（EIA）发布的相关数据也以库欣为准。

从表1和表2可以看出，在过去20个月里，WTI现货价与期货价相差不超过1美元。以期货价为例，结合EIA每日油价历史数据，则可以得出如下几点结论。

（1）2008年的均价为每桶99.75美元，而2009年前8个月为每桶55.28美元，每桶相差44.47美元。按照《BP世界能源统计评论》提供的全球平均原油比重算，每吨等于7.33桶①，44.47美元的桶差价可折合为吨差价325.97美元。

（2）月度最高价出现在2008年6月，而不是出现在瞬间最高成交价的2008年7月。该月11日交易价最高达每桶147.27美元，当天收盘价为每桶145.08美元，收盘价的最高点则是14日的每桶145.18美元②。

（3）最低收盘价是2008年12月19日的每桶33.87美元，而月度最低价是2009年2月的每桶39.26美元③；2008年8月比上月每桶下跌了16.79美元，而

① 《BP世界能源统计2009》（中文版），第44页，http://www.bp.com/liveassets/bp_internet/china/bpchina_chinese/STAGING/local_assets/downloads_pdfs/BPStatsReview2009_CN.pdf。

② 引自EIA每日原油期货收盘价历史数据，http://tonto.eia.doe.gov/dnav/pet/hist/rclc1d.htm。

③ 引自EIA每日原油期货收盘价历史数据，http://tonto.eia.doe.gov/dnav/pet/hist/rclc1d.htm。

9 月则比上月每桶下跌 12.93 美元。不过，最大跌值是 10 月份的每桶 27.04 美元。

（4）油价在 2009 年 2 月份触底后反弹向上，最大月度升值出现在 6 月份，为每桶 10.49 美元，升幅达到 17.72%。

（5）2009 年 6～8 月，油价波动在每桶 59.69～74.37 美元之间①，而每桶 60～80 美元正处在欧佩克、俄罗斯等产油国所能接受的心理区间，欧佩克秘书长在 4 月份就明确表示国际油价每桶 70 美元是合理的②。这一点很可能也被消费方所接受，否则，油价不大可能稳定在这一区间。

表 1　WTI 原油期货价月度平均值（2008 年 1 月至 2009 年 8 月）

单位：美元/桶

年份	1 月	2 月	3 月	4 月	5 月	6 月	7 月	8 月	9 月	10 月	11 月	12 月
2008	92.93	95.35	105.42	112.46	125.46	134.02	133.48	116.69	103.76	76.72	57.44	42.04
2009	41.92	39.26	48.06	49.95	59.21	69.70	64.29	71.14	—	—	—	—

资料来源：http：//tonto. eia. doe. gov/dnav/pet/hist/LeafHandler. ashx？n = PET&s = RCLC1&f = M。

表 2　WTI 原油现货价月度平均值（2008 年 1 月至 2009 年 8 月）

单位：美元/桶

年份	1 月	2 月	3 月	4 月	5 月	6 月	7 月	8 月	9 月	10 月	11 月	12 月
2008	92.97	95.39	105.45	112.58	125.40	133.88	133.37	116.67	104.11	76.61	57.31	41.12
2009	41.71	39.09	47.94	49.65	59.03	69.64	64.15	71.05	—	—	—	—

资料来源：http：//tonto. eia. doe. gov/dnav/pet/hist/LeafHandler. ashx？n = PET&s = RWTC&f = M。

一　俄美关系变化

美苏是冷战期间的两个超级大国与超级对手，继承了苏联的联合国席位与大部分经济政治遗产的俄罗斯，在 21 世纪已经不是美国的意识形态对手与首要敌人，但俄美关系堪称石油供需关系的典型，因而分析俄美关系在过去一年多时间里的变化，同样具有典型意义。

① 引自 EIA 每日原油期货收盘价历史数据，http：//tonto. eia. doe. gov/dnav/pet/hist/rclc1d. htm。

② 《欧佩克秘书长：国际油价 70 美元/桶合理》，凤凰网，2009 年 4 月 27 日。

1. 经济上，全球金融危机对俄罗斯的影响巨大，而油价暴跌更让俄罗斯蒙受了巨大损失

2007 年俄罗斯 GDP 为 1. 14 万亿美元，人均 GDP 为 8030 美元。也就是说，油价暴跌带来的损失为1181. 55 亿美元（见表3），等于2007 年 GDP 的 10. 36%。俄罗斯人口为 1. 41 亿，等于人均损失 1665. 99 美元，占人均 GDP 的 20. 75%。天然气价格通常与石油联动。俄罗斯天然气出口收入大约为石油的一半，两者贡献了俄罗斯出口收入的 50% ~60%①，因此，油价暴跌给俄罗斯经济带来的冲击不亚于一场经济大萧条：经济增长率 2008 年为 5. 6%，而 2009 年前 7 个月为 -10. 4%，出口减少加上外资逃离，使得俄罗斯外汇储备减少了 2000 亿美元②。2008 年 8 月份以后形势更为严峻：2008 年 9 月 16 日大银行与大公司的股票一天内丧失近 1/3 的市值；10 月 7 日，股票降至三年来的最低点；财政部长库德林宣布俄罗斯证券市场损失了 52% 的市值；10 月 19 日美国《独立报》报道次贷危机以来，俄罗斯上市公司的市值已蒸发 1 万亿美元；世界银行预测 2009 年俄罗斯经济增长率为 -4. 5%。各家公司大量裁员、暂停投资项目。四大能源公司（天然气工业股份公司、卢克石油公司、俄罗斯石油公司与 THK-BP 石油公司，合计生产石油的 70% 和天然气的 90%）连支付到期贷款都成问题，俄罗斯政府甚至专门划拨 500 亿美元，以帮助其渡过难关。俄罗斯天然气工业股份公司、俄罗斯石油公司放低身段同意与中国签署 250 亿美元的“贷款换石油”项目也与此有关。近两年俄美贸易额

表 3 全球金融危机给俄罗斯带来的损失估算

年 份	石油产量(亿吨)	石油消费量(亿吨)	出口占比(%)	损失程度(亿美元)
2007	4. 913	1. 262	74. 31	—
2008	4. 885	1. 304	73. 31	—
2009	假定同上年	假定同上年	假定同上年	1181. 55

说明：2009 年前 8 个月，俄罗斯每月石油产量和出口量与 2008 年同期相比没有明显变化。如果考虑天然气出口收入大约是石油的一半，则上述估算还是明显偏低的。

资料来源：《BP 世界能源统计 2009》（中文版），第 9 页、第 12 页，http：//www. bp. com/liveassets/bp_ internet/china/bpchina_ chinese/STAGING/local_ assets/downloads_ pdfs/BPStatsReview2009_ CN. pdf。

① Основные положения энергетической стратегии России на период до 2020 года, http：// www. mte. gov. ru/oficial/strateg_ energ. htm.

② 王遒：《俄罗斯经济回稳但风险尚存》，中国日报网，2009 年 9 月 2 日。

为300亿美元，其中石油和石油产品占俄罗斯对美出口商品的50%[1]。油价暴跌显然使俄罗斯的利益被输送到了美国。以上这些是否导致俄罗斯国际地位的衰弱与外交政策的调整了呢？

2. 政治上，小布什与奥巴马的执政理念都是通过提升美国的相对实力来强化美国在全球的领导地位。差别在于，小布什政府倾向于通过硬实力来谋求相对获益，而奥巴马政府基于巧实力外交理念，倾向于通过软硬结合来谋求相对获益

就对俄关系而言，小布什政府采取的主要措施有：退出《反弹道导弹条约》，推进北约东扩，在原来苏联所辖地区策划“颜色革命”，鼓动原来的苏联加盟共和国对俄罗斯的离心倾向并强化与这些国家的关系，酝酿在东欧建立导弹防御基地。2008年5月美国正式通过了关于在捷克建立反导雷达预警基地的总协定[2]。8月，美国与波兰签署了类似协定。格俄战争爆发后，美国派军舰到黑海港口驰援，并把格鲁吉亚防空网纳入北约预警系统。俄美关系因此降至冷战后低点。奥巴马政府则在2009年2月初就提出要“重启”美俄关系，7月份奥巴马对俄罗斯的访问被视作两国关系“重启”的标志性动作，9月份美国宣布放弃在东欧建立反导雷达基地[3]。但另一方面，5~6月北约不顾俄罗斯的反对在格鲁吉亚进行了两个阶段的军事演习[4]，7月美国副总统拜登提及俄罗斯不久将随着经济衰弱而出现外交衰弱，暗示美国应该对俄罗斯施加严重压力以使其作出必然的让步[5]，尤其是在核裁军等涉及国家安全的议题上[6]。美国放弃东欧反导基地实际上不过是一种调整，取而代之的是一项在欧洲分阶段部署导弹防御系统的新计划[7]。

俄罗斯方面，对美外交也是软硬兼具，看情况决定行动方案，但绝不让美国在相对获益上占便宜。它认为金融危机削弱了美国作为全球主导力量的地位[8]，因此俄罗斯不能把经济实力的不济转化为政治军事外交上的让步，在对美外交上还是该怎么办就怎么办。

---

① 《年终报道：2008年的美俄经贸关系》，国际财经时报网，2008年12月23日。

② 《背景资料：美国在东欧的反导系统计划》，新华网，2008年7月9日。

③ 《美放弃原反导系统暗藏玄机　新计划战力更强》，环球网，2009年9月27日。

④ 《北约在格鲁吉亚的军事演习第一阶段结束》，中国网，2009年5月19日。

⑤ 〔俄〕德米特里·苏斯洛夫：《俄美关系中的强与弱》，2009年9月7日《独立报》。

⑥ 《评论：俄美关系刚刚“重启”就要踩刹车》，搜狐网，2009年7月30日。

⑦ 《美放弃原反导系统暗藏玄机　新计划战力更强》，环球网，2009年9月27日。

⑧ 〔俄〕费奥多尔·卢基扬诺夫：《美国的孤独》，俄罗斯报纸网，2009年9月10日。

（1）苏联元帅奥加尔多夫在20世纪80年代初期提出，苏联没有必要在洲际运载工具的弹头数量上与美国维持平衡，只要能经受住警告性打击并在回击时重创美国就够了。从战略防御的角度看，这迄今仍属洞见。但俄罗斯看重的是保持住“唯一在技术上有能力消灭美国”这一核超级大国地位，认为数量均衡有助于保障战略稳定，而战略稳定“直接关系到国际关系与整个世界政治体系能否民主化”[①]。因此，在为2009年12月到期的《削减和限制进攻性战略武器条约》制订新方案时，俄罗斯同意在运载工具数量上稍稍少于美国，但坚持弹头数量一样。[②]

（2）2008年5~8月，为回应小布什政府在东欧部署反导基地的计划，俄罗斯有针对性地提出将在加里宁格勒州部署“伊斯坎德尔”导弹。俄罗斯外交部称俄美关系面临巨变，可能濒临破裂，俄方做好了应对一切可能的准备，并派出强硬派人物基斯利亚克出任驻美大使[③]。根据格俄战争后美国偏袒格鲁吉亚的立场以及其他行动，梅德韦杰夫则表示俄罗斯不惧怕出现新的冷战。11~12月，北方舰队的4艘舰船到达委内瑞拉进行双方联合军事演习，并在第二次世界大战后首次穿越巴拿马运河。

（3）区别对待小布什与奥巴马。2008年11月美国大选一结束，梅德韦杰夫就表示希望奥巴马上台后改善俄美关系[④]。奥巴马政府2009年1月底上台时正值国际油价处于低谷的时期，但并没有因此而强化对俄的强硬立场，而是很快提出“重启”美俄关系，让两国关系“走出布什时代的死胡同”[⑤]。俄方对此给予积极回应，两国总统于2009年4月在英国伦敦首次会晤，提出“超越冷战思维”，修复双边关系。7月，梅德韦杰夫与来访的奥巴马达成共识：两国关系先前偏离了轨道，决定重启俄美关系，以便在拥有共同利益的领域展开有效合作[⑥]。两国还就进一步削减进攻性战略武器达成共识，并签署了规定两国新条约内容的框架性文件[⑦]。根据双方制定

---

① 〔俄〕尼古拉·特罗亚诺夫：《新体系的坐标》，2009年9月9日《红星报》。

② 〔俄〕安德烈·捷烈霍夫：《俄美新领导人不亲自出面就解决不了削减进攻性战略武器条约的问题》，2009年9月7日《独立报》。

③ 《俄美关系面临剧变》，新浪网，2008年7月31日。

④ 《梅德韦杰夫望奥巴马政府改善俄美关系》，新浪网，2008年11月5日。

⑤ 《欧亚博弈新动向：俄美关系回归现实主义》，金羊网，2009年3月11日。

⑥ 《俄美关系“重启”不易》，http://www.ccps.gov.cn/dxrd.php?col=161&file=8673。

⑦ 《外交部：中方欢迎俄美就削减核武器达成协议》，腾讯网，2009年7月7日。

的框架协议，在该协议生效后的 7 年内，战略运载工具应该限制在 500 ~ 1100 个，而与之相关的核弹头应该限制在 1500 ~ 1675 枚[①]。9 月底，两国总统在纽约会晤后表示，俄美有望在年底之前签署新条约以进一步削减各自的战略核武器[②]。针对美国决定放弃在东欧建立反导雷达基地，俄罗斯表示这是一个负责任的决定，认为已经没有必要在加里宁格勒州部署“伊斯坎德尔”导弹[③]。

由此可见，俄美关系在经过一阵波折后重新走向协调与配合，双方相对地位——尤其是核威慑方面——并没有发生变化，俄罗斯外交和国防政策委员会研究中心副主任苏斯洛夫也认为，俄美关系尚无任何重大变化，即使双方签署了新的军控条约[④]。可以认为，两国关系将持续“软对软硬对硬、又合作又斗争、斗而不破”的既有模式。

二 中俄关系变化

经历了几百年的起落跌宕后，中俄双方在 20 世纪 90 年代开始构筑比较正常的国家间关系——新中俄关系。以 1996 年建立“平等信任的、面向 21 世纪的战略协作伙伴关系”、确立总理定期会议机制为标志，双方关系日益友好稳定。到 2009 年双方建交 60 周年，中俄已经完全建立起成熟、健康、可持续、双赢的国家间关系模式。这表现在以下几个方面。①“两国政治互信达到前所未有的高水平”[⑤]，除了总理、外长定期会晤机制外，两国元首也每年至少会晤一次，2007 年为 5 次[⑥]，各种委员会与特设小组更是来往频繁。②双方的军事合作密切，俄罗斯的武器与技术推进了中国的军事现代化进程，双方建立了多种军事互信措施，并多次开展联合军事演习。③在国际政治舞台上，两国的协作伙伴关系也得到体现：在上海合作组织框架内的合作，在伊拉克、科索沃等问题上的协调反应，以及共同应对美国建立单极世界、扩大北约集团、强化美日军事同盟、鼓吹新干涉主

① 《俄美达成新协议 核弹头限在 1500 ~ 1675 枚》，中国日报网，2009 年 7 月 6 日。
② 《俄美有望签署条约削减各自战略核武器》，新浪网，2009 年 9 月 25 日。
③ 《美放弃原反导系统暗藏玄机 新计划战力更强》，环球网，2009 年 9 月 27 日。
④ 〔俄〕德米特里·苏斯洛夫：《俄美关系中的强与弱》，2009 年 9 月 7 日《独立报》。
⑤ 《胡锦涛在中俄建交 60 周年庆祝大会上的讲话（全文）》，国际在线网，2009 年 6 月 18 日。
⑥ 《中俄高层互访与会晤》，新华网，2002 年 11 月 27 日。

义、研制“战区导弹防御系统”和“国家导弹防御系统”等。④经济关系不断发展，进入新世纪后双边经贸关系发展迅速：2001 年突破 100 亿美元，2006 年达到 300 亿美元，2007 年为 481.65 亿美元[①]，2008 年达到 568 亿美元[②]，估计可以实现 2010 年达到 600 亿 ~ 800 亿美元的预定目标。⑤能源领域是中俄合作的一个重要方面，是两国经贸关系的重要支撑，总理定期会晤机制下设的三个专门机制中的一个就是能源谈判代表会晤制度，双方 2004 年即酝酿签署政府间的能源合作长期协议。俄罗斯 2007 年向中国出口石油 1452.63 万吨，占中国进口原油的 8.90%；2008 年为 1163.78 万吨，占 6.51%。

2008 年以来，面对全球金融危机与油价巨幅起伏、格俄战争爆发等复杂局势，两国的政治经济关系进一步深化。

政治上，2008 年 4 月在北京进行了中俄战略稳定磋商，10 月两国总理在莫斯科举行第 13 次会晤；黑瞎子岛划界完成，两国外长 2008 年 7 月在北京签署中俄国界线东段的补充叙述议定书及其附图，标志着中俄 4300 公里的边界全线勘定[③]；两国元首会晤 2008 年达到了 6 次，2009 年前 9 个月为 3 次；中国全国人大常委会委员长吴邦国 2009 年 5 月访问俄罗斯并出席中国全国人大与俄罗斯联邦委员会合作委员会第三次会议；6 月在莫斯科举行了两国建交 60 周年庆典[④]。

军事上，2008 年 5 月，中国四川发生特大地震灾害后，俄罗斯国防部迅速派出 9 架大型运输机向灾区运送急需物资[⑤]；2008 年 12 月俄罗斯国防部部长谢尔久科夫访问中国并确定 2009 年举行联合军事演习，同时第 13 次中俄军事技术合作联合委员会会议将在京举行[⑥]；2009 年 7 月举行和平使命 2009 年中俄联合反恐军演[⑦]。

---

① 《俄国副外长预计今年中俄贸易额将达 600 亿美元》，南海网，2008 年 12 月 30 日。

② 《胡锦涛在中俄建交 60 周年庆祝大会上的讲话（全文）》，国际在线网，2009 年 6 月 18 日。

③ 《中俄外长签署国界线议定书　4300 公里边界全线勘定》，中国网，2009 年 7 月 21 日。

④ 《中俄高层互访与会晤》，新华网，2002 年 11 月 27 日。

⑤ 《中俄国防部长北京会谈取得积极成果》，http://military.people.com.cn/GB/42962/8498287.html。

⑥ 《第 13 次中俄军事技术合作联合委员会会议将在京举行》，http://military.people.com.cn/GB/42962/8498196.html。

⑦ 《和平使命 2009 年中俄联合反恐军演结束》，新浪网，2009 年 7 月 26 日。

国际政治上，2008 年 5 月，在俄罗斯叶卡捷琳堡举行了“金砖四国”外长会议，这是“四国集团”从经济概念走向政治概念的一个苗头。8 月 8 日格俄战争爆发后，俄罗斯展开强烈的反击，并在 20 天后承认了南奥赛梯与阿布哈兹的独立地位，俄方曾经要求中国予以支持，但中国并没有按照俄方要求公开表态。8 月底，上海合作组织峰会在塔吉克斯坦首都杜尚别举行。2009 年 6 月，在俄罗斯叶卡捷琳堡举行上海合作组织成员国元首理事会第九次会议的同时，还举行了“金砖四国”领导人的首次会晤，虽然没有什么明确的具体成果，却是“四国集团”协调立场的又一次尝试①。在伊朗核问题上，2009 年 6 月中俄首脑联合声明中强调，伊朗核问题只能通过政治外交途径解决②，反对将伊核问题提交联合国安理会③，认为对伊朗实施严厉制裁解决不了问题。

在经济与能源领域，受金融危机的影响，2008 年贸易额未能达到 600 亿美元，2009 年前 5 个月贸易额仅为 135 亿美元，同比下降 39.2%，但在能源领域取得相当大的进展：2009 年 2 月，举行能源谈判代表第三次会议并签署了《中华人民共和国政府与俄罗斯联邦政府能源谈判机制会谈纪要》，共同出席了关于修建中俄原油管道、长期原油贸易、贷款等一揽子合作项目协议签字仪式④，其中包括酝酿多年的能源合作长期协议，即 250 亿美元的“贷款换石油”协议；4 月，举行第四次会议并共同签署了《中俄石油领域合作政府间协议》，双方管道建设、原油贸易、贷款等一揽子合作协议随即生效⑤；泰纳线中国支线也因此动工，估计年内可以完成；中国对俄罗斯上游市场感兴趣，2007 年中石油同俄罗斯石油公司组建东方能源合资公司，以在俄罗斯境内开展石油开采，该合资公司已经获得东西伯利亚两个区块的勘探开发权，进一步扩大该公司合作范围将成为下一步两国能源谈判的重点⑥。而俄罗斯也有兴趣在中国开发下游市场，位于天津的中俄东方石化公司就是这方面的一个成果⑦。

---

① 《胡锦涛结束欧洲三国之行启程回国》，中国新闻网，2009 年 6 月 21 日。

② 《中俄强调：伊朗核问题只能通过政治外交途径解决》，新浪网，2009 年 6 月 17 日。

③ 《关于伊朗核问题的忧思》，http://www.zaobao.com/forum/pages/forum_lx090520e.shtml。

④ 《中俄能源谈判代表举行第三次会晤》，新华网，2009 年 2 月 17 日。

⑤ 《中俄能源谈判代表第四次会晤在京举行》，新华网，2009 年 4 月 21 日。

⑥ 《中俄能源谈判前瞻（更新）》，财经网，2009 年 2 月 20 日。

⑦ 《天津拟建中俄东方石化炼油项目》，新浪网，2009 年 2 月 26 日。

中国对俄罗斯的定位可能是：国际多极化进程的同路人，军事技术的主要合作伙伴，互补性强的经济合作对象，能源合作的重点对象之一与能源进口四大通道中的一个。俄罗斯对中国的定位大概是：争取国际政治多极化的同路人，军事技术与装备的主要市场之一，有潜力的经济合作者，能源合作的重点对象。双方都是新兴经济体，在国际政治中有许多共同点，因此，双方将会尽力维护并发展现有的双边关系。但双方都无意结成对抗美国的政治军事同盟，反复强调战略协作伙伴关系不针对第三方。这决定了双方战略协作的限度，而彼此间的影响也达不到盟国的程度。

金融危机爆发、油价巨幅波动对俄罗斯经济打击巨大。而中国金融体系并没有受到明显冲击，经济应对措施也及时有力，因而经济上受到的影响相对较小，国际经济地位还相对上升，加上对俄罗斯军事技术的依赖性也在下降，因此，俄罗斯在双边关系中的地位略有弱化。

三 俄日关系变化

苏联解体后俄罗斯欧亚两大部分的差距不断拉大，东部日益落后。长此下去将影响俄罗斯的统一与经济复兴，布热津斯基曾在《大棋局》中建议把俄罗斯分为三个部分：一个地理上限于欧洲的俄罗斯、一个西伯利亚共和国和一个远东共和国[①]。这几乎等于让俄罗斯回到伊凡三世时期莫斯科大公国的疆界。俄罗斯当然不允许这种局面出现，因此，大力发展包括东西伯利亚与远东地区在内的东部地区是必然途径，而开发东部地区的油气资源又是一大关键步骤。俄罗斯具有生产优势和发展前景的油气区大部分在这一地区，目前西西伯利亚油气区的石油产量占俄罗斯原油总产量的70%以上。无论是开发油气资源、森林资源、水力资源，还是发展制造业与服务业，俄罗斯都缺乏足够的资金、技术和人才，欧美在这方面说得多做得少，韩国能提供的资金与技术有限，快速发展、资金丰裕、人口稠密的中国又因为地理与历史的原因让俄罗斯心存忌惮，资金、技术、人才、市场兼备的日本因而成为俄罗斯开发东部地区最为理想的合作对象。但北方

① 〔美〕兹比格纽·布热津斯基：《大棋局》，中国国际问题研究所译，上海人民出版社，1998，第265页。

四岛问题成为主要障碍[①]。叶利钦与普京一方面主张“先经济后领土”，为此大力促进双边经济关系，“泰纳线”取代“安大线”也是出于这方面的考虑。2005年普京对日本的访问就带走了10多项俄日经济合作协议[②]。另一方面，俄罗斯也在北方四岛问题上进行了一些设想，大致原则是：归还较小的色丹岛与齿舞岛（1956年立场），较大的择捉与国后两岛非军事化并开辟为自由贸易区。但国内对此反对声强烈，而且普京的立场比叶利钦要强硬一些。

日本资源缺乏，所需油气的99%以上依靠进口，因此，对于开发利用储量丰沛、近在咫尺的西伯利亚与远东油气资源以及其他资源，自然兴趣浓厚。但也受到重要限制：冷战时期主要受限于美日关系，如杜勒斯在1955年曾表示，如果日本放弃国后与择捉两岛，美国将依据《对日和约》第26条永远占领冲绳。稍后美国政府在发表的备忘录中宣布北方四岛为日本领土。后冷战时期，冷战遗产依然在发挥作用，但更重要的原因似乎是以下两点：领土狭小的日本对于土地特别珍视，根据联合国《海洋法公约》，两岛将拥有200海里的专属经济区。总体上，日本觉得在两国关系中俄罗斯更需要自己。至于俄罗斯东部能源，能获得最好，不能获得也没有关系，毕竟日本是在没有俄罗斯油气供应的情况下成为世界第二经济强国的，而现在油气供应中断的可能性并不大。因此，在对俄关系上，日本主张政经不可分，先领土后经济。即使在“泰纳线”取代“安大线”后也没有如以前宣称的那样积极投入资金技术进行开发。

因此，北方四岛问题将继续成为俄日关系发展的主要障碍。未来依照“搁置争议、共同开发”原则解决这一问题的可能性是存在的，但更大的可能是如麻生太郎2006年在外相任上所说的“折中一下，归还三岛”，而最大的可能性则是：色丹与齿舞至少一个归日本，国后与择捉均依照“黑瞎子岛模式”进行分割。

---

① 相关背景是：首先，北方四岛包括择捉、国后、色丹、齿舞，都位于北海道东北，总面积为4996平方公里，其中色丹、齿舞仅占总面积的6%。其次，俄罗斯认为，择捉、国后两岛是千岛群岛最南面的两个岛，齿舞和色丹及其附属岛屿构成小千岛群岛，是北海道的附属岛屿；日本国会也在1951年批准《旧金山和约》时确定放弃国后岛和择捉岛。再次，日本认为，1905年《朴次茅斯和约》没有约定千岛群岛的范围，这四个岛都是北海道的附属岛屿；日本国会1951年批准《旧金山和约》时确定放弃国后岛和择捉岛没有获得美国的同意，是无效的，因而国会在1956年取消了放弃国后岛和择捉岛的决议；2009年7月3日，日本参议院一致通过《促进北方领土问题解决特别法》修正案，明确宣布北方领土为日本固有领土。

② 施靖：《北方四岛　俄日外交之结》，2005年12月7日《青年参考》。

应该承认，俄日经贸在2003年以后发展很快，每年增长幅度达30%～60%，2005年超过100亿美元，2007年超过200亿美元。在俄罗斯对日本的出口中，能源占据20%以上，日本对俄罗斯能源工业的私人直接投资占其对俄罗斯总投资的90%①。但受俄罗斯经济总量限制，双边贸易总额不大，无法与日本对中国、美国的贸易额相比。

2008年以来，受全球金融危机的影响，双边关系中俄罗斯的“先经济后领土”主张稍占上风。

政治关系：2008年4月，时任日本首相福田康夫访问莫斯科，以期与将出席7月份八国峰会的俄罗斯新总统梅德韦杰夫建立个人关系，并推进北方四岛问题的谈判。2009年2月，时任日本首相麻生太郎和俄罗斯总统梅德韦杰夫在萨哈林举行的首脑会谈上就“通过不拘形式的独创新方式加快（领土谈判）工作”达成了一致②。2009年5月，俄罗斯总理普京除了带了近200个合作项目前往日本以图推进俄日经贸关系之外③，对于叶利钦曾表示“留给下一代解决”的北方四岛问题，此次双方一致同意，“为了不将北方四岛问题拖到下一代，应加快开展工作，探索两国均能接受的解决方案”。双方还签订了《日俄原子能协定》、《海关合作互助协定》、《刑事互助协定》等多项合作文件。

经济关系：为了减轻对欧洲油气市场的依赖，俄罗斯积极开拓东部出口市场。就“泰纳线”取代“安大线”而言，无疑实现了俄罗斯方面的利益最大化，也适当照顾了日本。在萨哈林岛天然气开发上，双方的态度都比较积极，日本公司是外资主力。在萨哈林－2框架内，俄罗斯在2008年向日本出口液化天然气800万吨，占日本市场8.5%。未来可能铺设从萨哈林通往日本的海底天然气管线。

两国经贸关系发展很快，在6年里增长了5倍，2008年接近300亿美元，日本主要对俄罗斯出口汽车（约占其对俄出口总额的76%）、建筑业和货物处理机械设备（占8%以上），从俄罗斯进口原油和石油产品（约占进口总额的47%）、

① 《中国应冷静看待俄日经贸升温态势》，中国企业投资协会网，2005年3月20日；《今年日俄贸易额可能突破300亿美元》，http://www.zejl.com/new_xx.asp?id=19058。

② 《评论：麻生找不到与俄罗斯解决领土问题的突破口》，http://china.kyodo.co.jp/modules/fsStory/index.php?storyid=67191%26sel_lang=tchinese。

③ 《新华侨报：普京访日带来俄日关系新变化》，中国新闻网，2009年5月15日。

有色金属（超过20%）和煤炭（12%）。但在全球金融危机后这个势头大受影响，2009年前5个月，两国贸易额同比下降64%。其中日本出口降幅超过80%[①]。俄罗斯经济固然受到很大打击，在发达经济体中日本经济受到的影响也很明显，国际货币基金组织在半年一度的《世界经济展望》中全面调高了全球的经济增长预测，但身为第二大经济体的日本，2009年经济被认为将收缩5.4%，2010年则仅增长1.7%[②]。因此，俄日双方在加强经济合作应对危机上具有共识，普京5月份访日期间，双方在经贸合作尤其是能源合作上取得了新进展：双方同意在能源、资源开发、提高西伯利亚铁路运输能力以及港口建设等方面加强合作，就共同勘探东西伯利亚油田原油蕴藏量、开发东西伯利亚地区两座油田等达成协议，日本还同意将俄罗斯的核燃料份额从现有的15%增加到25%。

总体上，俄日关系在地缘政治方面受到美日关系的牵制，难有大幅度突破；双边政治关系受北方四岛问题的牵制，也难有变化；经济联系不如中俄密切（2008年中俄贸易额为568亿美元），因此，金融危机与油价巨幅波动对于两国经济关系造成了相当大的影响，因此促使两国在推进经贸合作上更为积极。

四　伊美关系变化

伊朗2007年和2008年的石油产量分别为2.097亿吨和2.098亿吨，而消费量分别为0.813亿吨和0.833亿吨[③]，分别有61.23%和60.30%的石油用于出口。假定2009年每月产量和出口量与2008年持平，油价每吨暴跌329.95美元使得伊朗出口收入减少了44.58%，达417.39亿美元，而石油收入占伊朗全部外汇收入的90%左右。这等于7004万伊朗人每人损失595.93美元，占人均GDP的14.90%。经济损失不可谓不大。但这对于伊朗的国际地位似乎没有什么明显影响，至少在伊朗的外交中没有明显体现。

核问题是2003年以来伊朗外交的一大重心，在过去一年多的时间里也是如

① 《近6年日俄贸易额增长5倍》，http://www.yddb.cn/cn/pic_mx.php?id=1838。

② 《中国经济明年有望位居世界第二　比预期提早五年》，搜狐网，2009年10月10日。

③ 《BP世界能源统计2009》（中文版），第9页、第12页，http://www.bp.com/liveassets/bp_internet/china/bpchina_chinese/STAGING/local_assets/downloads_pdfs/BPStatsReview2009_CN.pdf。

此。2008 年 3 月联合国安理会通过了关于伊朗核问题的第 1803 号决议，决定进一步加大对伊朗核计划及其相关领域的制裁。此后美国加大了对伊朗的制裁力度，多次表示不排除对伊朗动武，也不允许伊朗发展核武器，要求伊朗在合作与对抗之间作出选择。伊朗则多次表示，制裁不会对伊朗产生任何影响，伊朗不会考虑任何暂停其核计划的要求，在核权利问题上不会作出任何让步，要求西方国家应以更加实际的态度对待伊朗。2008 年 7 月份伊朗表示目前已经拥有近 6000 台离心机后，8 月份又表示首座核电站布什尔核电站将于 2008 年内投入运行，同时正在设计国内第二座装机容量为 360 兆瓦的核电站，声称即使无法从国外获得核燃料供应保证，也不会停止铀浓缩活动①。

奥巴马政府 2009 年 1 月上台后，伊朗转而采取两手应对策略，一方面加紧核电站建设，首座核电站 2 月竣工，4 月建成首座核燃料工厂。这标志着伊朗掌握了核燃料生产技术。伊朗议长拉里贾尼因而表示，有关国家应该接受伊朗已是核国家的事实，在后续谈判中注重伊朗“不可剥夺的权利”。9 月，伊朗原子能组织主席萨利希说，伊朗已经研制出新一代离心机，并向国际原子能机构报告正在建造第二座铀浓缩工厂。同月，最高领袖哈梅内伊重申坚持核权利，总统内贾德也表示伊朗不会就其“不可剥夺的”核权利进行谈判。另一方面表示愿意与国际社会合作，一揽子解决核问题，要求美国新政府的对伊政策作出根本性改变，议长拉里贾尼呼吁参与伊朗核问题对话机制的六国放弃与伊朗展开谈判的前提条件，以使核问题谈判具有“建设性”。9 月 9 日，伊朗外交部部长马努切赫尔・穆塔基向联合国五个常任理事国以及德国（以下简称“伊核六国”）的外交官递交了伊方就本国核计划的一揽子建议。

美国方面则是软硬两手兼施：一方面表示愿意与伊朗接触，美国副总统拜登在第 45 届慕尼黑安全会议上说，美国愿意与伊朗就核问题直接对话。奥巴马在 2009 年 3 月发表讲话，表示美国愿意解决美伊两国间存在的分歧，并寻求与伊朗建立“建设性”关系②。4 月，国务卿希拉里・克林顿宣布，美国将全面参与伊核六国与伊朗间展开的多边核谈判。这是总统奥巴马上任后美国政府在伊朗核问题上的又一重大政策调整。另一方面则保持压力，并采取新的制裁措施。早在

① 《伊朗核问题》，新华网，2003 年 10 月 21 日。

② 《哈梅内伊回应奥巴马讲话　称美国对伊朗政策无变化》，新华网，2009 年 3 月 22 日。

2007年12月，美国情报机构就公布报告承认，伊朗在2003年停止了核武器项目，迄今未重启。但时任总统小布什坚持认为伊朗仍是威胁，国际社会应继续对伊朗保持压力。而到了2009年7月26日，美国国务卿希拉里却又表示，奥巴马政府不会坐视伊朗发展核武器。在伊朗9月份报告正在建造第二座铀浓缩工厂后，美国要求对伊朗新核设施进行“无拘无束的”核查。

2009年9月30日，内贾德表示伊朗愿意停止铀浓缩活动，并向任何愿意出售的国家购买所需的浓缩铀。而俄罗斯当天表示愿意向伊朗提供浓缩铀。10月1日，美国、俄罗斯、中国、英国、法国和德国与伊朗就伊朗核问题在日内瓦举行“6+1”会谈，会谈围绕伊朗向六国递交的有关一揽子建议展开。美国副国务卿伯恩斯和伊朗首席核谈判代表贾利利当天在日内瓦就伊朗核问题进行了双边磋商，而伊朗外交部部长穆塔基同日在联合国总部表示，伊朗有意愿将现有伊朗核问题国际谈判级别提高，甚至提升至“元首级”①。会上伊朗发出两个积极信号：承诺在第二座铀浓缩工厂问题上与国际原子能机构合作，并原则上同意由俄罗斯帮助提炼所需浓缩铀；同意与“伊核六国”在10月底之前再次就核问题举行会谈②。

可见，伊美双方都在以两手对两手，从中看不到全球金融危机与油价暴跌的明显影响。而核能，哪怕是和平利用，从来就不是单纯的经济与能源问题，而是高度敏感的政治、军事问题。对伊美双方来说，这都事关国家的核心利益，任何一方都不会爽快地轻易让步。加上伊美双方互信缺乏，对核查的标准也很难把握，即使达成协议，执行过程也很容易产生波折。一次面对面的磋商固然是个良好的开端，但能说明的问题非常有限。10月份以来伊朗的反应表明，它不大可能同意放弃在国内进行铀浓缩活动而转向以进口铀燃料供核电厂使用。总之，有关伊朗的“铀戏”，还会持续演上好几年。

五　中伊关系变化

中国与伊朗都是亚洲重要的发展中国家，建交38年来两国始终保持着友好

① 《美伊首次一对一磋商伊朗核问题》，http：//whb. news365. com. cn/gj/200910/t20091002_2481999. htm。

② 《伊朗原则同意由俄罗斯帮助提炼浓缩铀》，http：//news. 163. com/09/1002/15/5KKL6IFS000120GU. html。

关系，政治经济关系不断发展，特别是进入新世纪以来，双边关系加速提升。

这些年来，伊朗在战略上选择“向东看”。在国际政治领域，日本与印度能给予伊朗的帮助相对有限，而奉行独立自主的和平外交政策的中国——以及北方的俄罗斯——遂成为伊朗依靠的对象，伊朗希望在核问题上通过中国与俄罗斯来抗衡美国、欧洲所施加的压力，避免安理会通过严厉制裁它的法案。经济上，俄罗斯与伊朗的联系不多，快速发展又具有很强经济互补性的中国则顺理成章地成为伊朗青睐的对象。而且，与欧洲相比，中国产品技术水平适中，价格实惠，对伊朗有相当大的吸引力。

对中国来说，虽然不大可能与伊朗建立某种战略关系，但伊朗政治比较稳定，近年来经济发展较快，是中东的政治、经济、能源大国，也是中国海外利益扩展的重点区域之一，因此，不可能按照美国的要求来制定自己的对伊政策，或者像日本那样屈就于美国的要求。中国不赞成伊朗发展核武器，但也反对对伊朗动武或施加严厉制裁，主张通过外交谈判解决伊朗核问题，伊朗享有和平利用核能的权利。同时，大力发展与伊朗的经济关系，这一方面可以为几十年来所建立的强大的重工业和一些高技术产业寻找市场（近几年还要加上海外投资的需要），另一方面也可以获得伊朗的石油与天然气。这种强烈的互补性是双边经贸关系快速发展的必要条件，加上良好的政治关系，构成了双边经济合作快速发展的充分必要条件，近几年双边贸易额每年增幅都在30%以上[①]。

截至2007年，中伊之间的经济合作项目已经遍布于伊朗各个重要的经济部门，如住房、糖业、渔业、轨道交通、电站、通信、有色金属、化工、石化、冶金、汽车和家电组装，以及城市建设等领域，中国的机电产品和成套设备源源不断输入伊朗，在伊朗建造了德黑兰地铁、发电厂、有色金属冶炼厂、石油化工厂等；而中国从伊朗进口石油和矿产资源（如铜、锌、大理石），其中石油进口占到80%，矿产资源占14%。伊朗是中国的第三大原油进口国，2007年从伊朗进口石油2053.68万吨，占进口比重的12.59%。

2008年以来，中国在伊核问题上的态度有技术性的调整：多次重申通过政治与外交途径解决，伊朗有和平利用核能的权利；但在日内瓦“6+1”会谈前夕的9月30日，又表示同意中美两国应就伊朗问题“加强参与”。这被美国负责

① 《中国经贸代表团访问伊朗签下大单》，中华网，2008年11月10日。

亚洲事务的助理国务卿坎贝尔解读为中国首次同意“伊核六方”在下一步行动中“采取强硬立场”①。当然，这可能是美方的误读，也可能是中方为了日内瓦会议的成功而采取的技术手段。而在经济领域，与全球金融危机、油价巨幅波动相伴的，是两国经济合作的深化。2008 年，两国贸易额达到 276.43 亿美元，中国成为伊朗的第三大贸易伙伴，从伊朗进口石油增加到 2132.24 万吨，占进口总量的 11.92%。能源领域的合作进展更为明显：2008 年 9 月，中石化投资 20 亿美元的伊朗亚达瓦兰油田项目正式开工，该油田探明石油储量约为 32 亿桶，天然气储量约为 800 亿立方米，预计每日石油产量可达到 30 万桶②；2009 年 3 月，伊朗与中国 3 家公司签订了 32 亿美元的共同开发南帕尔斯气田的液化天然气的合同③，7 月，中石油从法国石油公司道达尔手中接管了其在南帕尔斯气田的股权，成为第 11 期项目的开发者；2009 年 1 月，中石油与伊朗签约开发北阿扎德干油田；9 月，中石油获得南阿扎德干油田 70% 的股权④。

金融危机在全球蔓延以来，两国高层交往不多，主要有：2008 年 11 月，中国商务部部长陈德铭于 7 ~9 日访问德黑兰；2009 年 5 月国家体育总局局长刘鹏访问德黑兰；同月，商务部陈健副部长率领中国经贸代表团访问伊朗并举办“中国—伊朗经贸洽谈会”；8 月，中国中东问题特使吴思科访问伊朗。

由上可见，油价巨幅波动对中伊政治关系没什么影响，经济关系继续强化，两国相对地位没有什么变化。

六　伊日关系变化

2009 年是伊朗伊斯兰革命胜利 30 周年。伊朗在建立政教合一的国家体制的过程中，与美国的关系从盟友变为敌人。为了宣扬自己的宗教价值观、扩大国家影响力、保卫政权，伊朗在政治外交上采取了输出革命、打击美国及其中东盟友、支持美国的中东对手等，而推行核计划，也是其应对手段之一。对于 60% 以上石油产量用于出口的伊朗来说，发展核电从经济角度看并不划算，但

① 《美官员：中国已改变立场　支持强硬制止伊朗核计划》，早报网，2009 年 9 月 30 日。

② 《中石化伊朗亚达瓦兰油田项目正式开工》，http：//www. china5e. com/show. php? contentid =34495。

③ 《媒体称伊朗与中国签天然气大单意在向美示威》，新浪网，2009 年 3 月 16 日。

④ 《中石油将购得伊朗南阿扎德干油田 70% 股权》，中国新闻网，2009 年 10 月 1 日。

核技术与核材料具有两用性，从工业用铀到武器级铀的转换在技术上并不困难（即使制造核武器本身，技术上对大部分国家来说也没有困难），而核武器是维护国家安全的有效终极手段，其性价比也远远优于常规武器。因此，实现核能的和平利用是伊朗志在必行的一步。伊朗同时还希望在核计划上尽可能保持自主性。而以美国为首的西方国家则必须确保伊朗的核计划仅限于和平利用核能。因而，核问题成为伊朗政治外交的重心，能源外交也在不同程度上服务于核问题。

受限于国际核不扩散体系等因素，伊朗发展核武器的计划进行得并不顺利，2003 年后已经停止了核武器项目，但加紧了核能的和平利用。因此，这几年伊朗多次表示自己的核活动合法是符合事实的[①]。最近几年伊朗在核问题上的底线已经不是保留发展核武器的权利，而是在没有得到相应的回报与保证之前，确保核能和平利用上的自主性。但美国等国家对此深表疑虑，尤其在伊朗领导人不时有诸如伊朗将与其他国家分享核技术[②]、要把以色列“从地图上抹去”等表示的情况下[③]。美国的提出的问题是：伊朗能否像其他和平利用核能的国家一样，把其核活动置于国际原子能机构的全面监督之下？伊朗则认为，伊拉克明明没有发展核武器计划，美国都可以说有，与国际原子能机构这一主要负责技术与执行问题的机构合作，根本解决不了问题。大国的集体保证或许可以考虑，因为其在保证国家安全上的效力仅次于核武器。显然，伊朗核问题现阶段已经转变为“自主性之争”，主要大国尤其是安理会成员国的涉入是必需的。

伊朗在大国政治外交上，比较偏重于俄罗斯与中国，与日本的外交居于对欧盟的外交之后，但也注重利用与日本关系中的一些建设性因素，以减轻核问题带来的国际压力。1929 年建交后，伊朗与日本长期保持着友好关系，这在巴列维时期尤其明显，但在 1979 年伊朗伊斯兰革命后，两国关系的发展受到日美关系的明显制约。伊朗在对日外交上，所能寄予的希望大概是：通过经济合作尤其是能源合作，进一步开发能源资源并稳定自己的能源出口市场，促使日本在核问题上尽量发挥建设性作用。而日本正努力从经济大国向政治经济大国转变，在和平

① 《伊朗外长穆塔基重申该国核活动合法》，新浪网，2009 年 5 月 3 日。

② 《伊朗总统内贾德“惊人”语录》，人民网天津视窗，2009 年 6 月 14 日。

③ 《伊朗总统要“把以色列从地图上抹去”》，搜狐网，2006 年 2 月 6 日。

利用核能上有丰富的经验，高度依赖中东的石油供应，也非常想在解决伊朗核问题上发挥作用[①]。日本希望能加入“伊核六方”，但没有被接受。

伊朗是日本的第三大石油供应国，提供了日本原油进口量的15%（占伊朗石油出口量的27%），但日本又支持核不扩散政策，因此其对伊朗政策面临着两难局面。日本外交的苦痛之一是，自己的经济利益经常要让位于美国的政治要求，典型的例子是阿扎德干油田项目。2000年两国签署阿扎德干油田开发项目协议，该油田探明储量超过260亿桶，预计投产后原油日产量将达到30万～40万桶，是阿拉伯石油公司这一日本最大的石油公司进口量（每日15万桶）的两倍多，对于在2000年2月失去在沙特阿拉伯石油开采权的日本来说，显然具有很大的意义[②]。伊朗政府为了显示对日本的重视，油田未进行国际招标，而直接邀请日本参加。但是，美国要求日本放弃这一项目以配合国际社会对伊朗拒绝停止铀浓缩活动的制裁，日本政府在2006年决定放弃对这一项目提供资金支持。

近三年来，双方在油气合作上没有取得明显进展，2009年9月中石油获得南阿扎德干项目90%股权后，日本国际石油开发株式会社（Inpex）依然保持10%的股权[③]。政治上有一些双边行动：2006年曾经担任4年驻日大使的穆塔基访问日本，希图调和双方在伊朗核问题上的立场，但最终穆塔基拒绝了日本关于伊朗停止核研究的要求。这可能成为日本决定放弃阿扎德干项目的最后一个因素。2009年5月，日本外相中曾根弘文访问德黑兰，签署了有关两国合作的声明。两国使馆分别举行了建交80周年庆祝活动，伊朗议会国家安全与外交政策委员会主席布鲁杰尔迪访问日本并出席了庆祝活动[④]。可见，伊朗与日本的政治经济关系在过去三年里没有什么变化，彼此间的一些政治经济活动对两国关系的影响有限。伊日关系未来也很难出现大的突破，除非日本能摆脱美国的“掣肘”。

七　总结与思考

前面根据在能源问题上的供求关系，选择了具有代表性的6组国家间关系，

① 《伊朗外长访问日本　石油考验伊日关系》，腾讯网，2006年2月28日。

② 《日本与伊朗关系翻开新篇章》，东方新闻网，2000年10月31日。

③ 《中石油与伊朗签油田开发协议　将持有其70%股权》，新浪网，2009年9月29日。

④ 《日本希望发展与伊朗的地区合作》，http：//www2.irna.ir/ch/news/view/line－52/0907036435173608.htm。

分析了油价巨幅波动对这些国家之间关系的影响，尤其是其相对地位的变化，可以得出如下几点结论。

（1）油价在2009年2~8月期间增长了80%，但与2008年7月高峰期相比，依然跌了一半以上，这使得能源出口国丧失了巨量的出口收入。由于油气价格通常联动，油气收入又占能源出口国外汇收入的大部分，它们在制定财政预算的时候假定的石油价格较高（2008年俄罗斯大约为每桶75美元），因此，油价大幅下挫对这些国家的经济构成了比较严重的影响，其中俄罗斯经济增长率在半年里下跌了16%，可见这对于俄罗斯来说不亚于遭遇一场经济危机。

（2）由于油价暴跌与全球金融危机联动，因此，油价本身对全球经济的影响与第一次石油危机不同，不是一个独立的自变量，而是一种中间变量，其作用是强化金融危机对本国经济的影响。但是，即使是金融危机加上油价暴跌所带来的后果不亚于一场经济危机，也没有导致产油国大幅度调整对能源消费国的外交政策。而在第一次石油危机期间，日本与一些欧洲国家就调整了对中东产油国的政策。从这一点上看，可以说产油国外交政策不像20世纪70年代的一些消费国那么脆弱。

（3）油价波动确实对国家的经济（尤其是高度依赖油气收入的能源出口国）产生了巨大的影响：经济增速大幅度下降乃至转为负增长，外汇储备大幅度减少，投资不足，失业率上升，进出口贸易下降等。但这种影响的程度有限，并没有大幅度提升进口国的地位，也没有明显削弱出口国的地位。莫斯科照样对西方打能源牌，伊朗在核问题上的态度并没有实际改变（采取的是一边应付一边加紧发展核技术的策略）。而且，从第三季度开始，“全球经济已经出现复苏的苗头”、“全球经济已经走出严重衰退”的观点被越来越多的人认可，如美联储主席伯南克9月15日说，美国经济衰退可能已经结束①。默克尔则因为带领德国走出第二次世界大战后最大的经济衰退而蝉联总理②。IMF在2009年9月底把2009年全球经济预估值从负1.4%调为负1.1%，2010年经济增长由2.5%调为3.1%③。

（4）美国、日本、欧洲大国在国际政治、经济体系中的位置并没有被明显

① 《美联储主席伯南克称美经济衰退可能已经结束》，2009年9月17日《参考消息》。

② 《默克尔蝉联德国总理　以微差票数如愿与亲商政党组联合政府》，早报网，2009年9月28日。

③ 《亚洲领头羊　IMF上调明年全球经济成长率至3.1%》，早报网，2009年10月9日。

削弱，IMF 通过增资 1500 亿美元的计划后，匹兹堡峰会又达成协议：中国等发展中国家在 IMF 的份额将增加 5%，在世界银行的投票权将增加 3%①。但拥有 31.98% 投票权份额的欧洲国家甚至不愿意减少 5%，拥有 16.77% 投票权份额的美国则不想放弃自己的否决权（IMF 重要事项的通过需要有 85% 的支持率），更不想稍稍调整美元在国际货币体系中的地位。中国经济学家出任世界银行与工作高级职务固然增加了发展中国家在这两个机构的发言权，但对其组织机制影响极为有限。

（5）中国经济在全球中的相对地位反而增强了，这一点早在 2008 年底就被一些经济学家预测到了。一般认为 2009 年中国经济增长率“保八”的任务可以完成，IMF 则认为可以达到 8.5%，2010 年可以达到 9%②。而中国在 IMF 的投票权份额有望从 3.66% 提升到 5%。此外，中国在全球的投资在过去一年多里迅猛增长，金融危机与油价暴跌无疑推进了中国对伊朗、俄罗斯的大笔能源投资，但这仅仅是中国海外投资的一部分。这些投资未来将转变为中国对全球经济的影响力。

除了上述几点基于分析的结论外，还可以延伸出若干思考。

第一，油价波动对经济的影响是一时性的，现在的油价波动在每桶 60～80 美元之间，这是供需双方都能接受的价位，很可能 2009 年 9～12 月的油价还会继续围绕这个区间波动。

第二，全球经济已经大致走出了低谷，虽然还不稳定，但总体上正处于恢复期，如果 2009 年的经济是负增长，那么，2010 年很可能为正增长，IMF 已经把 2010 年经济增长率由 2.5% 调为 3.1%③。

第三，全球金融危机对世界经济的影响没有原先估计的那么严重，也不能与 1929 年的全球经济危机相比，那时候出现的全球性经济大幅度萎缩、通货膨胀率飙升、失业率大幅度上升等，本次并没有出现，主要发达经济体仅仅是在 2～3 个季度的短期内经济负增长，季度下降幅度最高的是日本，第二季度为 3.4%，折合年负增长率为 12.8%。

第四，新兴大国获得了一些喝彩与掌声，但并没有实质性提高地位，“金砖四国”召开了首次首脑会议，尝试在国际政治经济舞台上协调立场，但总体上

① 孟秋：《奥巴马访华：一场打破传统的“交锋”》，2009 年 10 月 12 日《中国经营报》。

② 《亚洲领头羊　IMF 上调明年全球经济成长率至 3.1%》，早报网，2009 年 10 月 9 日。

③ 《亚洲领头羊　IMF 上调明年全球经济成长率至 3.1%》，早报网，2009 年 10 月 9 日。

还属于论坛性质，离构成有影响力的国际组织还有很远的距离。

概而言之，油价波动加上全球金融危机并没有构成全球经济危机，更没有导致国家间关系的明显改变。现有的国际政治经济体系并没有受到明显的撼动，仍然具有较大的生命力，会在进行微调后继续存在下去。包括“金砖四国”在内的新兴经济体与发展中国家还没有进入国际政治经济体系的中心，它们所能做的，仍然是耐心发展自己，积蓄力量。

参考文献

〔俄〕C. З. 日兹宁：《俄罗斯能源外交》，王海运、石泽译审，人民出版社，2006。

〔法〕菲利普·赛比耶·洛佩兹：《石油地缘政治》，潘革平译，社会科学文献出版社，2008。

《美联储主席伯南克称美经济衰退可能已经结束》，2009 年 9 月 17 日日《参考消息》。

孟秋：《奥巴马访华：一场打破传统的“交锋”》，2009 年 10 月 12 日《中国经营报》。

施靖：《北方四岛　俄日外交之结》，2005 年 12 月 7 日《青年参考》。

张宁：《中亚能源与大国博弈》，长春出版社，2009。

郑永年：《外交和战略压力将困扰中国崛起》，2009 年 9 月 17 日《参考消息》。

〔美〕兹比格纽·布热津斯基：《大棋局》，中国国际问题研究所译，上海人民出版社，1998。

《中国元首缺席　八国峰会失色》，2009 年 7 月 10 日《环球时报》。

《BP 世界能源统计 2009》（中文版），http://www.bp.com/liveassets/bp_internet/china/bpchina_chinese/STAGING/local_assets/downloads_pdfs/BPStatsReview2009_CN.pdf。

The Wildly Fluctuating Oil Prices and Changes in the Inter-state Relations

Xue Li

Abstract: In the past year, the international oil prices have undergone huge fluctuations, while the financial crisis affected the whole world. What impacts do these two factors have on the relationships between major powers? After analyzing six pairs of relationships between major oil exporting countries and importing countries, the author concludes: 1) for major exporting countries, the financial crisis as well as the sharp drop of oil price are no less than an economic crisis, but still not enough for them to apparently adjust their foreign policies toward the energy consumption countries; 2) the international status of importing countries has not been significantly enhanced, nor has the status of exporting countries obviously been weakened; 3) the economic impacts of oil prices fluctuations are temporary in nature, and the impacts of global financial crisis on world economy is not as serious as people originally estimated; 4) world economy has climbed up from the bottom of the V curve; 5) emerging powers like BRICs gained some cheers and applause, but there's no substantial improvement in their position; 6) China has improved its global economic position, and is the beneficiary of the falling oil prices and the winner of the financial crisis.

Key Words: Oil Prices Fluctuation; Inter-state Relationship; Change

【国际关系理论】

金融危机下的国际组织：回应与变革

袁正清*

摘　要：金融危机对国际政治带来了重要影响。本报告选取了全球性组织、地区性组织和G型组织三种类型，阐述了联合国、国际货币基金组织、G20、欧盟和东盟在这场危机中的回应与变革。联合国采取了前所未有的行动，召开专门的高级会议，探讨危机解决之道；国际货币基金组织在危机中一方面采取灵活的措施来应对，同时也改革组织的治理结构；G20则在危机中开始取代G8，成为国际社会对付危机的平台；欧盟和东盟面对危机则进一步深化了合作的层次。本报告最后对国际组织在危机中的地位、作用和未来的发展进行了分析和展望。

关键词：国际组织　金融危机

因美国次贷危机而引发的全球金融危机给国际关系带来了深刻的影响。在经济危机的冰山下面，国际体系在危机中面临着转型，国家力量在金融海啸中重新分配，国际秩序在各种力量的合作与竞争中重塑。作为维系国际秩序重要支柱的国际组织（或国际制度）自然避免不了在这场危机中遇到巨大冲击，第二次世界大战之后所建立起来的一套规则安排和治理制度也在发生悄然的变化。本报告主要从普遍性的国际组织、G型组织和地区性的国际组织三个方面来阐述它们对危机的回应和所进行的变革。

---

* 袁正清，法学博士，中国社会科学院世界经济与政治研究所研究员，研究方向为国际政治理论、中国外交和国际组织。

一　危机中的联合国和国际货币基金组织

与20世纪70年代的两次石油危机、80年代的拉美金融危机以及1997年的亚洲金融危机不同，这场危机风暴的中心在美国，对世界经济和政治的撼动更为剧烈，可谓牵一发而动全身，并迅速席卷整个世界。根据联合国的估计，世界总产值将在2009年下降2.6%，这是第二次世界大战以来首次出现这种下降。这场危机可能给人类发展带来灾难性后果。世界各地数以百万计的人失去了工作、收入、储蓄和住房。世界银行估计，5000多万人，尤其是妇女和儿童，已经陷入极端贫困。联合国粮食及农业组织预测，这场危机将使全世界的饥饿和营养不良人数超过10亿，达到历史高峰①。

面对这次来势凶猛的危机，国际社会迅速作出了反应，普遍性的国际组织对危机表现出了强烈的关注，应对危机成为它们的关键词。作为维护世界和平和安全的联合国，以及第二次世界大战之后建立起来的以国际货币基金组织为支柱的布雷顿森林体系，最能代表和体现国际组织对这场危机的应对。

1945年成立的联合国是最具普遍性、代表性和权威性的政府间国际组织，在维护世界和平、促进全球发展中肩负着重要的责任。这场危机所带来的后果直接影响着国际社会的和平与安全。一些紧迫的全球性议题在危机的冲击下受到严重影响。面对这场严重的危机，联合国自然不会也不应当缺席。联合国主要采取了以下方式来对付危机。

危机爆发后不久，联合国就不断地发出呼吁，希望各国加强合作，共同探讨解决危机之道。2008年10月13日，联合国秘书长潘基文表示，各国政府在响应当前危机方面的临时做法反映了现有金融体系中存在的严重漏洞。为保持经济稳定、实现发达国家和发展中国家共同分享经济收益，必须考虑进行深入的、系统的改革，以包容各方的多边主义为基础，建立能够更好地迎接21世纪挑战的全球金融体系。联合国需要考虑采取紧急多边行动，以便减轻金融危机对于实现千年发展目标、解决粮食和能源危机以及气候变化等问题的影响②。联合国副秘书

---

① 《世界金融和经济危机及其对发展的影响问题会议成果》，联合国第63届大会第95次会议文件，http：//daccessdds. un. org/doc/UNDOC/GEN/N09/399/82/PDF/N0939982. pdf。

② http：//www. un. org/chinese/focus/financialcrisis/sg. shtml.

长沙祖康强调，联合国是国际社会讨论重大问题、提出建议、达成原则共识并监督落实的最重要机制。在解决危机的过程中，如果联合国不讨论，不发挥作用，那是不可思议的，也是不能接受的①。联大主席布罗克曼指出，我们具有使国际经济金融秩序重归稳定、实现持续发展的历史机遇和集体责任。这场变革将可能缩小南北差距，并需要世界各国共同参与。这就是 192 国集团会议。随着要求变革的呼声越来越高，设计一个新的金融体系的过程必须民主、包容各方、值得信赖并具可持续性，因此，应当由 192 个会员国通过联大来启动这一过程②。

为了应对金融危机，联合国大会专门建立了一个由诺贝尔经济学奖得主、美国经济学家施蒂格利茨（Joseph Stiglitz）牵头、由 18 名专家组成的改革国际金融和经济结构委员会，给联合国提供相关的智力支持。施蒂格利茨所领导的专家委员会在 2009 年 3 月向联大主席提交的报告成为正在召开的“国际金融和经济危机及其对发展影响问题联合国会议”的一份重要参考文件。这份文件指出，经济全球化导致的一个后果就是，起源于美国的金融危机可以进而影响全世界，但目前还没有任何一个政治机构可以对此加以预防。因此，委员会的另一个重要建议是在联合国系统内，建立一个新的全球经济协调理事会。现有的货币储备体系除了对全球经济不稳定、总体需求不足起了推波助澜的作用外，这种以购买某一国家货币为主要储备手段的体系还存在着其他严重缺陷。应当考虑建立一套新的全球货币储备体系。

联合国还采取了前所未有的行动。应广大发展中国家的要求，2008 年 12 月在多哈举行了发展筹资问题国际会议续会。在这次续会上，会员国要求大会主席米格尔·德斯科托·布罗克曼举行一次“高级别”会议，由联合国大会全面领导和组织经济与金融危机及其对发展影响问题的高级别会议，开辟另外一条应对国际危机的渠道。

2009 年 6 月 24 ~ 26 日，联合国在纽约总部史无前例地举行了“世界金融和经济危机及其对发展影响高级别会议”。这次会议得到了国际社会的积极响应。126 个国家派代表出席，其中包括 20 多个国家的元首或政府首脑。本次会议被

① 《联合国副秘书长沙祖康谈世界金融危机》，新华网，2009 年 6 月 24 日。

② http：//www. un. org/chinese/focus/financialcrisis/sg. shtml.

认为是联合国所有会员国目前为解决这场危机及降低其对发展的影响而共同采取协调行动的一个里程碑。除全会以外，在这次会议上专门设置了四场圆桌讨论，其议题包括：①危机对就业、贸易、投资和发展，包括对实现国际商定发展目标和千年发展目标的影响；②减少危机对发展影响的行动和适当措施；③联合国及会员国在目前改革和加强国际金融经济体系和结构讨论中的作用；④联合国发展系统对克服危机的贡献。潘基文当天在联合国“世界金融和经济危机及其对发展影响高级别会议”开幕式上发表讲话说：“当前我们正面临联合国60多年历史上最为严重的全球金融和经济危机。我们当前所面临的挑战是相互关联的，因此我们应对这些挑战的措施也必须是相互关联的。”全球金融危机及其带来的影响表明，世界各国需要进一步采取多边主义政策。如果没有适当的监管，一个方面出现问题将会给其他方面造成深刻的影响。联合国代表所有国家，联合国大会代表全人类，联合国是世界各国共商应对危机之策的良好场所。“我们需要国际团结。我们需要联合国。”① 后来，第63届第95次全体会议通过了《世界金融和经济危机及其对发展的影响问题会议成果》。该文件对世界经济的现状，经济危机产生的原因、影响和国际社会的行动路线图作了全面的阐述和说明，并重申了《联合国宪章》规定的宗旨，即促成国际合作，以解决国际上属于经济、社会、文化及人类福利性质的国际问题，并且建立一个协调各国行动的中心，以达成上述共同目的。《联合国宪章》的原则对于解决目前的挑战特别适用。

联合国由于其会籍具有普遍性和合法性，因此非常适合组织各种旨在改进和加强国际金融体系和结构的有效运作的改革进程。本次会议凸显了联合国在国际经济议题上发挥作用的重要性②。联合国的举措没有代替现有的国际经济合作和金融管理国际论坛，而是一种补充和支持。一些国家特别是以前不大重视联合国的美国也对联合国在危机中的作用给予了肯定。美国常驻联合国代表赖斯在联合国“世界金融和经济危机及其对发展影响高级别会议”上发言说，美国代表团参加这个重要的会议，就是来倾听、交流并本着合作的精神与各国一起努力应对全球金融危机的。联合国拥有众多的会员国，其普遍性和制度化的政府间工作规

① http://news.xinhuanet.com/world/2009-06/25/content_11596235.htm.

② 《世界金融和经济危机及其对发展的影响问题会议成果》，联合国第63届大会第95次会议文件，http://daccessdds.un.org/doc/UNDOC/GEN/N09/399/82/PDF/N0939982.pdf。

范使其在应对全球金融危机中具有独特的优势。联合国是一个独特的论坛，在这里可以听到所有国家，包括小国和大国的声音①。

在这场金融危机中，专门的国际经济组织受到了巨大冲击，最为明显的就是国际货币基金组织和世界银行。这两个组织是联合国体系的一部分，也是第二次世界大战后国际经济体系运行的支柱，具有相对的独立性。金融危机暴露了国际经济体系的缺陷，也为修补缺陷带来了机遇。国际货币基金组织首当其冲。

1944年7月，美国、英国、苏联、法国等44个国家的代表在美国新罕布什尔州布雷顿森林举行"联合国货币金融会议"，又称"布雷顿森林会议"，商量重建国际货币制度。这次会议上通过的《国际货币基金组织协定》，奠定了以美元为中心的国际货币制度，因此被称为布雷顿森林体系。根据会议协议条款，产生了维持布雷顿森林制度运行的机构——国际货币基金组织（IMF）。国际货币基金组织的宗旨是通过一个常设机构来促进国际货币合作，为国际货币问题的磋商和协作提供方法；通过国际贸易的扩大和平衡发展，稳定国际汇率，避免竞争性的汇价贬值；协助成员方建立经常性交易的多边支付制度，在有适当保证的条件下，基金组织向成员方临时提供普通资金。国际货币基金组织在第二次世界大战后几十年的发展过程中，经历过多次变革，在石油危机的打击下，国际货币体系由原来的美元与黄金挂钩转变为脱钩，国际货币体系建立起浮动汇率制度。

国际货币基金组织虽然在稳定国际金融体系发挥过一定的作用，但它在一些问题上的所作所为也遭到抨击。在1997年亚洲金融危机爆发时，国际货币基金组织设定了苛刻的贷款条件，没有起到应有的作用，从而广遭诟病。这一次更为凶猛的全球金融危机直接冲击了国际货币基金组织的根基。在这次金融危机中，国际货币基金组织的焦点主要放在两个方面，一方面是发挥自己在国际货币体系中的中心地位，积极应对这场危机，参与救市；另一方面就是组织本身的变革。

在应对危机方面，2008年10月国际货币基金组织发布的《全球金融稳定报告》指出，全球经济面临着史无前例的动荡，呼吁各国政府采取密切协调的行动，恢复国际金融体系的稳定。2009年3月24日，国际货币基金组织批准了贷款计划改革安排：使基金组织针对所有借款人的贷款条件现代化，推出一个新的灵活信贷额度，增加基金组织传统备用安排的灵活性，把非优惠资金的正常贷款

---

① http：//news. xinhuanet. com/world/2009 -06/25/content_ 11596409. htm.

限额增加一倍，简化费用和期限结构，取消某些很少使用的贷款机制。与此同时，国际货币基金组织启动了紧急贷款机制，对一些危机严重的国家提供贷款，帮助它们渡过难关（见表1）。

表1 国际货币基金组织的贷款安排

单位：百万美元

成员方(新安排)	贷款安排的类型	生效日期	批准的数额（特别提款权）
亚美尼亚	28个月备用安排	2009年3月6日	368.0
白俄罗斯	15个月备用安排	2009年1月12日	1618.1
哥斯达黎加	15个月备用安排	2009年4月11日	492.3
萨尔瓦多	15个月备用安排	2009年1月16日	513.9
格鲁吉亚	18个月备用安排	2008年9月15日	477.1
危地马拉	18个月备用安排	2009年4月22日	630.6
匈牙利	17个月备用安排	2008年11月6日	10537.5
冰岛	24个月备用安排	2008年11月19日	1400.0
拉脱维亚	27个月备用安排	2008年12月23日	1521.6
墨西哥	12个月备用安排	2009年4月6日	31528.0
蒙古	18个月备用安排	2009年3月6日	153.3
巴基斯坦	23个月备用安排	2008年9月15日	5168.5
塞尔维亚	15个月备用安排	2009年3月6日	350.8
塞舌尔	24个月备用安排	2008年11月14日	17.6
乌克兰	24个月备用安排	2008年11月5日	11000.0
总　计	—	—	65777.3

资料来源：《国际货币基金组织2009年年报》，http：//www.imf.org/external/chinese/pubs/ft/ar/2009/pdf/ar09_ chi.pdf。

当然，金融危机对国际货币基金组织最大的影响莫过于来自成员方要求改革的呼声，特别是新兴国家和发展中国家要求提高在该组织中的地位。国际货币基金组织建立时，主要体现了西方发达国家的理念，后来虽然增加了很多成员，但无论是组织的领导人还是成员方在其中的份额和发言权，都是西方国家居主导地位。国际货币基金组织总裁根据不成文的规定，都是由欧洲人担任，其中第一副总裁一直是美国人。在基金组织份额最大的5个国家（美国、日本、德国、法国和英国）任命执行董事。国际货币基金组织现有184个成员，发达国家与发展中国家目前的投票权比例为57比43。国际货币基金组织作出重大决策需获支持率

至少85%，而美国所持份额为17%，这就意味着它在规则上是唯一拥有否决权的成员方。在很大程度上，这种制度霸权集中体现了以美国为首的发达国家的意志。

2006年5个份额最大国家的总票数和投票权如表2所示。

表2 2006年5个份额最大国家的总票数和投票权

单位：票，%

国别	总数	投票权比例	国别	总数	投票权比例
美国	371743	17.08	法国	107635	4.95
日本	133378	6.13	英国	107635	4.95
德国	130332	5.99			

资料来源：《聚焦基金组织》，http：//www.imf.org/external/pubs/ft/survey/chn/2006/090106c.pdf。

虽然在过去一段时间里，国际货币基金组织也存在要求变革的呼声和压力，但决策权一直控制在发达国家手中的情况并没有改变，这次源于美国的世界金融危机给国际货币基金组织的改革提供了机遇。过去一年贯穿国际货币基金组织活动的主题就是变革。这是国际社会应对危机的根本之道，也是国际社会的共识。国际货币基金组织总裁卡恩明确指出："这次全球性的危机既反映了当前国际体系的缺陷，也为以前看似难以解决的问题提供了突破的机会。我们不能错失这样的时机。"①

国际货币基金组织的变革，内容涉及很多方面，核心问题就是新兴经济体在组织中的份额和投票权。之所以会出现这样的议程，是因为国际经济力量的格局在金融海啸的冰山下面发生变化。这场危机给世界经济带来了巨大影响，但对不同的国家和地区影响的程度并不相同。据2009年9月1日国际货币基金组织的预测，2010年之前的大部分时间内，发达经济体预计将呈现疲弱扩张，到2010年下半年，失业率仍将继续攀升。继2009年经济收缩3.5%后，预计2010年增长约为1.25%。第四季度同比数据清楚表明，经济活动正在复苏：从2009年第四季度到2010年第四季度，实际GDP预计将增长约1.75%，2009年下半年扩张

① 《IMF在国际金融新体系中可担纲重任》，http：//news.xinhuanet.com/fortune/2009-04/02/content_11117510.htm。

幅度约为0.5%（年率），而上半年则下滑2%。在新兴经济体中，2010年实际GDP增长预计将从2009年的1.75%达到近5%。此轮反弹主要是受中国、印度以及其他亚洲新兴经济体带动。其他新兴经济体正在呈现适度复苏，复苏受到政策刺激计划、全球贸易和金融状况改善的支持①。

国际货币基金组织应该推进国际金融体系的改革，提高发展中国家在全球经济体系中的地位。G20伦敦峰会应该为此次改革设定一个明确的目标、时间表和方针。

国际货币基金组织在伦敦G20峰会上达成了增资方案，也在一定程度上反映了新兴国家的影响力：在IMF 1.1万亿美元的增资方案中，中国提供了其中的400亿美元资金。其后，“金砖四国”的其他三国俄罗斯、巴西和印度也分别购买了100亿美元的债券。在G20匹兹堡会议上，国际货币基金组织在治理结构上向新兴经济体和发展中国家倾斜，G20承诺改变份额比重，从代表性过高的国家转向代表性不足的国家，使活跃的新兴市场和发展中国家的份额比重至少增加5%。国际货币基金总裁卡恩认为：“这一历史性决定，将为新兴经济体和发展中国家与先进经济体之间深化全球经济政策合作的伙伴关系奠定基础。”②

从联合国和国际货币基金组织在过去一年应对危机的表现来看，联合国充分发挥了它在国际社会的号召力，除了召开一般性的会议讨论之外，还专门召开特别会议，呼吁国际社会共同应对危机，并得到了成员方的积极响应，这是国际社会应对危机的重要一环。国际货币基金组织作为国际货币体系运行的机制，及时采取了一系列措施来对付危机，避免了在亚洲金融危机中的错误。更为重要的是，这次危机给组织的治理也带来了改革的动力。以“金砖四国”为代表的新兴经济体和一些发展中国家提出了改革国际货币基金组织的代表权和份额问题，国际货币基金组织也相应制定了明确的时间表，尽管调整的幅度还不太大，但体现出了国际经济关系中新兴力量开始推动国际经济规则改变的趋势。不过，也应该看到，国际货币基金组织还是由发达经济体掌控，国际规则的变迁将在西方发达国家和新兴经济体的博弈中前行。这种变化不是一种颠覆，也不是另起炉灶，而是在现有体系中的折冲与交锋、冲突与妥协，是一种在全球化背景下力量消长过程中的理性计算。

---

① http：//www.imf.org/external/chinese/pubs/ft/weo/2009/02/pdf/sumc.pdf.

② http：//www.imf.org/external/chinese/np/sec/pr/2009/pr09330c.pdf.

二　G 型组织的反应：从 G8 到 G20

按照国际法专家的划分，在国家间的制度化合作模式中，有一种特殊的类型，即 G 型合作（G 型组织）。这种组织形式是由多个国家发起，并作为主要参与者，通过定期论坛或者会议等形式谋求国家的共同利益的一类制度化程度较低的国家间多边合作形态。这类组织现在越来越多，在世界中的地位日益重要。比较重要和典型的有八国集团（G8）、二十国集团（G20）、亚太经合组织（APEC）、77 国集团等①。从过去一年的情况来看，G 型组织在这场危机中最大的变化就是 G8 已被 G20 取代，G20 成为目前国际社会共同对付危机的主角和机制。

为应对货币危机和石油危机，1975 年西方主要工业国法国、美国、德国、日本、英国、意大利六国领导人在法国举行首次最高级经济会议，次年加拿大应邀与会，形成 G7。G7 囊括了当时世界上最富强的国家，被形象地比喻为“富人俱乐部”，并建立起了一个七国的机制化论坛。G7 每年就一些政策性的问题进行对话和协商，由起初只讨论经济问题，后来涉及更为广泛的政治和安全议题。1998 年俄罗斯正式加入 G7，G7 发展为 G8，但俄罗斯真正参加全部问题的讨论是在 2002 年以后。1997 年爆发的亚洲金融危机给 G7 带来了很大冲击，也暴露了 G7 在治理世界中的不足，开始让西方国家深刻认识到，离开了发展中国家的参与去解决国际金融问题是不可能的，也不符合现实。一些新兴国家也不满 G7 在世界上指手画脚，忽视自己的利益。显然，G8 原有的功能已不适应国际形势的变化，要有效地解决国际经济问题，需要一种更具包容性的组织，这样 G20 应运而生。1999 年 9 月 25 日在华盛顿建立了 G20 财政部部长和央行行长会议机制，除了 G8 以外，还包括欧盟和具有广泛代表性的发展中国家：中国、阿根廷、澳大利亚、巴西、印度、印度尼西亚、墨西哥、沙特阿拉伯、南非、韩国和土耳其。这个组织是一个推动国际金融体制改革、促进发达国家与新兴经济体对话的非正式论坛，但其合法性要高于 G8，其成员除了传统的美、欧大国外，还有新的经济体，如“金砖四国”，同时也包括其他一些亚非国家。G20 占有全球

---

① 饶戈平：《全球化进程中的国际组织》，北京大学出版社，2005，第 48 页。

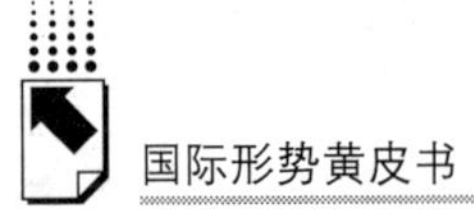

国内生产总值的90%、世界贸易总额的80%和世界人口的2/3。

G20建立后，其影响仍然有限。G8，或者更准确地说G7（2002年俄罗斯才真正参加全部问题的讨论），在国际经济事务中仍然占有举足轻重的地位。G8一方面试图掌握国际经济的话语权，另一方面也不得不考虑新兴经济体的力量和影响，邀请有重要影响的发展中大国加入，以彰显其解决问题的能力，提高自己的合法性。2003年6月，在法国的邀请下，中国、巴西、墨西哥、沙特阿拉伯、印度、马来西亚6个国家的领导人和埃及、塞内加尔、尼日利亚、阿尔及利亚、南非5个“非洲发展新伙伴计划”参加国的领导人参加了在G8首脑会议前举行的南北领导人非正式对话会议。2005年7月，G8首脑会议东道主英国向中国、印度、巴西、南非、墨西哥5个发展中大国的领导人和阿尔及利亚、埃塞俄比亚、加纳、尼日利亚、塞内加尔、南非、坦桑尼亚等非洲国家的领导人发出参加对话会议的邀请。中国国家主席胡锦涛在对话会上发表了题为“携手开创未来推动合作共赢”的重要讲话，并就全球经济、落实千年发展目标、深化南北对话、应对气候变化等问题提出了4点建议。2006年7月，G8首脑会议在俄罗斯举行，G8同发展中国家领导人举行对话会议，并着重就全球能源安全问题作了阐述。2007年在德国举行的八国首脑会议上，德国总理默克尔曾提出要把八国和五国之间的对话机制固定下来，形成一个“G8+5集团”。

然而，2008年的金融海啸冲击了G8在国际舞台上的分量，G20走上国际经济舞台的前台。此前，尽管G8试图通过“8+5”的形式来应对危机，但新兴经济体在这种形式中仍然处在不平等的地位，核心仍然是7个国家。事实表明，这种方式已经无力解决全球的经济危机。具有更大合法性和代表性的G20于是成为国际社会应对危机的主要平台，从而为重塑国际经济秩序提供了重要机制。当2008年华尔街的金融机构出现了多米诺骨牌效应时，世界各国认识到，在一个相互依赖的世界里，这场危机不可避免地会影响到其他国家，因而需要更好的治理结构。在金融危机期间，G20史无前例地召开了3次峰会①。

2008年11月15日，G20在华盛顿举行了第一次峰会。这次峰会虽然略显仓促，但表明了国际社会共同应对危机的积极姿态。在这次会议上，不同的国家和国家集团围绕危机的发生和应对提出了不同的看法。法国总统萨科齐主张，所有

① http://www.news.cn/world/hjt_cxfh/.

金融领域包括跨国资本流动，都应纳入监管之下；美国时任总统布什则强调，这次金融危机并非自由市场体系的过错，监管不能造成对市场的过度干预，因此现在应继续推进自由市场原则，而不是创造新的市场体系。各国应该抵制保护主义、集团主义和失败主义的倾向。印度总理辛格则在峰会上指出，新兴经济体不是危机的制造者，而是最大的受害者。源于美国的金融危机不仅造成全球金融市场动荡，也对实体经济造成了损害，发展中国家受到的影响尤为严重。发达国家的经济衰退将影响发展中国家的出口，发达国家的信贷紧缩将造成资金从发展中国家向发达国家回流，这两个方面相互作用将给发展中国家经济带来不利影响，进而导致贫困问题加剧，民众的教育、健康水平下降。巴西总统卢拉在峰会上表示，西方发达国家应当致力于解决自身的问题，这是遏制金融危机进一步蔓延的最好办法。导致当前的金融危机的根源在发达国家，而不是贫穷国家。如果美国和欧盟不解决自身经济政策中长期存在的问题，而是寻求治标不治本的应对措施，将于事无补。现行的多边金融机构和国际规则已经遭到历史的摒弃，国际货币基金组织和世界银行应当扩大发展中国家的参与，增加发展中国家的代表性和投票权。欧盟推出的全球金融体系改革“蓝图”提出，任何金融机构、金融市场和金融领域都必须受到适当而充分的监管或监控；新的国际金融体系必须建立在可问责和透明的基础上，主张通过一个更加全面的信息系统来确保金融交易透明，彻底改变助长冒险行为的安排；新的国际金融体系必须能够对风险进行评估，并建立预警系统，以避免危机重演；阻止金融危机的重任可由国际货币基金组织承担，国际货币基金组织可在新的国际金融体系中扮演日益重要的角色。中国国家主席胡锦涛在峰会上提出了四点应对危机的看法：一是加强国际金融监管合作，完善国际监管体系。二是推动国际金融组织改革，提高发展中国家在国际金融组织中的代表性和发言权。三是鼓励区域金融合作，充分发挥地区资金救助机制的作用。四是改善国际货币体系，稳步推进国际货币体系多元化。

虽然峰会上各方在危机起因、如何加强监管、怎样构建未来的金融体系等诸多问题上存有争议和不同的主张，但有一个基本的共识，就是要采取强有力的行动，尽快恢复市场信心，遏制金融危机扩散和蔓延。在这次峰会所发表的宣言中，强调在世界经济和国际金融市场面临严重挑战之际，与会国家决心加强合作，努力恢复全球经济增长，实现世界金融体系的必要改革，与此同时，与会领导人还就应对当前世界面临的金融和经济问题的措施达成行动计划，该计划涉及提高金融市场透明度和完善问责制、加强监管、促进金融市场完整性、强化国际合作以及改革国际金融机构5个领域，并为5个领域的改革分别设定了短期和中期目标，另外还制定了6项紧急措施，主要内容包括降息、制定经济刺激计划，以及支持国际货币基金组织、世界银行等国际金融机构发挥积极作用。

G20华盛顿峰会拉开了应对危机的序幕，展示了国际社会拯救危机的决心和信心。在这次会议上，新的力量登上塑造未来经济格局的舞台。英国首相布朗表示，峰会使世界“正朝新布雷顿森林体系迈进”。时任美国总统布什也表示，世界将迎来“布雷顿森林体系Ⅱ”。《华盛顿邮报》发表文章说，G20领导人在华盛顿的聚会表明，金融危机发生之后，国家实力的新平衡已经出现。

按照华盛顿峰会达成的共识，作为后续行动，2009年4月1日G20在伦敦举行了峰会。如果说在金融危机爆发之初举行的华盛顿峰会更多地体现了国际社会对付金融危机的决心和原则，那么伦敦金融峰会则着眼于各国采取的实际行动和措施，防止金融危机给实体经济带来更大的冲击。华盛顿的“务虚”开始向伦敦的“务实”转变。在伦敦金融峰会上，奥巴马微调了布什的政策。此时美国的当务之急是拯救日益恶化的经济，坚守的信条已让位于具体的刺激措施。美国宣布了要强化金融监管的改革框架，拟对诸如对冲基金之类的金融市场主要参与者实行更严格的监管。此外，美国还主张将国际货币基金组织资金规模扩大至现在的3倍，即由2500亿美元增至7500亿美元，以帮助因金融和经济危机陷入困境的成员。欧盟委员会主席巴罗佐表示，欧盟希望在英国伦敦召开的G20金融峰会推动金融市场改革，并就对冲基金、信用评级机构、会计准则、避税天堂、企业高管薪酬安排和资本充足率等议题作出具体承诺。欧盟支持对国际货币基金组织等国际金融机构实施改革，以更好地反映当前的国际经济格局并给予新兴经济体更大的发言权，欧盟力主把国际货币基金组织资金规模至少扩大1倍，由目前的2500亿美元增至5000亿美元。欧盟国家已承诺为国际货币基金组织增资提供750亿欧元。

在伦敦峰会上，“金砖四国”——中国、巴西、俄罗斯和印度——一致呼吁改革国际货币基金组织等国际金融机构，并且改革进程必须充分反映全球经济的变化，保证新兴经济体和发展中国家拥有更大的发言权和更高的地位，所有金融活动必须置于充分的监管之下，国际货币基金组织必须强化其监控能力，而实现这一目标的关键在于更加重视对全体成员方的公平监控，尤其是重视对那些有着巨额跨国资金流动、拥有主要国际金融中心的发达国家的监控，同时敦促主要储备货币发行国加快建设信息共享和政策协调机制，并确保宏观经济政策更为平衡、积极和协调。

伦敦峰会尽管存在分歧，但重要的是达成了一系列共识。与会领导人发表声明，同意为IMF和世界银行等多边金融机构提供总额为1.1万亿美元的资金，其中IMF资金规模由2500亿美元增加到7500亿美元，以帮助陷入困境的国家，认为有必要对所有具有系统性影响的金融机构、金融产品和金融市场实施监管和监督，首次提出把对冲基金置于金融监管之下，并同意对拒不合作的“避税天堂”采取行动及实施制裁，决定新建一个金融稳定委员会以取代现在的金融稳定论坛，并与IMF一道对全球宏观经济和金融市场上的风险实施监测。IMF和世界银行也将实施改革并赋予新兴经济体和发展中国家更大的发言权①。

在金融危机爆发刚好一周年的时候，第三次G20峰会在匹兹堡举行。经过一年的努力，世界经济出现了企稳回升的迹象，但经济复苏的枝叶还显稚嫩，如何巩固合作的成果，避免重蹈覆辙，推出具体的改革金融体系的措施，成为会议讨论的焦点。这次会议在继续了前两次会议议题的基础上，在金融改革问题上取得了一些突破。会议之后发表的《领导人声明》宣布，G20将成为“国际经济合作的主要论坛”，G20峰会也将机制化，自2011年起每年举行一次，承诺继续实施经济刺激计划，支持经济活动，直到经济复苏得到明显巩固；将新兴市场和发展中国家在国际货币基金组织的份额提高至少5%以上，决定发展中国家和转型经济体在世界银行将至少增加3%的投票权；各方将注资超过5000亿美元，用于扩大国际货币基金组织的“新借款安排”机制。各方将共同反对贸易保护主义，致力于在2010年成功完成多哈回合谈判。在2010年底前制定为各国所能接受的规章制度，改善银行资本的数量和质量，将在2012年底前将其全部付诸实施。

一年之内，从华盛顿、伦敦到匹兹堡，G20密集地举行了3次峰会，在会议上有激烈的观点交锋，严重的分歧，但更多的是妥协和对话，一个基本的共识就是在相互依赖的世界里，彼此之间需要同舟共济，携手合作。而妥协和合作的基础则是改革不适应世界经济发展趋势的国际经济体制。其核心就是扩大发展中国家特别是新兴国家在世界经济事务中的发言权，承认它们的国际地位。

---

① http：//news. xinhuanet. com/world/2009 -09/25/content_ 12110137_ 1. htm.

在3次峰会的历程中，人们看到了新兴经济体的崛起开始重绘国际经济格局的版图，国际经济规则在危机中正在发生嬗变。这就是G20开始取代G8，成为世界经济运行的基本平台，G8退居后台；这就是新兴经济体在IMF的比重上升，在世界银行的投票权增加。国际货币基金组织总裁卡恩也表示："G7还没有死亡，但这个组织正在走向尽头。"

三　地区性组织的应对

世界经济的一个重要特点就是全球化和地区一体化的并行存在，面对全球危机，一方面是国际社会在全球层次的应对，另一方面是在地区层次上的合作。一些地区性组织都推出了缓解危机的措施。这里主要就欧盟、东盟"10+1"或"10+3"加以阐述。

众所周知，1995年成立的欧盟是一体化程度最高的组织，形成了一整套包括不同层次的治理机构。在发生经济危机之初，由于估计不足，欧盟在地区层次上并没有作出及时的反应，更多的是欧盟成员国自己采取一些货币和财政政策。危机的发展充分暴露了各自为战的缺陷，形成了条块分割的局面。2008年10月12日，欧元区15国首脑齐聚巴黎举行峰会，通过了协调救市措施的行动计划。该计划最主要的内容是，欧元区成员国政府将通过为银行发行债券提供担保或直接购买银行股权的形式，帮助银行拓宽融资渠道，缓解银行因信贷紧缩而面临的融资困境。根据这项计划，欧元区国家政府将为银行新发行的中期债务提供担保，以缓解银行间的惜贷气氛①。13日，德国、法国和奥地利等欧元区成员国依照这份行动计划步调一致地出台了各自的大规模救市方案。德国政府将拿出最多5000亿欧元用于救市，其中4000亿欧元用来为银行同业拆借提供担保，1000亿欧元用于政府注资金融机构。法国将拿出最多3600亿欧元用于金融救助，其中3200亿欧元用来担保银行借贷，400亿欧元用来向银行提供资本金。奥地利政府宣布将出资850亿欧元为银行同业拆借提供担保，并拨出150亿欧元用于银行资本重组。这些国家合计出资规模超过1万亿欧元②。

① 《欧元区推出行动计划应对金融危机》，新华网，2008年10月13日。

② http://news.xinhuanet.com/world/2008-10/15/content_10190497.htm.

2008 年 10 月 15 ~ 16 日，欧盟首脑会议在布鲁塞尔举行。欧盟轮值主席国法国总统萨科齐在新闻发布会上表示："面对史无前例的金融危机，27 个欧洲国家现在终于决定联合应对、整体应对。" 应对危机从原来的欧元区扩大到整个欧盟。在这次会议上，欧盟确定在两个层面来对付危机，一个层面是在欧盟，另一个层面是在全球。在欧盟层次上，与会的 27 国领导人一致同意欧元区 15 国峰会于 12 日通过的应对金融危机战略，从而结束了在欧盟层面缺乏整体协调的局面。欧盟层面的主要措施是对濒临破产的银行实行国有化，并对银行间的借贷提供政府担保。具体地说，一方面政府以购买优先股的方式向金融机构直接注资，另一方面由各国政府为金融机构新发行的中期债务提供担保。在此次峰会上，与会领导人还根据法国的建议，同意尽快成立欧盟应对金融危机机构①。

2009 年 6 月 17 ~ 18 日，欧盟成员国在布鲁塞尔举行首脑会议，通过了一个金融改革方案，拟建立一套全新的泛欧金融监管体系，在宏观层面上成立一个名为"欧洲系统性风险管理委员会"的新机构，负责监测整个欧盟金融市场上可能出现的系统性风险，及时发出预警并在必要情况下提出应对建议。与此同时，在微观层面上，主要由成员国相关监管机构代表组成的 3 个监管局将分别负责银行业、保险业和证券业的监管协调。该方案的目的是避免类似当前的金融危机再次发生②。

东盟也是目前制度化程度较高的组织，在 2007 年签署了《东盟宪章》。10 多年之前东盟国家遭受过严重的金融危机，给这个地区的政治、经济和安全带来很大的影响。目前的世界金融危机也波及了这一地区。面对这场危机，东盟主要从两个方面来应对：一是强化成员方之间的经济合作，积极推进一体化建设；二是争取同对话伙伴加强合作，与周边国家一道抗拒风险。2009 年 2 月 28 日至 3 月 1 日，东盟 10 个成员方召开了第 14 届首脑会议，其中应对金融危机成为会议的主要议题。与会领导人同意避免树立新的贸易壁垒，贯彻落实《东盟经济蓝图》中提出的措施，必须进一步扩大地区合作的范围，同时还呼吁"对国际金融体系进行大胆而紧急的改革"，使这种体系也考虑发展中国家的需求。

---

① http：//ec. europa. eu/news/economy/081016_ 1_ en. htm.

② 《欧盟峰会通过加强金融监管方案》，http：//news. xinhuanet. com/world/2009 - 06/19/content_ 11570336 _ 1. htm；http：//www. consilium. europa. eu/uedocs/cms _ data/docs/pressdata/en/ec/108622. pdf。

除了在内部合作之外，东盟也还加大了与周边国家的协调，充分利用现有的东盟“10+1”和东盟“10+3”的机制，构筑抗击危机的防护网。早在2005年5月，东盟“10+3”财政部部长在泰国清迈就达成了以双边货币互换为核心的紧急融资框架协议，即《清迈协议》，这标志着东盟和东亚国家初步建立了应对短期流动性困难的应急资金互助机制。2007年，东盟“10+3”财政部部长会议又宣布建立一个东亚国家自我管理的外汇储备库，任何一个成员方在面临货币危机时都可动用。这些机制为防范金融危机提供了条件。2009年4月东盟拟召开的与对话国的会议尽管因安全问题而取消，但后来经授权发表的《“10+3”合作应对全球经济和金融危机联合新闻声明》还是表明了东盟与对话国同心协力共抗危机的决心。这次会议批准了将《清迈协议》多边化规模从800亿美元增至1200亿美元的决定，以及在印度尼西亚巴厘岛召开的第12届“10+3”财政部部长会议的成果①。

东盟“10+1”的机制也在对抗金融危机中发挥了积极作用。东盟与中国在经过了7年的磋商后，2009年8月15日第八次中国—东盟经贸部长会议在泰国曼谷举行，双方签署了《中国—东盟自由贸易区投资协议》，标志着中国—东盟自贸区的主要谈判已经完成，中国—东盟自贸区将如期在2010年建成。这一协议把中国与东盟的战略伙伴关系提高到了一个新的水平，表达了东盟和中国在金融危机的背景下，反对贸易和投资保护主义的决心，也是抗击金融海啸的重要一环。与此同时，《东盟与日本经济合作伙伴协议》于2009年6月1日正式实施。根据该协议，双方将在10年内基本上实现贸易投资自由化，针对不同国家的情况，在关税方面略有差异，日本取消从东盟进口总额93%的产品关税，文莱、印度尼西亚、马来西亚、菲律宾、泰国和新加坡六国对从日本进口总额的91%的产品实行零关税，越南、老挝、缅甸、柬埔寨的贸易自由化措施稍有延迟。该协议的签署大大提升了日本与东盟的战略伙伴关系，也增加了东盟抵御金融危机的砝码。2009年是东盟与韩国建立对话关系20周年，6月2日东盟与韩国也签署了自由贸易协定。这样，东盟和中、日、韩三国分别完成了自由贸易协定的签署，形成了一道东盟与东亚主要国家进行合作、共抗危机的亮丽风景。

欧盟和东盟是地区层面应对金融危机的典型。金融危机一方面暴露了原有的

① 《东盟和中日韩（10+3）合作应对全球经济和金融危机联合新闻声明》，http://www.fmprc.gov.cn/chn/gxh/zlb/smgg/t566096.htm。

地区合作机制中存在的缺陷，另一方面也催生了地区合作机制的深化和拓展。对于欧盟来说，更多的是加强金融的监管，而对东盟来说，重点是推进东盟与周边国家，特别是“10+3”的合作，核心是签署了一系列的自由贸易协定，反对贸易保护主义。两个不同地区的作为充分说明了地区已构成了国际政治的重要单元，地区合作是通往国际合作的一条重要路径。

每一次危机都是一次挑战，也是变革的节点。以国际组织为代表的国际社会在这种挑战和应战中不断变化。20世纪大萧条期间，国家之间采取了以邻为壑的政策，最后走上了一条通向悲剧的战争之路。而面对第二次世界大战后的最大一次经济危机，国际社会展现的是风雨同舟、携手合作、共克时艰的画面。联合国、国际货币基金组织、G20以及地区性组织采取的行动恰是这一合作画面的精彩呈现。这种合作是国际经济的全球化使然。第二次世界大战之后，特别是冷战结束之后，经济的全球化形成了你中有我、我中有你的相互依赖局面，美国这只蝴蝶扇起的金融翅膀，导致了一场金融海啸。金融危机使任何一个国家都无法独善其身，也让一个国家难以独立应对。第二次世界大战后国际组织和地区一体化的深化，使这场危机通过组织的协调而得到了及时的应对。大家都需要和支持国际组织发挥作用。国际组织不只是国际政治中的一个被动行为体，也是协调国家政策的重要平台。在这种以经济为主轴的低阶政治中，复合相互依赖的局面推动的合作能够使国家摆脱困境。

当然，在这种合作过程中，国家之间并不是没有摩擦和分歧。因为组织的规则对成员来说并非中性的，而是有着分配的功能，会直接导致成员方利益的得失。因此，围绕组织内部规则的修改，国家之间必然存在着交锋和争论。三次峰会聚焦国际货币基金组织的份额的再分配，就是这种规则权力的直接反映。但是，这种规则的修订又是以合作为前提的。合作恰是一种国家政策上的协调，这种协调可以是全球的，也可以是地区层面的。

从这次危机中，可以看到国际组织，特别是一些G型组织在处理全球经济问题时，发挥着越来越大的作用。不过，这需要G型组织不断适应国际政治经济形势的变化，去扩大和包容更多来自不同利益群体的力量，特别是新兴经济体的力量。同时，我们从组织扩大的过程中，例如，从7国集团到8国集团，从“G8+5”到G20的变化，可以看到新崛起的力量在对待原有的秩序时，不是要脱离现有的治理机制，而是主动地参与其中，改革和完善它，使其更公正、透明和具有合法性。国际组织或机制在这场危机中拉开了真正具有全球意义的渐进变革之幕。国际组织和机制将在未来的全球治理中发挥更大的作用。

International Institutions in the Financial Crisis: Response and Transformation

Yuan Zhengqing

Abstract: The financial crisis has brought important impacts to international politics. In this paper, the author explores how global, regional and G-type organizations respond to and are transformed in this financial crisis. The UN held a special conference to seek solutions to the crisis; the IMF not only took flexible measures to deal with the crisis but also transformed the structure of governance; G20 substituting G8 has become the major platform for the international society to address the crisis; EU and ASEAN has enhanced the integration level respectively. Finally, the author gives an outlook on the role of international institutions in tackling the crisis.

Key Words: International Institutions; Financial Crisis

【综合国力比较】
综合国力评估（2009年）

李少军*

摘　要：“综合国力”的含义是指一个国家赖以生存与发展的全部力量及资源的总和，或者指国家为实现其战略目标而能够调动与运用的力量与资源的总和。本报告的评估对象，包括西方七国和“金砖四国”，即美国、日本、法国、德国、英国、加拿大、意大利、中国、俄罗斯、印度和巴西。评估的指标体系包括领土与自然资源、人口、经济、军事、科技五个直接构成要素，以及社会发展、可持续性、安全与国内政治、国际贡献四个影响要素。本报告认为，国力评估具有战略参考意义，但对于总体排名应取适当态度。由于受到数据应用的客观限制和指标设计的主观影响，各项计算结果实际上都是特定要素与方法选择的产物。它们虽然有客观的依据，但不能说就是国力比较的客观写照。

关键词：综合国力　战略资源与能力　经济力量　军事力量　科技水平　社会发展

在当代国际关系中，任何国家的生存与发展都离不开国际互动。国家参与国际互动，总是要实现一定的战略目标。在这个过程中，国家的基本行为模式，就是运用自己的战略能力改变其他行为体的行为。国家所拥有的这种战略能力的大小，取决于自身所拥有的国力（Power）。由于国家国力的大小是与其他国家的国力相比较而言的，因此对相关国家的国力进行评估是必不可少的。尽管这种评估

* 李少军，中国社会科学院世界经济与政治研究所研究员、国际政治研究室主任、博士生导师，主要研究领域是国际关系理论，还包括国际战略研究和当代全球问题研究。

由于涉及因素较多且不能避免主观因素的影响，可能存在较大的不确定性，但设计评估体系进行某种程度的量化并进行排序，还是有重要参考价值的。

本报告所作的国力研究，选取了西方七国和“金砖四国”即美国、日本、法国、德国、英国、加拿大、意大利、中国、俄罗斯、印度和巴西为对象。这些国家作为当今的主要大国，都是国际互动中的主角，对这些国家进行量化比较，有益于中国评估自己的国际地位与对外战略。

一 综合国力的含义

对于国力的评估与研究，学界是存在不同认识的。传统的国际政治观是把国力理解为实施强制性影响的能力，认为这种能力是以经济力量、军事力量、人口、领土等要素为基础，其中的军事能力是最具决定作用的因素。然而，随着时间的推移，人们日益认识到国际互动具有复杂机理，其中除了强制性因素的影响之外，各种非强制性因素也具有重要作用。在这种情况下，人们对国家的实力、地位、影响力的评估呈现了日益多元化的情况。从学界、智库的已有研究来看，除了基于传统的实力政治视角对国家力量的研究之外，还出现了许多针对国家特定要素与属性的研究，诸如有关人类发展指数、和平指数、清廉指数、竞争力以及生态足迹等项目的评估与排名。虽然这些研究的指涉不是国力的直接因素，但由于这些因素会影响国家力量的状态与运作，因而也受到了人们的关注与重视。

对国力进行评估，中国学者习惯于使用“综合国力”（Comprehensive National Power）的概念。这个概念的基本含义，是指一个国家赖以生存与发展的全部力量及资源的总和，或者指国家为实现其战略目标而能够调动与运用的力量与资源的总和。这两种说法虽然不同，但从战略角度上讲是一致的，因为后者乃是对前者的运用。

用“综合国力”的概念来概括一个国家的力量与资源，表明人们认识到决定国家力量的因素是多元的和复杂的。这些因素涉及与国家行为相关的方方面面，包括自然因素，亦包括各种人为的社会因素，通常涵盖领土、自然资源、人口、经济、军事、科技、社会发展、外交、国家凝聚力等众多方面。作为国家的生存依赖与战略资源，它们的组合构成了一个系统。尽管每一种因素都有特定的影响，但它们从整体上来讲发挥的是综合的作用。任何单一因素甚至少数因素，都不可能解释国家的战略能力与国际影响力。

从综合的观点来看待国力，就需要对国力作出综合的评估。进行这种评估所要解决的基本问题，就是如何把不同因素综合起来进行量化比较。事实上，人们提出“综合国力”这个概念，就是为了进行“科学”的评估。然而，对国力这种复杂对象进行科学研究，人们是面对着若干带根本性的难题的。

第一，“综合国力”并不是可以直接观察的东西，它只是人们提出的一个概念。人们要对这个概念作科学研究，就必须使之可操作化，即把这个概念具体化为一系列可以观察与计算的指标。任何研究者作这样的设计，都需要基于自己的背景知识与经验进行主观的选择，因此形成不同的认识是很自然的。由于综合国力的概念不能直接观察，因此它的构成和具体化（即究竟包含哪些要素），也不可能有客观的标准。人们只能感觉某一项指标具有重要性，却不能加以证明。在这种情况下，任何一项综合国力研究，实际上都是研究者在主观意志指导下进行计算的产物。它具有科学的形式，但不能说是真正的科学研究。

第二，由于综合国力是众多因素的总和，因此研究者的评估需要尽可能全面地列出相关因素。如果遗漏重要的因素，特别是对某些参与比较的国家有举足轻重的影响的因素，那么整个评估与对比就没有意义了。然而，要真正穷尽所有重要的因素，对研究者来说是很困难甚至是不可能的事，因为人们不可能完全搞清楚每一个因素对综合国力整体是怎样发生作用的，在其中承担了怎样的角色。在这种情况下，每一位研究者对国力的构成都可能有自己的特定认知与选择，并因而会设计出不同的指标体系。

第三，从理论上讲，综合国力是一个系统，在这个系统中，各种构成因素的关系并非简单的算术加总。每一项因素都对整体有贡献，但这种贡献是经由复杂的互动机制实现的。显然，要科学地评估综合国力，就需要搞清楚各要素之间的关系。然而，要做到这一点是很困难的。究其原因，主要是因为综合国力不是自然事实而是社会事实。在这个系统中，各要素之间的联系是经由人的社会活动实现的。具有自然属性的因素，诸如领土、自然资源，经由国家行为体的调配与利用才成为综合国力的一部分。具有社会属性的因素，诸如经济力量、军事力量、科技力量等，则都是国家行为体统合下的产物。从这一点来讲，综合国力乃是经由人的主观努力、协调而把各种客观力量整合起来而形成的一种合力。由于这种合力的形成并非客观的过程，而是复杂的社会行为的产物，因此要搞清楚其机制是很困难的。对于这些不能说明的机制，当然不能通过数学的方法加以计算。

第四，进行综合国力评估是一项定量研究。研究者在确定要素之后，还需要决定选取哪些数据进行计算。从操作的角度讲，每一项要素都可以选取不同的统计数据进行分析。例如，对于军事要素，我们可以选取军费与军队人员数字进行分析，也可以增加各种武器装备的数据进行分析。在原则上，数据选择得多一些当然比少一些好。然而，由于定量研究只能以可以量化的指标为对象，排除了不能量化的因素，因此，即使设计很复杂的指标体系，也未必更符合事实。从这个角度讲，进行综合国力计算是存在明显的片面性的。

第五，进行综合国力的最后计算，就是用数学方法把代表国力构成各要素的数据总合起来。要总合这些数据，就要设计出反映各要素关系的计算公式。然而，由于在这项研究中存在许多不可知因素或者难以说明的因素，因此计算国力的标准公式似乎是不存在的。人们只能按照自己的偏好进行数据的搜集与计算。如果说因素的确定和数据的采集是一个主观选择的过程，那么计算方法的确定实际上也是一个主观选择的过程。由于要素的内部机理与要素之间的互动机理很难完全搞清楚，因此研究者确定各指标的权重与算法，大体上也都是根据自己的经验与偏好。这样算出来的结果是否合理，所作的国力排序能否反映真实的国力，人们只能基于经验与感觉进行判断，而不能进行证实或证伪。

以上的分析与讨论表明，对于综合国力研究，特别是综合国力研究的“科学性”，人们需要有适当的认识。一方面，综合国力应该研究也必须研究，因为国家参与国际互动需要这类数据分析作为战略决策的参考；另一方面，由于这项研究包含不可观察和难以认知的方方面面，在很大程度上乃是人们的经验感受的产物，因此从“科学性”来讲是有很大的相对性与局限性的。在这种研究中，虽然人们对统计数据的使用可以尽可能做到准确与真实，但最终计算出来的综合国力的数值却很难说是准确与真实的。人们基于数据统计对综合国力的国家排序，说到底，只是研究者基于自身经验与认知而选择特定数据算出来的结果。这种研究肯定比没有任何数字分析的估计要好得多，但不能说得出的就是综合国力的标准答案。

鉴于综合国力研究的这种属性与特点，人们对其意义也应取适当的态度。这项研究的价值，与其说在于最终的国力排名，不如说在于各项指标的综合比较。新闻媒体可能更乐于炒作最终的排名，但研究者与决策者应该更关注各要素的排名是怎样形成的，关注各国的强项与弱项，这样才能对相关国家的实力、地位有更清醒的认识。国家参与国际竞争是不可能在“综合国力”这个抽象的平台上进行的，在综合国力上“超越”别国并不具有操作上的意义，因为国家的现实互动总是表现在具体的领域里，只有各项要素的具体数据才是战略决策的真实依据。尽管对这些数据间的复杂关系与系统影响人们很难进行科学的描述与解释，但这些数据本身的比较毕竟是有实际意义的。

总之，对于综合国力的研究，人们应取这样的态度，即每一项研究不过是研究者基于所选定的数据与途径而计算出来的一种结果。选择不同的数据与途径，就会有不同的结果。尽管在这种研究中人们可以不断完善方法，可以在学界与政界得到更大的认同，但我们还是应该把每一项研究结果都视为特定要素与方法选择的特定结果。这些结果都具有特定的参考性与启示意义，但人们不能轻易地把它们同国家的真实的资源与力量的总和画等号。

二　指标体系与评估

进行综合国力的具体评估，涉及指标体系的确定与算法的确定。本报告的指标体系，大体上可分为两类。一类是基本要素，包括领土与自然资源、人口、经济、军事、科技五大方面。这些要素与国力有比较直接的关系。另一类是影响基本要素的要素，包括社会发展、国力发展的可持续性、安全与国内政治、国际贡献四个方面。这些方面的指标可以表明影响国力的基本要素可以发挥作用的程度与未来发展的前景。由于国力不是一个静态的东西，因此仅分析某个时点的数字是不够的。

（一）领土与自然资源

领土作为国家的生存空间，是影响国力的基本因素。尽管领土大国未必就是国力大国，但人们通常认为幅员广阔比地域狭小在战略上更有利。领土大国具有较丰富的生存资源和军事上的回旋余地，而领土小国在战略竞争中则往往具有先天的脆弱性。尽管在当代科学技术高度发展的情况下，领土与资源因素的相对重要性在下降，但无论如何，领土广阔与资源丰富在战略互动中都是极为有利的条件。

领土的构成包括平原、高原、丘陵和山地等不同部分。平原适合人类居住，可开垦为农田。山地尽管在军事上可能具有特殊意义，而且可能是蕴藏自然资源的地域，但这样的环境毕竟不适于人类生存。因此，山地比例较高应视为一个负面因素，在计算得分时应有所扣除。

就自然资源而言，包括的项目是很多的，不可能一一列举。本报告只选择了两项重要的能源因素，即石油与天然气。

从指数得分总计来看，俄罗斯（96.6）、美国（32.6）、加拿大（32.5）、中国（22.3）和巴西（21.27）分别列前五位（见表1）。俄罗斯在领土、石油和天然气三个方面都居第一位，是名副其实的领土资源大国。中国位列第四，虽然排名不低，但得分不高。考虑到中国人口基数巨大，中国的生存资源实际上是极为紧缺的。

表1　领土与自然资源评估结果

国家排序		领土				石油探明储量（2008年）		天然气探明储量（2008年）		指数得分总计
		总面积（百万平方千米）	指数得分	山地占比（%）	指数得分	储量（亿吨）	指数得分	储量（万亿立方米）	指数得分	
1	俄罗斯	17.10	100	25.5	89.8	108	100	43.30	100	96.6
2	美国	9.63	56.3	36.9	48.0	37	34.3	6.73	15.5	32.6
3	加拿大	9.98	58.4	23.2	52.98	44	40.7	1.63	3.8	32.5
4	中国	9.60	56.1	64.2	41.70	21	19.4	2.46	5.7	22.3
5	巴西	8.51	49.8	12.5	47.31	17	15.7	0.33	0.8	21.27
6	印度	3.29	19.2	18.7	17.76	8	7.4	1.09	2.5	9.22
7	英国	0.24	1.4	0.0	1.4	5	4.6	0.34	0.8	2.27
8	法国	0.55	3.2	21.9	2.92	—	0	—	0	0.97
9	意大利	0.30	1.8	35.7	1.54	1	0.9	0.12	0.3	0.91
10	德国	0.36	2.1	12.8	2.00	—	0	0.12	0.3	0.77
11	日本	0.38	2.2	18.0	2.04	—	0	—	0	0.68

说明：①领土面积和山地所占百分比计算方法是以最高值为100，先求得各国得分，然后减去其中山地部分得分的40%。

②领土、石油、天然气得分的权重均为1/3。

资料来源：领土面积和山地所占百分比数据来源于 *World Development Report 2009*，www.worldbank.org；石油与天然气储量数据来源于《BP世界能源统计2009》，http://www.bp.com/liveassets/bp_internet/china/bpchina_chinese/STAGING/local_assets/downloads_pdfs/BPStatsReview2009_CN.pdf。

（二）人口因素

在国际战略互动中，尽管人口规模并不是国力的决定性因素，但较多的人口可以提供充足的人力资源，并且会形成一个广大的市场。更重要的是，人口众多可以使一个国家很容易地建设一支人数较多的军队。从历史上来说，最有影响的国家都是那些拥有较多军队的国家，而这样的国家都有相当大的人口基数。当然，过大的人口量亦是一种负担。更糟的情况是人口多、贫穷并且受教育程度低。这种情况所造成的是典型的不发达状况。

就国力的人口构成而言，质与量是同样重要的因素。尤其是在当代科学技术高度发达的情况下，人口绝对数量的相对影响力正在下降。为了衡量人口质量，本报告列举了老龄化、高等教育入学率和教育投入 3 项因素（见表 2）。老龄人口是指 65 岁以上人口。这部分人口比例越高，意味着劳动人口越少，社会负担越重。当然，老龄人口的知识与经验亦是国家的重要财富，能够为国家作出特别的贡献。高等教育入学率与教育投入，可以看作衡量一个国家人力资源素质的重要尺度。这两项数字越高，表明其人口的知识化程度越高。

表 2 人口因素评估结果

国家排序		老龄化				高等教育入学率		教育投入		指数得分总计
		2008 年总人口（亿人）	指数得分	2005 年 65 岁以上人口占比（%）	计算年龄后得分	2007 年毛入学率（%）	指数得分	2002 ~ 2005 年公共教育开支占 GDP 比重（%）	指数得分	
1	中国	13.46	100	8	92	23	28	1.9	32	66.8
2	印度	11.98	89	5	84.55	12	14.6	3.8	64	61.51
3	美国	3.147	23.4	13	20.36	82	100	5.9	100	52.21
4	意大利	0.60	4.46	20	3.57	68	82.9	4.7	80	35.01
5	俄罗斯	1.41	10.48	14	8.94	75	91.5	3.6	61	33.78
6	德国	0.82	6.09	19	4.93	61	74.4	4.6	80	33.28
7	英国	0.616	4.58	16	3.85	59	72	5.4	92	33.11
8	法国	0.62	4.61	17	3.83	56	68.3	5.9	100	32.79
9	加拿大	0.336	2.50	14	2.15	62	75.6	5.2	88	32.77
10	日本	1.27	9.44	22	7.36	58	70.7	3.6	61	31.73
11	巴西	1.94	14.41	6	13.55	30	36.6	4.4	75	26.61

说明：计算方法：人口基数、入学率与教育投入都以最高值为 100。人口数量得分 = 人口基数得分 ×（1 - 老龄人口比例）。人口数量得分权重为 60%，高等教育入学率权重为 30%，教育投入权重为 10%，三项得分相加为人口指数总得分。

资料来源：人口数据来源于 Department of Economic and Social Affairs Population Division, United Nations, *World Population Prospects, 2008*, http://www.un.org/；65 岁以上人口数据来源于 *2008 World Population Data Sheet*, http://www.unfpa.org/public/；高等教育毛入学率数据来源于 UNESCO Institute for Statistics, http://www.uis.unesco.org/ev.php? ID = 2867_ 201&ID2 = DO_ TOPIC，其中没有德国的数据，按照英、法、意三国平均值（61）计算；公共教育开支数据来源于 *Human Development Report 2007 - 2008*, http://hdr.undp.org/en/reports/global/hdr2007 - 2008/。

比较各大国的人口状况可以看到，人口多的发展中国家，相对而言，老龄化程度低，但教育程度也低，人口少的发达国家，教育程度高，但老龄化程度也高。尽管这两种人口结构都存在问题，但从发展前景来看，有较多年轻人口毕竟要好一些。基于这个理由，本报告对人口数量给予了较高的权重。高等教育毛入学率和公共教育投入是反映人口质量的指标。高等教育入学率是直接反映人口素质的指标。公共教育投入尽管不能反映一国教育投入的全部情况，但能够反映一国政府对教育的重视程度。

从这项得分看，中国（66.8）、印度（61.51）、美国（52.21）居前三位。中国、印度得分高是由于人口基数巨大。美国之所以居第三位，一是因为人口数得分高于中国、印度之外的其他国家，二是因为高等教育入学率与教育投入这两项指标都居第一位。

（三）经济发展水平

经济发展水平对于一个国家的国力来说是至关重要的因素。保罗·肯尼迪认为，大国的兴衰一直历史性地与其经济兴衰相联系。当一个国家经济衰落的时候，它的国际影响力也不可避免地会丧失[①]。国家经济力量的重要性在于能够倾举国之力办各种大事，在战略互动中除了可直接运用经济手段之外，还能够建设并维持一支有效的和精良的军队。人们通常认为，苏联解体的一个重要原因是军备竞赛拖垮了它的经济，而经济的衰落则直接导致了其强大军事力量和国家权力的下降。

当然，在某些情况下，一个国家经济能力的增长未必直接导致其战略互动“权力”的增长。这里的一个重要原因，是某些国家把增长的经济能力主要用于提高人民生活、健康和教育水平，而没有直接用于发展军力和其他对外互动手段。不过，经济实力雄厚的国家，在需要的时候，可以很容易地把经济力量转化为对外影响力。

一般来说，计算综合国力中的经济因素，应重点考虑国家的经济总量而不是人均经济量。GDP 作为一国整体经济实力的标志，对于国际战略竞争是重要因素。不过，在重点关注国家经济总量的同时，也应考虑到，如果国家不富裕，人均 GDP 低，那么国家就仍然不能算是经济强国。所以，评估经济实力，要兼顾这两个方面。当然，GDP 在权重上应高一些。

---

① Amstutz, *International Conflict and Cooperation: An Introduction to World Politics*, Boston: McGraw-Hill College, 1999, p. 134.

从动态的视角看，评估经济力量不但要计算一个国家在某一时点的力量，而且要评估国家未来的发展潜力，因为国家间的竞争是一个长期过程，现在的领先者未必能永远保持领先。如果国家缺乏竞争力，那么其国力在竞争中就会逐渐落后。因此，在评估国家经济力量时加入竞争力指标，对于判断一个国家经济力量的前景是很重要的。

本报告所使用的竞争力排名，引自国际管理发展研究院（IMD，瑞士洛桑）的《世界竞争力年鉴》（*World Competitiveness Yearbook 2009*）。该机构的“竞争力”概念，是指国家和企业实现繁荣和利润的能力的总和。其评估体系包括4 个主要因素，即经济成绩、政府效率、商务效率和基础设施。这 4 个主要因素各有 5 个子因素，共包括 300 个指标①。运用这些指标，国际管理发展研究院每年对世界几十个国家和地区的竞争力进行评估，其研究具有广泛的影响。

从经济发展水平的评估结果看，基本格局是西方七国排在前，“金砖四国”排在后。中国虽然 GDP 的总量已达到较高水平，但由于人均 GDP 水平很低，因此排名偏后（见表 3）。

表 3　经济发展水平评估结果

国家排序		2008 年 GDP		2008 年人均 GDP		2009 年竞争力指数得分	指数得分总计
		数值（百万美元）	指数得分	数值（美元）	指数得分		
1	美　国	14204322	100	46716	100	100	100
2	日　本	4909272	34. 56	38443	82. 29	78. 242	53. 25
3	德　国	3652824	25. 72	44471	95. 19	83. 508	52. 34
4	法　国	2853062	20. 09	45982	98. 43	68. 071	48. 39
5	英　国	2645593	18. 63	43089	92. 24	76. 069	46. 46
6	加拿大	1400091	9. 86	42031	89. 97	88. 708	41. 78
7	意大利	2293008	16. 14	38309	82	52. 059	39. 49
8	中　国	3860039	27. 18	2912	6. 2	76. 595	25. 83
9	俄罗斯	1607816	11. 32	11339	24. 27	52. 770	19. 35
10	巴　西	1612539	11. 35	8400	17. 98	56. 865	17. 89
11	印　度	1217490	8. 57	1068	2. 29	66. 454	12. 47

说明：权重：GDP 为 60%，人均为 GDP 30%，竞争力为 10%。

资料来源：各国 2008 年 GDP 数据来源于 *World Development Indicators Database*，1 July，2009，http：//siteresources. worldbank. org/DATASTATISTICS/Resources/GDP. pdf；2008 年人均 GDP 是依据世界银行的 GDP 数字与人口数字计算的，参见 *World Development Indicators database*，World Bank，July 1，2009；竞争力数据来源于 International Institute for Management Development，http：//www. imd. ch/。

① http：//www. imd. ch/.

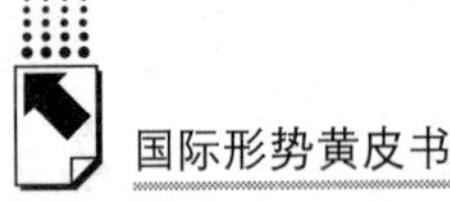

（四）军事能力

就大国间的战略竞争而言，军事能力无疑是举足轻重的因素。在和平时代，军事能力即使不使用，也仍然是国力的基础。威慑侵略者或影响其他行为体的行为，最终的保证就是军事能力的存在。

国家军事能力的强弱取决于众多因素。就军事能力的构成因素而言，本报告评估了三个方面，即军费、军队人员与武器装备。军费的规模在军事能力的评估中是一个关键性因素。先进武器的研发与装备、军队人员的维持与训练，都要靠军事预算来支撑。军队数量因素的重要性尽管在当代军事技术发展的条件下已有所下降，但基本的规模是必须保证的。特别是对领土大国来说，没有足够的军事人员，就无法保卫国家安全，更无法在发生战争时取得胜利。武器装备的数量与质量通常是衡量一支军队强弱的客观指标。尽管武器装备好的军队未必战斗力就强，但先进的物质条件毕竟是军队赢得现代战争的基本保证。

就本报告所选取的三项指标来说，军费与军队人员的数字是比较清楚的，唯有武器装备部分的评估比较困难。由于现今军队的装备种类繁多，不可能一一考察，因此只能选择几类有代表性的武器进行比较。本报告评估的武器装备有四类，即核武器、坦克、战斗机和舰艇。其中舰艇包括多个类别，在这里分为航空母舰、核潜艇、其他舰艇三类进行计算。特别值得说明的是，这里所用的数字，只反映了数量，而不能反映质量。事实上，各个国家的同一类武器的质量是有天壤之别的。美国的武器在质量上远高于其他国家。俄罗斯的武器尽管数量都较多，但恐怕大多已经过时。中国的武器在数量上并不少，但在质量上是落后的。所以，仅评估数量并不能真实地反映出各国军队的装备对比情况。然而，要对装备的质量进行评估几乎是不可能的。现今世界上的战略研究机构不作各国军力的排名，也许这一点是原因之一。由于本报告不得不进行这样的评估，因此只能就现成的数字进行计算。基于这些原因，在这里尽管进行了排名，但这并非真正的各国军力的排名。它只是基于选定的要素所计算的一种结果。它具有参考性，但不能等同于实际的军力对比。

本报告对三个要素的评估，给予军费的权重最高，因为军费的数字相对准确，而且是相对装备与人员而言的支撑因素。从军事力量的发展来看，军费是基本建设的标志。人员在需要时可以动员，但进行基本建设（包括武器的研发与

列装）却需要一个相对长的过程。

本报告对核武器的评估，并未以现实的最高数字为最高值，因为核武器过多反而是一种负担，甚至是对自身安全的威胁。美俄现今仍在谈判削减问题，未来有可能减至1500枚左右。本报告是以2000枚为最高值进行评估的。

从表4、表5、表6的数字中可以看到，美国是真正的军事超级大国。美国

表4　军事能力评估结果

国家排序		2008年军费		2007年军队人员		武器装备指数得分	指数得分总计
		数量（亿美元）	指数得分	数量（万人）	指数得分		
1	美　国	6070	100	150.6	66.78	83.6	90.08
2	中　国	609	10.03	225.5	100	36.4	33.3
3	俄罗斯	586	9.65	102.7	45.56	84.5	31.8
4	印　度	300	4.94	131.6	58.36	18.3	18.3
5	法　国	657	10.82	25.5	11.31	11.4	11.03
6	英　国	653	10.76	19.1	8.47	10.3	10.21
7	日　本	463	7.63	24	10.64	8.2	8.35
8	德　国	468	7.71	24.6	10.91	4.4	7.69
9	意大利	406	6.69	19.1	8.47	8.8	7.47
10	巴　西	233	3.84	28.8	12.77	4.2	5.7
11	加拿大	193	3.18	6.3	2.79	2.8	3.03

说明：计算方法：军费权重为60%，人员与武器装备的权重均为20%。

资料来源：中国的军费来源于国家统计局2009年3月公布的数字，http：//news.xinhuanet.com/；其他国家的军费数据来源于http：//www.sipri.org/yearbook/2009/files/SIPRIYB09summary.pdf；军队人数来源于*Human Development Report 2007－2008*，http：//hdr.undp.org/en/reports/global/hdr2007－2008/；武器装备数据来源于http：//en.wikipedia.org/wiki/List_ of_ countries_ by_ level_ of_ military_ equipment。

表5　武器装备评估结果

国家排序		核武器		坦克		战斗机		舰艇指数得分	指数得分总计
		数量（枚）	得分	数量（辆）	得分	数量（架）	得分		
1	俄罗斯	13000	100	22800	100	2295	88.1	49.9	84.5
2	美　国	9400	100	7851	34.4	2604	100	100	83.6
3	中　国	240	12	7580	33.2	1700	65.3	35.1	36.4
4	印　度	60	3	5000	21.9	730	28	20.3	18.3
5	法　国	300	15	417	1.8	368	14.1	14.7	11.4
6	英　国	185	9.2	393	1.7	341	13.1	17.3	10.3
7	意大利	—	—	1180	5.2	385	14.8	15.0	8.8
8	日　本	—	—	980	4.3	360	13.8	14.8	8.2
9	德　国	—	—	408	1.8	243	9.3	6.3	4.4
10	巴　西	—	—	601	2.6	171	6.6	7.5	4.2
11	加拿大	—	—	201	0.9	138	5.3	5.1	2.8

的军费相当于其他10国军费总和的132%。武器装备仅就数量进行评估，也远高于俄罗斯之外的其他国家。俄罗斯在武器装备上列第一位，主要是因为它的武器装备数量巨大，特别是坦克数量得分太高。中国的总得分排在美国之后列第二位，主要是因为军队人数和武器装备数量的得分都较高。

表6　舰艇数量评估结果

国家排序		航空母舰		其他舰艇							核潜艇		指数得分合计
		数量（艘）	得分	巡洋舰（艘）	驱逐舰（艘）	护卫舰（艘）	轻巡洋舰（艘）	潜艇（艘）	舰艇总数（艘）	得分	数量（艘）	得分	
1	美　国	12	100	22	53	30	48	0	153	100	71	100	100
2	俄罗斯	1	8.3	7	13	5	85	20	130	85.0	40	56.3	49.9
3	中　国	0	0	0	26	49	14	55	144	94.1	8	11.3	35.1
4	印　度	1	8.3	0	8	13	24	1	46	30	16	22.5	20.3
5	英　国	2	16.7	0	7	17	4	0	28	18.3	12	16.9	17.3
6	意大利	2	16.7	0	4	12	12	0	28	18.3	7	9.9	15.0
7	日　本	0	0	—	13	39	—	16	68	44.4	—	0	14.8
8	法　国	1	8.3	1	12	11	9	0	33	21.6	10	14.1	14.7
9	巴　西	1	8.3	0	1	11	5	5	22	14.4	0	0	7.5
10	德　国	0	0	—	—	15	3	11	29	19.0	—	0	6.3
11	加拿大	0	0	—	3	12	—	—	15	9.8	4	5.6	5.1

（五）科技水平

科技水平是决定一个国家的经济力量与军事力量先进程度的主要因素。在当代的战略较量中，无论是进行经济竞争还是军事竞争，科技水平都是一个决定性的因素。尽管在一定条件下凭借人的精神因素可以创造科技落后者战胜先进者的奇迹，但从较长时段的国际竞争来看，科技落后者是不可能有获胜的机会的。

反映一个国家的科技发展水平的因素是很多的。从产出看，可以分门别类评估各个技术领域的创新程度，但这样做很难，也没有现成数据。从投入来看，评估相对容易些。本报告所选择的三项指标，其中研发投入和从事研发的人员数就是从资金投入与人员投入这两个方面进行评估。对这两个指标的计算可以采取两个角度。一个是选择投入的绝对数字进行衡量，另一个是选择以GDP和总人口为参照，衡量两项数据所占的比例。选择前一种方法，可以比较国家科技投入的总量，是一种量的评估。选择后一种方法，可以比较国家对科技重视的程度和科技力量发展已达到的程度，是一种质的评估。评估一国科技究竟是看资金、人员的投入总量，还是看整个国家对科技的重视程度？可能还是后者更有意义，因为投入的钱多、人多并不等于科技水平就高。本报告所引用的是研发投入占 GDP 的比重和每百万人从事研发的人员数两项指标。选择诺贝尔化学奖、物理学奖获得人数作为指标，是评估一个国家的基础科学发展的程度。尽管只选择两个奖项不能反映科学成就的方方面面，但具有一定的代表性，可以作为科学发展高度的一种标志。

在这项统计中，基本的格局还是西方发达国家排在前面。美国排在第一是没有疑义的。不过，日本在两项投入比例上都高于美国，因而得分与美国相差不多。虽然日本在诺贝尔奖获得人数上比美国低，但高于其他国家，这一点是值得注意的。当然，如果两项投入都用绝对数字进行比较，那美国都位列第一，与日本相比是 100∶45.9。中国的科技投入水平如果用绝对数字进行计算，可以排在美日之后列第三，因为中国的人口基数太大。尽管每百万人中只有 708 名从事研发的人员，只相当于日本 13.39%，但总数却达到 92 万人，仅次于美国列第二位。从中国的资金投入比例来看，尽管不是最低的，但属于较低行列（见表 7）。

表 7　科技水平评估数量

国家排序		2000～2005 年研发投入		1990～2005 年每百万人从事研发的人员		2000～2009 年获诺贝尔化学奖、物理学奖情况		指数得分总计
		占 GDP 比重（%）	指数得分	实际数字（人）	指数得分	数量（人）	指数得分	
1	美　国	2.7	87.10	4605	87.1	32	100	89.68
2	日　本	3.1	100	5287	100	7	21.9	84.38
3	德　国	2.5	80.65	3261	61.68	5	15.6	60.05
4	法　国	2.2	70.97	3213	60.77	2	6.25	53.95
5	加拿大	1.9	61.29	3597	68.03	—	—	51.73
6	英　国	1.9	61.29	2706	51.18	3	9.4	46.87
7	俄罗斯	1.2	38.71	3319	62.78	3	9.4	42.48
8	中　国	1.4	45.16	708	13.39	—	—	23.42
9	意大利	1.1	35.48	1213	22.94	—	—	23.37
10	巴　西	1.1	35.48	344	6.5	—	—	16.79
11	印　度	0.8	25.81	119	2.25	—	—	11.22

说明：研发投入和从事研发的人员数两项数据的权重均为40%，诺贝尔奖得奖人数的权重为20%。

资料来源：研发投入和从事研发的人员数两项数据均来源于 *Human Development Report 2007～2008*, http://hdr.undp.org/en/reports/global/hdr2007－2008/；诺贝尔奖得主统计数据来源于 http://zh.wikipedia.org/。

（六）社会发展

社会发展指标主要衡量的是人民生活的幸福程度。一个国家在谋求国际互动的影响力的时候，是不能以牺牲人民生活的幸福为代价的。事实上，那样的发展也是不能持久的。所以，一个综合国力强的大国，也应该是人类发展高水平并且社会相对公平的国家。对社会发展水平进行评估，本报告引用了两项数据，一是联合国开发计划署使用的“人类发展指数”，主要衡量三个基本方面：健康长寿的生活、知识以及体面的生活水平；二是“基尼指数”，反映的是社会分配差距。按照基尼指数的指标体系，0 为最平等，100 为最不平等，40 为收入分配差距的“警戒线”，超过这条“警戒线”就容易引起社会动荡。

从上述两项数字看，基本格局是西方七国在前，“金砖四国”在后（见表 8）。中国的得分是偏低的，尤其是基尼指数，中国居倒数第二位，超过了 40 的警戒线，需要特别注意。

表 8　社会发展水平评估结果

国家排序		2006 年人类发展指数		基尼指数			指数得分总计
		原指标	得分	基尼指数	倒数	指数得分	
1	日　本	0.956	95.6	24.9(1993 年)	0.0402	100	97.80
2	德　国	0.940	94.0	28.3(2000 年)	0.0353	87.8	90.90
3	加拿大	0.967	96.7	32.6(2000 年)	0.0307	76.4	86.55
4	法　国	0.955	95.5	32.7(1995 年)	0.0306	76.1	85.80
5	意大利	0.945	94.5	36.0(2000 年)	0.0278	69.2	81.85
6	英　国	0.942	94.2	36.0(1999 年)	0.0278	69.2	81.70
7	美　国	0.950	95.0	40.8(2000 年)	0.0245	60.9	77.95
8	俄罗斯	0.806	80.6	39.9(2002 年)	0.0251	62.4	71.50
9	中　国	0.762	76.2	46.9(2004 年)	0.0213	53.0	64.60
10	印　度	0.609	60.9	36.8(2004 ~ 2005 年)	0.0272	67.7	64.30
11	巴　西	0.807	80.7	57.0(2004 年)	0.0175	43.5	62.10

说明：计算方法：发展指数转换为 100 分制，基尼指数的逆指标转换为正指标，然后再转换成指数。两项指标的权重均为 50%。

资料来源：联合国的人类发展指数和基尼指数来源于 *Human Development Report 2007 - 2008*，http：//hdr. undp. org/en/reports/global/hdr2007 - 2008/。

（七）国力发展的可持续性

国力的发展与环境的现状是有密切关系的。通常，国力越强大，环境受到的破坏就越严重。一些组织所使用的生态足迹（Ecological Footprint），就是衡量国家消耗环境的一个指标。按照这个指标，人类在自然界留下的“足迹”越少越好。本报告在这里列出了 3 项指标，除了生态足迹，还有森林占国土比例和单位能源所产生的 GDP。森林占国土比例是衡量一个国家的环境好坏的重要标志，而能效比则能反映一个国家“节约”环境的程度。

从表 9 的数字中可以看到，印度、巴西、日本、中国居前四位。发展中国家这项得分较高，主要是因为留下的生态足迹少。美国列倒数第二位，是因为对环境消耗得最严重。美国留下的生态足迹，是印度的 11.9 倍，是中国的 6.3 倍。中国的可持续发展情况，除了生态足迹得分较高外，在森林覆盖率和能效比上得分都偏低。

表 9　国力发展可持续性评估结果

国家排序		2009 年生态足迹			2005 年森林		单位能源产生的 GDP		指数得分合计
		Nef 数据	倒数	指数得分	占国土比例(%)	指数得分	2000 ppp 美元/千克当量石油	指数得分	
1	印　度	0.8	125	100	22.8	33.4	5.5	67	73.42
2	巴　西	2.2	45.5	36.4	57.2	83.9	6.8	83	59.97
3	日　本	4.3	23.3	18.6	68.2	100	6.4	78	54.9
4	中　国	1.5	66.7	53.4	21.2	31.1	4.4	53.7	46.77
5	意大利	3.8	26.3	21	33.9	49.7	8.2	100	45.41
6	德　国	4.8	20.8	16.6	31.7	46.5	6.2	75.6	37.37
7	俄罗斯	4.4	22.7	18.2	47.9	70.2	2.0	24.4	35.04
8	法　国	5.8	17.2	13.8	28.3	41.5	5.9	72	33.75
9	英　国	5.4	18.5	14.8	11.8	17.3	7.3	89	30.39
10	美　国	9.5	10.5	8.4	33.1	48.5	4.6	56.1	29.97
11	加拿大	6.4	15.6	12.5	33.6	49.3	3.4	41.5	29.34

说明：①权重：生态足迹为 50%，森林为 30%，能效比为 20%。

②《幸福星球指数报告（2009）》认为，高度福利/可接受的生态足迹是 1.8，高度福利/高生态足迹是 5.4，低福利/低生态足迹是 0.5，合理的理想值是 1.5。

资料来源：2004 年单位能源产生的 GDP、2005 年森林面积数据均来源于 *Human Development Report 2007 - 2008*，http://hdr.undp.org/en/reports/global/hdr2007 - 2008/；生态足迹数据来源于 New Economics Foundation，*The Happy Planet Index* (*HPI*)，2009。

（八）安全与国内政治

一个国家的国内外安全环境与国力也是有密切关系的。国家处于和平环境，就能较好地应对竞争，如果陷于战争，则不得不把巨大的资源用于维护安全，从而导致国家发展失衡，同时也会影响国家的对外关系，削弱国家的对外影响力。腐败作为一个国内政治因素，事实上也会对各种国力要素发生影响。国家清廉程度高，国力的各种构成因素就会受到正面的影响，反之，则会受到负面的影响。一个腐败程度高的国家，其战略资源与能力的运用都是会大打折扣的。本报告评估这个因素使用了两项指标：和平指数反映的是国家的安全现状，清廉指数反映的是国家的国内政治环境。

这项指标的排序，总的格局是西方七国在前，“金砖四国”在后（见表10）。中国虽然在“金砖四国”中情况最好，但在安全与腐败方面都面临着挑战。

表10　安全与国内政治评估结果

国家排序		2009年和平指数		2008年清廉指数		指数得分合计
		和平指数	指数得分	清廉指数	指数得分	
1	加拿大	1.311	97	8.7	100	98.5
2	日　本	1.272	100	7.3	83.9	92
3	德　国	1.392	91.3	7.9	90.8	91.1
4	英　国	1.647	77.2	7.7	88.5	82.9
5	法　国	1.579	80.5	6.9	79.3	79.9
6	美　国	2.015	63.1	7.3	83.9	73.5
7	意大利	1.648	77.2	4.8	55.2	66.2
8	中　国	1.921	66.3	3.6	41.4	53.85
9	巴　西	2.022	63	3.5	40.2	51.6
10	印　度	2.422	52.5	3.4	39	45.8
11	俄罗斯	2.750	46.3	2.1	24.1	35.2

说明：①和平指数（Global Peace Index，GPI）是2009年经济与和平研究所（Institute for Economics & Peace）发布的，该指数共包括24个指标，涉及国际和国内冲突、社会安全、军备建设等三大方面，可表明一个国家的安全现状。在其指标体系中，1为最好，5为最坏。

②2008年清廉指数是“透明国际”2009年发布的。

③和平指数与清廉指数的得分权重都为50%。

资料来源：http://www.transparency.org/；http://www.visionofhumanity.org/gpi/results/rankings/2008/。

（九）国际贡献

国际贡献关乎国家形象，而国家形象的好坏则直接关系到国家的影响力。一个国家的国际贡献涉及的方面很多，这里只列举有关联合国的三项指标。尽管这些指标不能等同于国际贡献，也不一定能与国家形象相联系，但还是具有一定的参考意义。

从表 11 的数字中可以看到，尽管中国在派遣维和人员方面做得较好，但对联合国的资金贡献是偏少的，这与中国日益上升的国际地位是不相称的。

表 11 国际贡献评估结果

国家排序		联合国会费		联合国维和费用		参与维和人员		指数得分总计
		分摊比例（%）	指数得分	分摊比例（%）	指数得分	数量（人）	指数得分	
1	美 国	22	100	25.96	100	—	—	66.7
2	日 本	16.624	75.6	19.62	75.6	—	—	50.4
3	印 度	0.450	2	—	—	8617	100	34
4	法 国	6.301	28.6	7.44	28.7	2543	29.5	28.9
5	意大利	5.079	23	5.08	19.6	2904	33.7	25.4
6	德 国	8.577	39	8.58	33	290	3.4	25.1
7	英 国	6.642	30.2	7.84	30.2	—	—	20.1
8	中 国	2.667	12.1	3.15	12.1	2150	25	16.4
9	加拿大	2.977	13.5	2.98	11.5	—	—	8.3
10	巴 西	0.876	4	—	—	1342	15.6	6.5
11	俄罗斯	1.200	5.5	1.41	5.4	290	3.4	3.6

说明：三项指标权重均为 1/3。

资料来源：联合国会费分摊数据来源于 http：//www.un.org；维和费用分摊和维和人员派遣数据来源于 http：//www.un.org/Depts/dpko/factsheet.pdf。

三 小结

把有关国力的各项评估得分相加，就得到了综合国力的总分与排名。如前所述，尽管这种排名是不得不做的，但人们不应过于看重这种排名。原因有二：第一，由于各项评估都存在明显的片面性，因此不能与真实画等号。第二，综合国力的排序与现实的战略竞争没有直接的关系。综合国力排名在前的国家，在战略竞争中未必居于优势地位，因为国家间的竞争都是在具体的领域，针对的是具体的问题，不可能进行概念上的综合国力的竞争。因此，对于综合国力的比较结果，更可取的态度是把视点放在国家各项具体得分的排序上，关注国家的长处与短处，并且特别关注国家综合发展中的问题所在。

从表 12 和表 13 中可以看到，美国作为超级大国，具有多方面的优势，与其他国家相比，不在一个档次上。美国除了在社会发展、可持续性和安全与国内政治三项上得分较低外，在其他项目上都居于前列。其中，经济、军事、科技和国际贡献四项都居第一位，资源居第二位。特别是美国的军事力量，如果评估其先进程度，那么领先优势就更大了。

表 12　综合国力各项得分

国家排序		领土与资源	人口	经济发展水平	军事能力	科技水平	社会发展水平	发展可持续性	安全与国内政治	国际贡献	各项指标得分总计
1	美　国	32.6	44.252	100	90.08	89.68	77.95	29.97	73.5	66.7	604.732
2	日　本	0.68	25.392	53.25	8.35	84.38	97.8	54.9	92	50.4	467.152
3	德　国	0.77	29.952	52.34	7.69	60.05	90.9	37.37	91.1	25.1	395.272
4	加拿大	32.5	25.425	41.78	3.03	51.73	86.55	29.34	98.5	8.3	377.155
5	法　国	0.97	26.341	48.39	11.03	53.95	85.8	33.75	79.9	28.9	369.031
6	俄罗斯	22.3	73.2	25.83	33.3	23.42	64.6	46.77	53.85	16.4	359.67
7	中　国	96.6	30.658	19.35	31.8	42.48	71.5	35.04	35.2	3.6	366.228
8	英　国	2.27	26.295	46.46	10.21	46.87	81.7	30.39	82.9	20.1	347.195
9	印　度	9.22	68.505	12.47	18.3	11.22	64.3	73.42	45.8	34	337.235
10	意大利	0.91	27.051	39.49	7.47	23.37	81.85	45.41	66.2	25.4	317.151
11	巴　西	21.27	24.305	17.89	5.7	16.79	62.1	59.97	51.6	6.5	266.125

日本作为总排名第二的国家，除了领土与资源、人口这两项得分极低，军事力量较弱之外，其他项目都位居前列。由于本报告对军事力量的评估只计算了量的指标而没有考虑质的因素，而日本军事力量具有典型的少而精的特点，因此日本的军事地位实际上也应比现在的排位更高。

表 13　综合国力各项排名

国家排序		领土与资源	人口	经济发展水平	军事能力	科技水平	社会发展水平	发展可持续性	安全与国内政治	国际贡献	各项指标得分总计
1	美　国	2	3	1	1	1	7	10	6	1	604. 732
2	日　本	11	10	2	7	2	1	3	2	2	467. 152
3	德　国	10	5	3	8	3	2	6	3	6	395. 272
4	加拿大	3	9	6	11	5	3	11	1	9	377. 155
5	法　国	8	7	4	5	4	4	8	5	4	369. 031
6	俄罗斯	1	4	9	3	7	8	7	11	11	366. 228
7	中　国	4	1	8	2	8	9	4	8	8	359. 67
8	英　国	7	8	5	6	6	6	9	4	7	347. 195
9	印　度	6	2	11	4	11	10	1	10	3	337. 235
10	意大利	9	6	7	9	9	5	5	7	5	317. 151
11	巴　西	5	11	10	10	10	11	2	9	10	266. 125

俄罗斯与中国排名居中游，分列第六、第七，是因为多数项目的评估得分居下游。俄罗斯的长项是领土与资源，中国的长项是人口。俄罗斯与中国在军事上分列第三、第二，主要是因为军队人数多，装备数量大，且军费能排在中上游。不过，从整体上看，两国军事装备（特别是常规武器）的现代化程度是落后于西方发达国家的，与美国更是相距甚远。中国人口众多，尽管能够提供充足的劳动力，但基数过大也是明显的问题，而且中国现在已经出现了老龄化的问题。就弱项而言，两国都很多，这些都是在未来发展中需要关注的方面。

本报告所作的评估，从整体上讲，是力图提供世界主要大国国力的比较，以作为人们思考国际战略互动的一种参考。然而，由于数据来源的客观限制和指标体系设计的主观选择，最终的研究结论，特别是各种排名，是需要适当对待的。这些排名是有意义的，但这种意义必须联系特定的指标选择与算法来看。它们有客观的依据，但不能说是国力比较的客观写照。

参考文献

《BP 世界能源统计 2009》，http：//www. bp. com/liveassets/bp_ internet/china/bpchina_ chinese/STAGING/local_ assets/downloads_ pdfs/BPStatsReview2009_ CN. pdf。

World Development Report 2009, www. worldbank. org.

Department of Economic and Social Affairs Population Division, United Nations, *World Population Prospects*, 2008, http://www. un. org/.

2008 World Population Data Sheet, http://www. unfpa. org/public/.

Human Development Report 2007 - 2008, http://hdr. undp. org/.

World Development Indicators Database, World Bank, July 1, 2009.

International Institute for Management Development, *World Competitiveness Yearbook 2009*, http://www. imd. ch/.

Report on the Comprehensive National Power Assessment (2009)

Li Shaojun

Abstract: "Comprehensive national power" refers to the sum of all the strength and resources that a country possesses for survival and development or that can be mobilized to achieve its strategic objectives. Seven western countries (the United States, Japan, France, Germany, Britain, Canada, and Italy) and the "BRIC" (China, Russia, India, and Brazil) are assessed in this study. The Evaluation Index includes five direct constituent elements: territory and natural resources, population, economy, military, and science and technology; and four other factors that also have an impact on comprehensive national power, namely, social development, sustainability, security and domestic politics, and international contributions. The report argues that the national power assessment has a meaningful strategic reference value; nevertheless, the overall rankings should be evaluated with caution. Due to objective data limitations and subjective constraints in the design of the index, the calculations in effect are the product of the selection of specific elements and methods. Therefore, although the rankings have an objective basis, they cannot be regarded as an objective portrayal of comparisons of national power.

Key Words: Comprehensive National Power; Strategic Resources and Capability; Economic Power; Military Strength; Level of Science and Technology; Social Development

图书在版编目（CIP）数据

全球政治与安全报告（2010）/李慎明，王逸舟主编. —北京：社会科学文献出版社，2009.12
（国际形势黄皮书）
ISBN 978-7-5097-1210-8

Ⅰ.①全… Ⅱ.①李… ②王… Ⅲ.①国际政治-研究报告-2010②国家安全-研究报告-世界-2010 Ⅳ.①D5②D815.5

中国版本图书馆 CIP 数据核字（2009）第 218776 号

国际形势黄皮书

全球政治与安全报告（2010）

主　　编／李慎明　王逸舟
副 主 编／李少军

出 版 人／谢寿光
总 编 辑／邹东涛
出 版 者／社会科学文献出版社
地　　址／北京市西城区北三环中路甲 29 号院 3 号楼华龙大厦
邮政编码／100029
网　　址／http：//www.ssap.com.cn
网站支持／（010）59367077
责任部门／皮书出版中心（010）59367127
电子信箱／pishubu@ssap.cn
项目经理／邓泳红
责任编辑／曹义恒
责任校对／谢　敏
责任印制／蔡　静　董　然　米　扬
品牌推广／蔡继辉

总 经 销／社会科学文献出版社发行部
（010）59367080　59367097
经　　销／各地书店
读者服务／读者服务中心（010）59367028
排　　版／北京中文天地文化艺术有限公司
印　　刷／北京季蜂印刷有限公司

开　　本／787mm×1092mm　1/16
印　　张／18　字数／308 千字
版　　次／2009 年 12 月第 1 版
印　　次／2009 年 12 月第 1 次印刷

书　　号／ISBN 978-7-5097-1210-8
定　　价／49.00 元

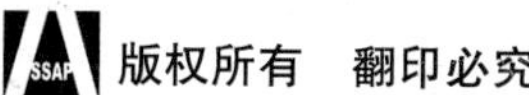